应用型本科规划教材

中国传统文化概论

ZHONGGUO CHUANTONG WENHUA GAILUN

◆主　编　张卫中
副主编　庞　飞　倪浓水
编　者（以姓氏笔画为序）
　　　　王巧玲　张卫中　庞飞
　　　　倪浓水　黄先义　蔚然

ZHEJIANG UNIVERSITY PRESS
浙江大学出版社

图书在版编目（CIP）数据

中国传统文化概论 / 张卫中主编. —杭州:浙江大学出版社,2008.9(2021.1重印)
ISBN 978-7-308-06182-7

Ⅰ.中… Ⅱ.张… Ⅲ.传统文化－概论－中国 Ⅳ.K203

中国版本图书馆 CIP 数据核字(2008)第 139717 号

中国传统文化概论

张卫中　主编

策划组稿	孙秀丽
责任编辑	王元新
封面设计	刘依群
出版发行	浙江大学出版社
	(杭州市天目山路 148 号　邮政编码 310007)
	(网址:http://www.zjupress.com)
排　　版	杭州中大图文设计有限公司
印　　刷	杭州良诸印刷有限公司
开　　本	787mm×960mm　1/16
印　　张	16.75
字　　数	306 千
版 印 次	2008 年 9 月第 1 版　2021 年 1 月第 9 次印刷
书　　号	ISBN 978-7-308-06182-7
定　　价	45.00 元

前　言

　　近年来,人文教育受到越来越多的有识之士的重视,中国科学院院士、教育部高等学校文化素质教育指导委员会主任杨叔子曾经指出,人文文化是一个民族的身份证。没有先进的科学技术,会一打就垮;没有人文精神、民族传统,一个国家、一个民族会不打自垮。人文教育是培养学生健全人格的基本途径,关系国家未来。因此,许多高校都相继开出了一些人文素质教育的课程,"中国传统文化"就是其中重要的一门课程。中国传统文化记载了中华民族的兴衰荣辱,有着丰富深刻的内涵,在大学人文素质教育中占有非常重要的地位。尤其在当今国外兴起中国热的同时,我们更应该重视自己的传统文化。

　　随着越来越多的高校开设"中国传统文化"课程,关于"中国传统文化"的教材也越来越多。由于中国文化源远流长,内容博大精深,要在一本教材中将中国文化的方方面面予以系统、全面的论述几乎是不可能的。加之人们对"文化"的理解莫衷一是,因此就目前出版的"中国传统文化"教材看,内容差异很大。有些教材内容包括物质文化、精神文化、制度文化,有些教材只涉及精神文化与制度文化,还有些教材则只讲精神文化的内容。而北京科技大学冯秀珍女士的《中华传统文化纲要》则专讲"道文化"、"佛文化"、"儒文化"、"易文化"四个专题。正是基于不同的理解,所以大家在选择传统文化内容时会有不同的取舍。另外,不同的教材内容容量悬殊。因为不同教材内容差异较大,叙述的详略程度不同,因此内容容量也差异很大。厚的教材有七八十万字,薄的也就二三十万字。这些教材通常有两种编写体例:一种以史为线索,从渔猎文化、农耕文化一直写到新文化运动;一种是分不同的专题对中国传统文化进行介绍。后一种写法更常见。

　　总的来说,中国传统文化在内容选择方面分歧较大。当然这些教材也有共同的地方,比如精神文化的内容,尤其是儒、佛、道的思想是几乎所有教材都讲到的。教材的多样性一方面反映了中国传统文化内容的丰富性,另一方面也是因教学的需要而取舍,因为面对不同的教学对象,教学内容本该是不同的,孔子所谓"因材施教"正是此理。

从20世纪末到新世纪初,我国高等教育进入了一个持续快速发展的阶段,普通高等教育由精英教育向大众化教育转化,一大批适应当地社会、经济、文化需求的以独立学院为代表的应用型本科院校如雨后春笋般朝气蓬勃地发展起来,越来越多的学生获得了上大学的机会。这些应用型本科院校的学生相对于精英教育时代的学生,有其不同于以往的鲜明特点。他们个性十足,兴趣广泛,思维活跃,充满活力和想象力,富有创造精神并热衷于参加各种社会活动。但另一方面,他们在人格成熟、心理成熟、自我控制等方面存在较大差异。传统的精英教育重视理论,强调学科自身的体系性、逻辑性和系统性,有其优势,但对应用型本科院校的学生不一定适合。为了满足应用型人才培养的需求,我们特编写了这本《中国传统文化概论》教材,由绪论和哲人智慧、信仰力量、制度价值、科学精神、艺术魅力、生活情趣、耕读传家、人格养成、文化交流等九章组成。从每一章的题目,我们可以看出,新编教材有如下的特点:

1.以年轻人的视角解读中国传统文化,注重传统文化的现代价值。比如"哲人智慧"这一章,试图从政治智慧、人生智慧、思维方式等全新的角度阐释中国古代的学术思想。"制度价值"这一章,也试图揭示中国古代的典章制度(宗法家族制度、教育制度、选举制度、官吏制度)对后来中国社会的影响以及现实的借鉴意义。

2.在叙述的方式上充分考虑通俗性、生动性。

3.在内容的选择上偏重趣味性,避免纯粹的学术化。比如"生活情趣"这一章试图从"丝酒茶瓷"、"衣冠服饰"等不同角度多方面反映中国古代社会对品质生活的追求。

4.以年轻学子的学习兴趣和习惯为出发点,紧密联系现实,个性突出,特色鲜明。

参加本书编写的都是长期在高校从事"中国传统文化"课程教学的专业老师。本书写作的具体分工是:浙江大学城市学院张卫中教授提出整个教材的框架结构和具体章节,再经过大家的讨论最后确定,张卫中教授撰写了绪论部分;浙江海洋学院的倪浓水教授撰写了第一章和第八章;中国计量学院的蔚然博士撰写了第二章;浙江工业大学之江学院的庞飞博士撰写了第三章、第四章和第七章;浙江万里学院的王巧玲讲师撰写了第五章和第六章;浙江大学城市学院的黄先义讲师撰写了第九章。最后由张卫中教授统稿定稿。

作为教材,本书在编写的过程中,对前人和同行的成果多有借鉴,在此深致谢意。另外还参考了其他许多的著作,未能一一列出,在此深表感谢。

由于大家的努力,本书得以出版。也由于多人参与编写,本书的风格难免有不一致的地方,错误也在所难免。敬请读者朋友批评指正并将您的宝贵意见和建议及时反馈给我们,以期下次修订时能更加完善。

本书的出版得到浙江大学出版社孙秀丽、李海燕副编审的大力支持,在此,对她们为本书出版所付出的辛劳表示最诚挚的感谢!

编 者

2008 年 6 月于杭州

CONTENTS
目 录

一、文化的概念

关于"文化"的概念,国内外学者众说纷纭,莫衷一是。人们从不同的角度,给"文化"下的定义有一两百种之多。

"文化"一词源于拉丁语 cultura,原意指耕种、居住、练习、敬神、培养等。英语的 culture 和德语的 kultur 都是由拉丁语的 cultura 转化而来。从 16 世纪初开始,英语的 culture 在栽培的、种植的意义上逐步引申出性情陶冶、品德教化等含义,从原来意指人类物质生产活动逐渐延伸至人类精神活动的领域。

在中国的语言系统中,"文"的本义,指各色交错的纹理。《周易·系辞下》说:"物相杂,故曰文。"《说文解字》也说:"文,错画也,象交文。"与此相关,"文"又有修饰、文饰、文采、华丽等含义,与"质"、"野"相对,由此进一步引申为"文物典籍、礼乐制度、品德修养"等含义。《左传·僖公二十三年》:"言,身之文也。身将隐,焉用文之?"《论语·雍也》称:"质胜文则野,文胜质则史。文质彬彬,然后君子。"这里的"文质彬彬"形容人既文雅又朴实,就是指人的精神修养。"化"的本义为生成、造化、改易等,引申为教化。《周易·系辞下》说:"男女构精,万物化生。"《礼记·中庸》说:"可以赞天地之化育。"较早将"文"与"化"并联使用的见于《周易·贲封·象传》:"刚柔交错,天文也。文明以止,人文也。观乎天文,以察时变;观乎人文,以化成天下。"而"文化"作为固定的词出现是在西汉以后,刘向在《说苑》中说:"圣人之治天下也,先文德而后武力。凡武之兴,为不服也;文化不改,然后加诛。"这里的"文化"指文治教化,与武力征服相对应。

一般认为最早从学术研究的角度给"文化"概念以规定的是英国文化人类学家泰勒。他在 1871 年出版的著名人类学著作《原始文化》中率先对"文化"概念作了这样的表述:"文化或文明,是一个复杂的整体,它包括知识、信仰、艺术、道德、法律、风俗以及作为社会成员的人所具有的其他一切能力与习惯。"❶泰勒的这一定义无疑是经典的,它为以后"文化"概念的定义提供了基本的线索和域限。当然泰勒的这一定义强调了"文化"精神层面的含义,缺少物质形态的文化现象。我国著名文化学家梁漱溟先生指出:"文化,就是吾人生活所依靠之一切。……文化之本义,应在经济、政治,乃至一切无所不包。"❷著名学者钱穆先生也认为:"文化即是人类生活之大整体,汇集起人类生活之全体即是'文化'。"❸

尽管"文化"的概念至今难以明确,但多数学者认为,可以从广义和狭义的角度定义。《苏联大百科全书》(1973年版)认为,广义的文化"是社会和人在历史上一定的发展水平,它表现为人们进行生产和生活的种种类型和形式,以及人们所创造的物质和精神财富";狭义的文化则"仅指人们的精神生活领域"。《中国大百科全书》(1981年版)同样将"文化"进行广义和狭义的区分,认为:"广义的文化是指人类创造的一切物质产品和精神产品的总和。狭义的文化专指语言、文学、艺术及一切意识形态内在的精神产品。"著名学者任继愈先生也认为"文化"有广义和狭义之分,"广义的文化包括文艺创作、哲学著作、宗教信仰、风俗习惯、饮食器服之用,等等。狭义的文化专指能够代表一个民族特点的精神成果"❹。

综上,我们大致上可以这样理解,"文化"有广义和狭义之分,广义的文化包括人类所创造的物质财富和精神财富,而狭义的文化仅指人类的精神创造活动与成果。

二、文化的结构与分类

"文化"由于其内涵的丰富性,外延的广泛性,研究者往往可以从不同的视角作出不同的分类。例如,从时间上,"文化"可分为原始文化、古代文化、近代文化、现代文化等;从空间上,可分为东方文化、西方文化、海洋文化、大

---

❶ [英]泰勒著,蔡江浓编译:《原始文化》,浙江人民出版社1988年版,第1页。

❷ 梁漱溟:《中国文化要义》,载《中国现代学术经典·梁漱溟卷》,河北教育出版社1996年版,第237—238页。

❸ 钱穆:《文化与生活》,载《中华文化之特质》,台湾世界书局1969年版。

❹ 任继愈:《民族文化的形成与特点》,载《中国文化研究集刊》第二辑,复旦大学出版社1985年版。

陆文化等;从社会层面上,可分为贵族文化、平民文化、官方文化、民间文化
等;从社会功能上,可分为礼仪文化、服饰文化、饮食文化、建筑文化等。文
化的分类是相对的,是一种工具性活动,不是目的性活动。人们之所以对文
化进行分类,是为了便于把握和解释。

目前为人们所普遍认同的文化分类,是从文化自身的内在结构和形态
上将文化分为物质文化、精神文化两类,或分为物质文化、制度文化、精神文
化三类。也有学者采用四分法,将语言文字文化单分一类,他们认为,前三
类是从文化的领域来分类,语言文字是文化的载体,本身又是一种文化现
象,因此单分一类。❶ 有的学者则将"行为文化"单列一类,将文化分为物质
文化、精神文化、制度文化、行为文化四类。认为"行为文化,是人类在长期
的社会实践和复杂的人际交往中约定俗成的习惯行为定势,是以民风和民
俗形态出现,见之于日常生活中的、具有鲜明民族特性和地域特性的行为模
式。一定的行为文化是一定的精神文化,尤其是观念文化在人们社会实践
中的反映"。❷ 也有的学者将制度文化与行为文化合为一类,称为"制度行为
文化",认为"制度行为文化"包含两个层次,"在上的层面为制度文化,而制
度文化的长期运行又形成在下的民俗民风文化,即行为文化,所谓'在上为
礼,在下为俗'"。❸ 这些是有代表性的文化分类,还有其他更多的文化的分
类法。

在普遍认同的文化结构的三层次(物质文化、制度文化、精神文化)中,
外显的物质文化随着生产力的变革而迅速发生变化,处于中层的制度文化,
也随着社会的发展在或快或慢地发生变化,而精神文化则内化于人的内心,
形成民族独特的心理结构、思维方式、价值观念等,最难发生变化。

三、中国传统文化的内涵

关于中国传统文化的内涵,不同的学者有不同的理解。有人认为中国
传统文化是以汉族文化为主体,同时又包含着众多少数民族的文化,是各民
族相互融合的、中华民族共有的文化;是以历史上的儒家思想文化为主脉和
基线,同时又涵盖了儒家以外其他不同的思想文化,成为各种文化激励互

---

❶　王宁:《中国文化概论》,湖南师范大学出版社 2001 年版,第 13 页。

❷　陈江风:《中国文化概论》,南京大学出版社 2003 年版,第 6 页。

❸　金元浦:《中国文化概论》,中国人民大学出版社 2007 年版,第 7 页。

补、融合共铸的文化。❶ 有人认为中国传统文化，就是从中国悠久文化积淀中抽象出来，足以影响整个社会发展的文化。在很大程度上，它是对中华民族共同精神、思维方式、心理状态和价值取向的高度概括和总结的一种文化。应该说，传统文化是中华民族最本质、最富特色的文化。❷ 还有的则认为，中国传统文化是个巨大的复合体，它包含了不同时期的不同民族、不同流派的文化要素。在中国历史上，它是以个体农业为基础，以宗法家族为背景，以儒家伦理为核心的文化，是几千年来华夏文化、夷狄文化经过长期拒斥、碰撞、融合以及不断汲取外来文化的结果。无疑，它是精华与糟粕相混杂在一起的。❸

我们倾向于对中国传统文化作比较宽泛的理解，我们认同任何一个民族的文化都包含着两个不同的因素或方面，即进步的、积极的一面和落后的、消极的方面，任何形而上学的虚无主义或全盘肯定的看法，都是有害的。对于中国传统文化正确的态度，无疑是抛弃其糟粕，吸收其精华，使我们的社会主义新文化具有广大群众所喜闻乐见的民族形式和强大的生命力。

传统文化与文化传统是两个既有联系又有区别的概念。传统文化是相对于当代文化和外来文化而言的，是丰富的、复杂的、变化的，具有动态的特征。而文化传统是贯穿于民族和国家各个历史阶段的各类文化的核心精神，是稳定的、恒久的，具有稳态的特征。正如杜维明先生所说："文化传统更多则是今天人们所拥有的作为心理结构一部分的精神资源。"❹ 传统文化与文化传统的关系可以这样理解："文化传统是形而上的道，传统文化是形而下的器。道在器中，器不离道。"没有道，器就显得散乱无序；没有器，道就无从显现其自身的存在价值。❺

❶ 张志伟、张永：《浅谈中国传统文化的现代化》，《合肥工业大学学报》（社会科学版）2001年第6期。

❷ 王锦贵：《中国文化史简编》，北京大学出版社2004年版，第5页。

❸ 翟振业：《关于80年代以来中国传统文化研讨的反思》，《中共济南市委党校济南市行政学院济南市社会主义学院学报》2000年第1期。

❹ 刘梦溪：《"文化中国"与儒家传统——杜维明教授访谈录》，《中国文化》1993年第8期。

❺ 王杰：《中国传统文化研究中的几个问题》，《北京青年政治学院学报》2006年第2期。

第一章

哲人智慧

　　"智慧"是中国传统文化语境的核心词之一。在更多时候,它常常被表述为"智谋"或"谋略"。如果把中国传统文化的形态同西方文化形态相比较,我们就可以看到一个显著的特点:"在中国文化史上相当长的历史时期之内,占主流地位的观念文化形态,既不是古希腊的知识理性形态,也不是西方中世纪的宗教文化形态,更不是近代西方的科学文化形态,而是以治国安民、生存处世、谋事谋人为基本内容的谋略智慧"❶以及与这种谋略文化相适应的独特的思维方式。因此说中国传统的文化,无论是以孔孟为代表的追求人格境界和政治品德的儒家,以老庄为代表的推崇自然虚无的道家,还是以管仲、李悝为代表的主张以法治国的法家,或诸子其他学说,尽管其思想差异巨大,但都共同性地体现为一种谋略文化的特征。

　　这种文化特征造就了中国古代一种奇特的传统观念:"知"、"智"、"学问"的主要内涵不是科学之知、宗教之智,而是谋国谋兵、谋生谋福、谋人谋事的智慧。所谓"世事洞明皆学问,人情练达即文章",即是表达了这样一种普遍性的认识:文章学问与洞明世事、练达人情密切相关。或者说任何学问只有与世事、人情相结合,才是真学问、大知识,拥有这种真学问、大知识的人,才是"智者",才是"哲人",否则就是"酸儒",没有多大用处的。

　　这种对"知"、"智"、"学问"的普泛性认识使得民间对智谋之士充满了崇敬。民间认为智谋大师即是学问大师。哲人就是这样的谋略学问无人可及的伟人。而先秦诸子就是哲人中杰出的代表。这些哲人的理论和实践为我们提供了关于谋略智慧的全部内涵和形态。这种谋略文化既体现在哲人们的经典著作中,也体现在他们的种种社会实践中。

---

　　❶　吴兴明:《谋智、圣智、知智:谋略与中国观念文化形态》,上海三联书店 1995 年版,第 1 页。

第一节　政治智慧

政治智慧是政治文化的核心内容之一,是政治管理的艺术化形态,也是中国传统文化中最璀璨的篇章之一。中国古代政治智慧理论架构的主要代表人物是先秦诸子。春秋战国时代,学派蜂起,延续至汉初,呈百家之盛象。《汉书·艺文志》在《诸子略》中著录各家著作,"凡诸子百八十九家,四千三百二十四篇",其文事之盛可见一斑。班固根据这些学说的内在关系,分门别类,成儒、道、阴阳、法、名、墨、纵横、杂、农、小说十家。前九家又称"九流",后世遂有"九流十家"之说。诸子学说代表着中国古代最高的文化、哲学成就。

诸子学说的最大特点是"经世致用",即构建学说的目的首先是为了治国平天下,其次才是学说本身的思想和理论价值。因此先秦诸子学说具有浓郁的政治内涵,诸子作为哲人体现出来的智慧,更多的是政治智慧。

一、儒家的"仁政"政治观

儒家的宗师是孔子。孔子(公元前551—前479),鲁国人。鲁是周公的封邑。周公制礼定乐,将礼乐作为一种政治秩序的表象,鲁国因而成了文化中心。后来周室东迁洛阳,天子影响日渐式微,礼乐崩坏,唯鲁国完整地保存了周代的各种典章制度,因此《左传》有"周礼尽在鲁矣"之叹。孔子诞生和生长在这样的文化中心,自小对礼乐怀有特殊的敬意,喜欢模仿行礼的仪式作为游戏的项目,因而"孔子识礼"之名在鲁地不胫而走。

孔子的政治意识承礼乐而来,礼乐的中心是等级秩序,因此孔子学说的政治指向也是"君君臣臣父父子子"。序君臣父子之礼,列夫妇长幼之别,是儒家学说不可动摇的核心内容。孔子"父为子隐,子为父隐,直在其中矣"的主张,正是这种政治指向的鲜明体现。如果这些秩序遭轻视和打乱,便是"贼乱"。《孟子·滕文公下》曰:"世道衰微,邪说暴行有作,臣弑其君有之,子弑其父有之。孔子惧,作《春秋》。"可见孔子的政治追求,在于为维护宗法等级制度确立一个是非标准。

为了实现这种政治理想,孔子周游列国、辛勤奔波13年,回到家已经68岁了。他不是一个固执的人,知道世道已经没有他实行大道的环境和条件,哲人的智慧让他选择了另外的道路:一方面致力于古籍整理以寄寓自己的政治思想,另一方面继续培养学生,希冀自己的政治学说由这些学生们发扬光大。他的学生没有辜负其期望，儒家学说就是由他的学生子夏等继承、发扬而终成显学的。

《论语》一书由学生们记录、整理孔子学说而成，比较完整地记载了孔子的政治理想和追求。

与几乎同时代的老子的"小国寡民"思想不同，孔子怀念西周初的大一统王权宗法制。对于大国的治理，孔子反对当时已经普遍实行的"法"，主张"德化"、"礼治"。在上位的人用道德来统治，百姓就自然会服从。"为政以德，譬如北辰居其所而众星共之。"❶"德"的具体形态是"礼"，所以"为政以德"实际即是"以礼为政"，以礼治国，叫民知礼，民就不会"犯上作乱"。

"礼"是孔子主张的政治管理的总原则，在这个总原则下，还有以"爱人"为内容的"仁"的实施策略。"仁"包含"忠"和"恕"两个方面。尊上为"忠"，宽下为"恕"。"仁"在政治上的作用，乃是缓和"上"与"下"的矛盾，因此它虽然在本质上是倾向于统治者的，但毕竟是一种比较人性化的温和亲近的政治管理策略。

孔子的学生有若对孔子的上述政治追求有着透彻的理解，并在此基础上作了进一步的阐述和发展，那便是重视"孝"，提出"孝悌为仁之本"，"礼之用，和为贵"❷。曾参是孔子晚年的学生，孔子虽然觉得他比较迟钝，但肯定他"颇通孝道"，故授之业，成为得到孔子真传的大弟子之一。他以孝著称，指出"忠恕"是孔子"一以贯之"的思想，并提出了"吾日三省吾身"的修身方法，这些在《论语》中都有反映。学生们的这些思想，都大大地丰富了孔子的政治学说。

对儒家的政治学说有较大发展的则属孟子。

孟子生活在战国中期。这个时候各派的政治主张不仅层出不穷，而且几乎是针锋相对，社会和政治环境已经与孔子时代大为不同。可是孟子坚定地维护着孔子的政治学说，并有所发展。

孟子继承和发展了孔子的德治思想，并将之发展为其政治思想的核心——仁政学说。他维护宗法制，把"亲亲"、"长长"的原则运用于政治。在这一点上，他与孔子是没有区别的，但是孟子对孔子等级观念有所发展的是，他把统治者和被统治者的关系比喻为父母与子女的关系，维持双方联系的都是"德"：统治者仁慈地关心子民，子民也要亲近服从统治者，这就是孟

---

❶ 《论语·为政第二》。

❷ 《论语·学而》。

子理想中的政治。因此在"父母"与"子民"中存在着一种"对应责任"的关系,这是他比孔子民主的地方。

孟子的这种思想源于他的民本哲学。他总结历史治乱兴亡的规律,提出一个民主性的著名论题:"民为贵,社稷次之,君为轻。"认为民是国家的基础,民心的向背事关天下的得失。这是孟子制定仁政各项具体措施的指导思想。

孟子又把仁政叫做"不忍人之政",它建立在施政者的"不忍人之心"的基础上。他说:"先王有不忍人之心,斯有不忍人之政矣。以不忍人之心,行不忍人之政,治天下可运之掌上。"❶"不忍人之心"指一种仁爱同情之心,但具有尊卑等级差别,不同于墨子的"兼爱"。

总之,从孔子到孟子,儒家的政治主张就是施行以仁政为核心、以民本为基础的王道,这种政治主张是一种人性化的政治管理,它对中国后世政治影响深远。

二、法家的法治政治观

中国诸家思想学说尽管道殊论异,但基本上都是基于人性和人心,也就是说都是以人为中心,学说有很强的人情味。但法家则不然。法家的思维是极其冷静、理性的,因此被人称为"峻刻寡恩",是中国"谋略史上最黑暗的谋略"。然而一个不可否认的事实是,法家最具有"管理学"价值,几乎每一个帝王都要依赖法家的管理理论。因为法家的"管理学"尽管名称不雅,被称为"牧民、驭臣之法",但却是非常实用而且被无数次证明是行之有效的政治统治和管理智慧。

(一)法家的以法治国思想

战国初期,法家的代表人物是李悝和吴起,到了战国中期,有商鞅、尸佼、申不害、慎到等出现,法家思想风行天下。商鞅则是法家思想的重要奠基人和实践家。

商鞅(约公元前390—前338),卫国人,原姓公孙,名鞅,亦称卫鞅。后因功受秦孝公封商邑(今陕西商县),号商君,故又称商鞅。他的理论集中在《商君书》一书中,最主要的为以法治国,整个论述可以分为三点。其一,法源,即法的合法性依据。商鞅认为法的依据在于"人君在上"。"地广,民众,万物多,故分五官而守之。民众而奸邪生,故立法制,为度量以禁之"。只要

---

❶ 《孟子·公孙丑上》。

有了法，"明王之治天下也，(可以)缘法而治，按功而赏"。这就明确提出了立法之源乃是为了牧民和禁民，这是治国谋略的一种。其二，法用。《商君书》说，"法令者，民之命也，为治之本也，所以备民也"。这里从法的功用上进一步明确了法的牧民性。其三，"法理"，即法之所以能用来治理的原因。其原因就在于法律威严在上，人人可以遵守。它能使官员之间破除奸巧，"节去言谈"，可以使民与民之间互相举报，"不能相益"。

由此可见，商鞅理论纬度里的法，与现代意义上的法不同：它并不是为了维持社会的公平和正义，本身也没有体现出社会文明规范的互惠原则，它的制定和实施都是为了君王的利益。商鞅的法乃是统治者用以治国、牧民、驭臣的规范化控制体系。但从思维智慧的角度来说，它的确体现了商鞅极高的政治智慧和管理智慧。

(二)法家的牧民思想

法家在继承前人牧民谋略的基础了丰富了自己统治民的谋略体系。在夏、商、周三代中，牧民思想已经非常丰富了，已经认识到需要恩威并用，因为无"宽"便无"德"，无"威"也就没有"畏"。法家将之大大推进了一步。其主要体现在两个方面。其一，树"势"，也就是权势，绝对的权威。这是君王的控制之本，法家认为君王一定要绝对控制权力，《商君书》和《韩非子》中都有专章论述大权独揽对于君王控制的重要性。在"法"与"势"的关系上，"势"是第一位的，如果没有"势"，法就不可能得到很好的贯彻落实。其二，行"术"，即施行权术，权术是君王用以刺探、考察、防备民的一整套方法。权术具有隐秘性，臣下、民都不得闻。这显然有点"阴谋"的味道了，法家思想在这里也显出了它不光明正大的局限性和可憎性。但是如果从文化史的角度来说，则也是古代先贤哲人智慧的一个体现。

(三)法家的驭臣思想

与牧民思维一样，驭臣也是法家对夏、商、周三代驭臣思想的继承和发扬。在法家的思想体系中，驭臣思想是最具特色的策略，分为用臣原则、驭臣策略和特殊手段三个方面。首先是用臣原则，可以概括为"用防并重、既夺且予"。在法家看来，君臣之间的本质关系是利害关系，因此人臣对于君王其实是潜伏着极大的威胁的。《韩非子》说："人臣之与其君，非有骨肉之亲也，缚于势而不得不事也。故为臣者窥觇其君心也，无须臾之休，而人主怠傲处其上，此世之所以有劫君弑主也。"君臣之间以利害关系为本，而利害实际上使双方又处于对立的状态，因此君王在处理与臣下的关系时，不能过于依靠仁、义、德、信一类的道德手段。《韩非子》说："爱臣太亲，必危其身，人臣太贵,必易主位。"如果君臣之间是亲戚甚至是血肉关系,那么这种亲情关系也是非常不可靠的。"故后妃夫人太子之党成而欲君之死也,君不死则势不重;情非憎君,利在君之死"。

正是基于对君臣之间利害对立关系的理解,法家提出了驭臣策略的基本原则:不仁、不亲、不信、不贵。不仁,即不信所谓的仁德之士,不以仁人之心待臣;不亲,即决不爱臣过甚,与臣在情感上必须保持距离;不信,即一切以实效、理智为准,不因个人喜、恶而定去留;不贵,即弱臣,决不让臣下权贵而势重。在这些原则下面,法家还提出了一整套的驭臣策略,其中最主要的是三大策略:独断独揽,深藏不露,参验考察。第一大策略是处理君臣之间的权力分配,法家主张君王独断专权,这是君王树立威势所必需的。第二大策略是对君王树势、塞奸、听言等一系列重要事物的基本态度和策略,包含君王要深藏自己的意见爱好和自己的行踪两大内容。第三大策略的核心内容是如何考查臣下的法术,主要是对臣下之言、之行、之议、之心、之能等,必须多方面验证核实,然后才能信之。

法家的牧民、驭臣理论非常丰富而自成系统,几千年来一直被历代君王和为政者所袭用。但是我们必须指出,这些牧民、驭臣思维明显带有浓厚的封建思想,因为它没有将民和臣看做有独立意识的个体,而是将他们看做君之仆从,整个法家思想都是基于如何维持君之一统天下来理解、处理君民、君臣关系的。这当然是应该抛弃的。但是就其思维体系本身来说,它博大精深,体系严密,实用性强,充分反映了我国古代先贤在某些方面的思维智慧,这是应该肯定的。

三、道家的"无为而治"政治观

以老子和庄子为代表的道家学派,主要成就在哲学、文化和人生哲学思维方面,政治观仅仅是其整个庞大学说体系的一个方面。可是道家的"无为而治"的思想,却对中国古代的政治理论产生了重大的影响。

这种政治学说的主要倡导者是老子。

据《史记·老子韩非列传》,老子姓李名耳,字聃,楚国苦县(今河南鹿邑东)人。具体生卒年月不详,根据孔子曾向老子问礼的故事推断,他大约比孔子年长二三十岁,做过周朝的"守藏室之史"。后来周王室衰落,老子西出函谷关,退隐入秦,因函谷关令尹促请著书五千言的《道德经》。老子的政治观点就体现在该书中。

周王室制礼作乐,用礼乐制度来规范尊卑秩序,并为维持这种秩序殚精竭虑,可是最终还是衰落失败了。老子从这种历史教训中总结出经验:"有为"治理是枉然的,真正的政治之道是"我无为而民自化","为无为,则无不治"(《道德经》第五十七章)。主张政治宽松,让民自主而为,则天下可以无治而安。

"无为"的形态体现为"静"。《道德经》第四十五章:"静胜热,清净可以为天下正。"《道德经》第五十七章:"我好静而民自正。"静乃自然本性,也是人之本性,依循恬静本性,便是依循自然正道,整个天下因此也就稳定大治了。

但是"无为而治"并不是什么事都不做,在老子看来,为政者有两件事是一定要做并且必须做好的,那就是"减徭税"和"尚节俭"。《道德经》第七十五章:"民之饥,以其上食税之多,是以饥。"只有减轻民之徭税,民才能安居,为政者也才可以"无为"了,《道德经》第五十章:"我无事而民自富。"

可是减少徭税让民自富之后,为政者还有自己的事要做:"尚节俭。"为政者要以身作则,生活俭朴,才能带动整个社会崇尚节俭,《道德经》第五十七章:"我无欲而民自朴。"

战国中期以降,道家的思想体系有了重大转变,以列子和庄子为代表的后期道家,将"无为而治"思想由政治领域向人生哲学领域进行拓展和转移。在老子的思想体系里,政治哲学智慧和人生哲学智慧是紧密结合在一起的,但侧重于政治哲学;而列子和庄子的思想体系里虽然也是政治官和人生观的紧密结合,但侧重的则是人生哲学,即以"贵虚"、"逍遥"和"自由"为核心内容的人生形态和生活态度。

四、墨家的"兼爱"政治观

墨家的主要代表人物是墨子。墨子,生卒年不详(约公元前480—前390),大概与子思为同时代人。姓墨名翟,相传为宋国人,后长住鲁国。《淮南子·要略》说他曾"学儒者之业,受孔子之术",可能是曾子的学生,但是他后来背儒而自创一家学说。他背叛的恰恰是儒家政治核心思想的宗法,而他创立的思想体系的核心观念,也是反宗法的"兼爱"思想。

儒家宗法政治的理想时代是西周初期,墨子的"兼爱"政治的理想时代则是更早的"夏政"。墨子的所有思想都体现在《墨子》一书中,该书原有70余篇,现存53篇,学界通常认为其中的《经上》和《经下》为墨子亲撰,其余为其学生整理笔记而成。

墨子政治观的核心为"兼爱"。"圣人以治天下为事者也,必知乱之所自起,焉能治之。不知乱之所自起,则不能治。"《墨子·兼爱》开篇表明"兼爱"思想指涉的是政治管理之道。整个"兼爱"思想体系包括非攻、节用、节葬等各个方面。他反对各国诸侯互相攻伐;他提倡勤俭,认为人的衣食住均应力求简朴,更反对为政者奢侈铺张;针对儒家"厚礼守丧"的观念,他提出要节葬。

但是"兼"的核心,则是人伦。"故兼者,圣王之道也,王公大人之所以安也,万民衣食之所以足也。故君子莫若审兼而务行之。为人君必惠,为人臣必忠,为人父必慈,为人子必孝,为人兄必友,为人弟必悌。故君子莫若欲为惠君、忠臣、慈父、孝子、友兄、悌弟,当若兼之不可不行也。此圣王之道,而万民之大利也。"从表面上看,墨子也在提倡君臣、父子、兄弟的秩序关系,但是墨子思想的核心是这些关心中双方之间的爱:君要惠,臣要忠,父要慈,子要孝,兄要友,弟要悌,双方之间的爱是互动的,也就是说是"兼"的。"使天下兼相爱。"这就是墨子为代表的墨家为治世开出的政治药方。在墨家看来,既然天下大乱源自人间的无爱,臣、子不忠不孝,君、父不惠不慈,以及"大夫之相乱家,诸侯之相攻国",直至盗贼之害人,都是因为无爱,那么只要倡导天下人能"兼相爱",天下也就大治了。

墨家的政治观在当时有巨大影响。战国初期,墨家和儒家并称为"世之显学"。但是自墨翟去世后,墨家的思想阵营似乎发生了分裂。《韩非子·显学》中说"有相里氏之墨,有相夫氏之墨,有邓陵氏之墨",一般都称他们为后期墨家。今本《墨子》中的《经上》、《经下》、《经说上》、《经说下》、《大取》、《小取》等六篇,合称《墨经》,又称《墨辩》。除了《经上》、《经下》,其他四篇即是后期墨家的作品。这些著作相比《墨子》里墨子的思想体系已经有了变化,它们主要讨论认识论、逻辑和自然科学等学术问题,已经与政治语域有了相当的距离。

第二节　谋略智慧

谋略文化在中国源远流长。远在夏、商、周三代的远古时期,当人类的生活尚处在非常简单的状态时,谋略文化就已经首先发展起来。这在文字的使用上可以明显看出。据专家研究梳理,在记载三代历史的文献资料中,"谋"、"谟"等词的使用已相当普遍。如:《尚书·盘庚》:"予若观火,予以亦拙谋。"《尚书·大禹谟》:"弗询之谋勿庸。"《尚书·洪范》:"明作哲,聪作谋。"《诗经·烝民》:"诒厥孙谋,以燕翼子。"《诗经·皇皇者华》:"载驰载驰,周爰咨谋。"等等。❶ 在语义上,那时的"谋"与后世谋略文化充分发达之后的"谋"的语义已经没有很大的差异:或作动词,意为策划、谋求;或作名词,指谋划已就的计谋韬略;或为引申义,指计议、商量。这些词义表明,"谋"在三代已经是一个相当稳定和成熟的概念了,由此可见,"谋略"在中国传统文化格局中悠久而特殊的历史地位。

一、纵横之慧

在古代中国蔚为大观的谋略文化格局中,纵横谋略以其卓异的风尚独树一帜。以苏秦、张仪为代表的纵横家便是中国谋略文化的杰出代表。他们最主要的谋略形态是实践活动,《战国策》就是这方面活动的集中记录,而在理论上的建树,主要集中于至今尚难以断定其著作年代的奇书《鬼谷子》里面。这些纵横家以自己的实践活动和理论总结向世人表明,在广博深厚的智力活动中,智慧本身包含着无穷的精彩。

(一)纵横智谋的体现:游说

与其他谋略文化相比,"纵横谋略最主要的外在形态体现为'游说'。可以说在纵横家的谋略活动中,'游说'居于核心的地位。他们的进言献谋、外交周旋、权力斗争等等都是通过'游说'的环节来实现的,因此'游说'是纵横之智的枢纽"。❷

所谓"游说",是指纵横家的"说"不是一般意义上的"说话",而是指以让对方接受自己的建议或主张为根本目的的"说服",并且还要在"说服"的过程中实现权谋。要而言之,"说"即是谋,即是策。苏秦通过游说六国诸侯,结果身挂六国相印,成全了"合纵"之业;张仪也是通过游说,与苏秦针锋相对,拆散了六国(主要是韩、赵、魏的三国联合)之纵,成"连横"之功。这两人都是一介布衣,手中没有一兵一卒,却各成大业,凭借的就是"三寸之舌"。另外还有一个大纵横家,其实也是"三寸之功"赫赫者,只是被后来的苏、张光芒所遮,被人有所遗忘,他就是孔子的学生子贡。子贡原是春秋时期著名的大商人,可是他一生中最重要的业绩却是"游说"。《史记·仲尼弟子列传》记载:"子贡一出,存鲁,乱齐,破吴,强晋而霸越。子贡一使,使势相破,十年之中,五国各有变。"指的是春秋末年,田常乱齐,并欲攻鲁国。为了保

---

❶ 吴兴明:《谋智、圣智、知智:谋略与中国观念文化形态》,上海三联书店1995年版,第45页。

❷ 吴兴明:《谋智、圣智、知智:谋略与中国观念文化形态》,上海三联书店1995年版,第193页。

护鲁国,子贡受孔子派遣,出使诸国。任务艰巨,凭借的却只有辩才。他先来到齐国,抓住田常欲主齐的心理,指出攻鲁当胜,可胜后却会遭人嫉妒,反于己不利;而如攻吴,有可能失败,却能因此使齐自乱,反而对田常有利,从而让田弃鲁而攻吴。接着子贡又来到吴国,说动吴王伐齐救鲁,这样就能使齐、晋臣服于吴,成就吴的霸业。吴王心动,可又恐越国作乱。于是子贡又来到了越,说动越王勾践与吴一起伐齐,只有这样才能消除吴王对越复国的警惕。子贡就这样圆满地完成了出使的任务,后来形势的发展完全是按照他的愿望进行的。

(二)游说谋略:揣情

游说的目的是说动对方,即古人所谓"得情",也就是控制对方的心理。只有这样,才能趁机献谋。而"得情"的要旨就是"揣情"。由于对方内心的真实想法往往隐藏得很深,因此"游说"的首要任务就是揣之摩之,诱之钓之。韩非的《难言》、《说难》就是探讨"得情"的,《鬼谷子》更是公开说"虽有先王之道,圣智之谋,非揣情,隐匿无所索之。此谋之大本也,而说之法也"。可以说"揣情"是纵横谋略的核心技术。

揣情之术,大要有三:

1.据类而揣情。纵横家将不同的游说对象分为各种类型,游说时针对对象的不同而分别采取不同的诱钓术。《鬼谷子·捭阖》说,"夫贤、不肖、智、愚、勇、怯、仁、义有差,乃可捭,乃可阖;乃可进,乃可退;乃可贱,乃可贵。"人的这些差别就为游说家提供了制定说话内容和策略的基础。

2.揣情而定钓术。得情虽然是游说的关键,却并非整个游说活动的终极。游说的最终目的乃是为了"说服"。因此在"得情"之后,还必须进一步地揣摩、探测、诱钓,这是整个游说术的重点。其重中之重便是"钓"。《鬼谷子》有《揣篇》、《摩篇》专论"飞箝"之术,韩非有饰言之论,论述的就是这种"钓情之术"。

3.其实,"得情"、"钓情"都并非是游说智慧的最高境界,其最高境界便是《鬼谷子》里提出的"阴虑可否,明言得失,以御其志"。所谓"御其志"即是指让对方完全相信自己,达到倾心信赖、言听计从的境界。要达到这种境界,仅仅让对方信赖、依顺和动心是不够的,还必须以长期的依顺、交结和真正的高谋妙策为基础。从这个角度来说,游说谋略是真正的攻心智慧。❶

---

❶ 吴兴明:《谋智、圣智、知智:谋略与中国观念文化形态》,上海三联书店 1995 年版,第 191—198 页。

苏秦"说"燕合纵运用的就是这样的"御志心术"。

燕国弱小，非常担心遭到强国进攻。而其邻国赵、齐都强于燕。燕国为了自卫，就与西方的秦交好。赵国夹在燕、秦之间，也日夜惴惴不安。苏秦就凭借这一形势向燕文侯进行游说。他详细分析了燕国之所以暂时平安无事是因为有赵国为它挡着强秦，一旦赵国灭亡了，燕国也就马上危险了。这一说燕文侯就更加战战兢兢了，马上请教自保的良策。这就做到了游说的第一步"得情"了。"得情"的发展是"御志"，因此苏秦以威吓之术来钓之：自保是不可能的，不但燕国不能自保，六国中没有一个国家有能力自保。唯一的办法就是联合起来。这个办法人人都懂，可是由于害怕得罪秦国，没有人敢站出来。你燕文侯倒有条件做一个领头人，因为到目前为止，燕国最安全，由于有赵国挡着，秦是不会把你怎么样的。这就打消了燕文侯的心理顾虑。接着便是名诱了：如果你牵头让六国联合起来了，不但燕国从此可以高枕无忧，你本人也可以因此而名垂千古了。一番话说得燕文侯完全没有了主意，最终苏秦趁机提出愿意为燕相，替燕王奔波联络。燕王见有利有名可图，又不需要自己抛头露面，于是一口答应了。马上召集大臣会议，隆重拜苏秦为相，并赠送其大量财物，让他代表燕国出使其他诸国，最终合纵形成，使秦国整整十五年不敢出函谷关半步。

（三）纵横家的基本特征

纵横家成分复杂，既有没落贵族和新兴地主，也有出身低贱的平民和行商，基本上都没有什么显赫的政治、社会地位，可是他们凭借自己的聪明才智，纵横于社会大变革中，取得了非凡的成就。苏秦原本是"穷巷桑户之徒"，后被封武安君，受六国相印；张仪也曾受笞击之辱，后贵为秦相；范雎曾经有过"家贫无以自资"的窘迫，后来号称"倾危之士"，贵为应侯……他们的起家资本就是智慧。

因此纵横家都是谋略之士，而且还是纯粹意义上的谋士。所谓"纯粹"是指他们具有三个特点：其一，无从一而终的固定事主。他们没有忠诚观念，谁能发挥他们的聪明才智，他们就跟随谁。其二，无固定的政治主张。他们几乎没有什么坚定的政治信念，他们是实用主义者。其三，无势利营求之外的固定束缚。对于他们来说，利益是至高无上的，他们是典型的机会主义者和功利主义者。陈轸就是这样的一个典型。他曾经在秦、楚、魏等国为官，不管在哪一国，他都自诩为忠臣。但是在陈轸这样的策士心目中，忠臣并不是那种"不事二君"的至死不渝，而是各为其主，在其位而谋其政。所以在秦国时他为秦服务；到楚国时，他多次劝说楚怀王不要听信张仪的谎话；

到了魏国后,在秦伐魏时,他又游说诸侯出兵抗秦助魏,而且还阴谋将战火引向楚国。因此纵横家的政治品德和人格操守从圣人之道的角度来说,是大有问题的,他们也因此而受到后人的指责。但是从另外的角度来考察,那么我们也可以看到,这些"无固定"并不表明他们没有恒定的追求,恰恰相反,他们的追求既稳定又坚毅,那就是他们对智慧的追求。这种追求是其他智慧之士在对谋略文化追求的彻底性方面所无法比拟的。他们在这种对纵横智慧的追求中感受到了人生的价值和乐趣。

二、兵事之术

兵事是中国古代社会的存在常态。"争地以战,杀人盈野;争城以战,杀人盈城。"《孟子·离娄》里的这几句话给了后人兵事残酷画面的强烈刺激。但是,兵事虽然是人类从古至今最蛮横的解决事端的方式,却极大地促进了人类智谋的发展。在中国古代的各家之谋中,兵家智谋可能是迄今为止仍然具有实用性、启发性甚至指导性的最重要的文化遗产之一。在兵事活动中,敌我双方的斗智斗谋具有一种无原则的平等性,正是这种平等性有效地促进了双方的智力竞争,从而诞生和发展了极具中国特色的兵事智谋。兵事智谋的代表性人物便是兵家。兵家智谋不仅仅是纯粹的军事话语,它在文化上的纵深影响要比单纯的军事谋略广泛而又深刻得多。可以毫不夸张地说,兵家谋略文化是中国传统谋略文化最重要的组成部分之一。在政治领域,法家的严刑峻法、耕战策略,以军制治国;在人生智慧中,道家的夺予之道、以柔克刚之术;在普通百姓的智慧构成中,讲究韬晦之道、以忍为上;扩而广之,在整个文化精神上,高度的实用理智态度和追求天时、地利、人和时大量使用智谋韬略等等,无一不是兵家谋略的纵深和横向反映。至于调虎离山、借刀杀人、声东击西、以逸待劳等原本属于军事领域的术语,更是成了后来人们日常的生活话语。

(一)以"心"谋兵

谋略是"内智"和"外谋"的有机结合。中国古代的智谋文化将智谋分成内智和外智两种。"内智是智谋形成的主体条件,包括精神态度、心理状态和能力构成这样三个要素。外谋则是指具体的谋划体系,包括谋略的方法、原则、目标等。"❶兵家谋略就是由这两者组成的。

---

❶ 吴兴明:《谋智、圣智、知智:谋略与中国观念文化形态》,上海三联书店1995年版,第168页。

兵家谋略首先体现为一种内智。这种内智的首要特征是"去情制怒"。《孙子·火攻》里说："主不可以怒而兴师,将不可以愠而致战。"孙子在这里是将"去情制怒"当作一条用兵的原则来看待的。后来它成了历代兵家必备的内智修养。在《十一家注孙子·火攻篇》中,杜佑说："凡主怒兴军伐人,无素谋明计,则破亡矣。将愠怒而斗,仓促而合战,所杀者必多。……言当慎之。"张预说："君因怒而兴兵,则国必亡;将因愠而轻战,则士必死。"连曹操也说："不得以己之喜怒而用兵也。"

"去情制怒"遵循任理而不任情的原则,在情和理的关系上呈现出一种绝对的以理抑情的精神状态。这种精神状态的表征便是"忍"。忍式智慧是中国兵谋智慧中极为突出的体现。对内而言,忍,包含着意志的坚强和绵恒,策略的寂然待机、循势而动;对外而言,忍,包含着洞观厉害、预见祸福转换的睿智和因势利导的策略谋求。因此"忍既是一种意志,更是一种智慧,是去情任智、出奇制胜所必备的心理条件"。老子的以柔克刚思想是"忍"术的最集中体现。在兵事谋略上以柔克刚并不是一种机械的强弱力量的较量手段,甚至也并不仅仅是指弱的力量在一定条件下可以转化成强的力量,而是推崇智斗而不任力斗,崇心术而不任强力的硬拼。如果时机不成熟,则示弱忍让,一旦机会来临则予以雷霆之击,出奇制胜。在这条件成熟与不成熟之间,暗中涌动的便是谋兵者的心忍、忍智不任气和暗中运筹策划,凡是这些,便为兵事忍之智。"天下之至柔,驰骋天下之至坚","曲则全,枉则直",老子的这些话就是对这种心智的哲学性描述。

(二)"诡道"兵谋

"诡道"兵谋属于兵家谋略中的心智,但是与"以心谋兵"中的"去情制怒"的侧重点不一样。如果说"去情制怒"属于战略性的兵家智慧,那么"诡道谋兵"则属于具体的战争手段和策略了。《孙子兵法·计篇》："兵者,诡道也。""诡道"的具体内涵有三:一是"阴",一切策划筹谋都在暗地里进行,绝不可以泄露,更不可广而告之。二是"诡",兵家的谋略大多显得有些阴鸷、冷酷甚至是狠毒。三是奇,即孙子的所谓"奇正"之法,《孙子兵法·兵势篇》中说:"三军之众,可使必受敌而无败者,奇正是也。……凡战者,以正合,以奇胜。"综合以上三点内涵,我们可以知道"诡道"的核心便是"攻其不备,出其不意"。这也是孙子始终强调的"上兵伐谋"中的"谋"。具体来说,体现为以下三种"诡术"。

1.诱术。《孙子兵法·计篇》:"兵者,诡道也。故能而示之不能,用而示之不用,近而示之远,远而示之近。利而诱之,乱而取之。""诱"是兵家谋略的夺予之道,是"诡道"的最基本策略之一。"三十六计"中的第十七计"抛砖引玉"便是诱计。在具体的战役过程中,如果知道敌人首脑贪,就可以诱之以利,当年的张良就是使用此计协助刘邦攻破蓝田关的;如果知道对手一意孤行而不知变,可以设法而破之,赤壁之战中的火烧曹军战船便是一例。在这种兵家谋略中,核心的因素是夺与予、饵与钓的关系,而以饵为钓、以给予为夺取的策略,正是"诱术"的关键。

2. 驭术。诱术的对象不仅仅是敌人,许多时候还用在自己人身上,以"诱"为一种驭术,这也正是"诡"之所以"诡"的一个构成原因。《六韬》《吴子》《司马法》《尉缭子》等古代著名兵书都把王者在兵战前后对部下的激励、任用机巧看做军事谋略中非常重要的内容,它们提供的方法就是"以诱为驭之术"。所谓"诱",即是以利益来诱惑、激励部下的斗志。"钓有三权,禄等以权,死等以权,官等以权。"《六韬》还以鱼为例进一步论述了具体的"诱驭"之法:用微饵诱驭小鱼,用稠饵诱驭中鱼,用丰饵诱驭大鱼。鱼见到了饵而吞之,故而被渔线牵之;人食其禄,乃服于君。"故以饵取鱼,鱼可杀,以禄取人,人可竭。以家取国,国可拔。以国取天下,天下可毕。"《黄石公三略》也说,"智者乐立其功,勇者好行其志,贪者邀趋其利,愚者不顾其死,因其至情而用之。此军之微权也"。这种"使智、使勇、使贪、使愚"的诱驭之术甚至被称为"圣人之德",充满微妙的功效,一直为兵家视为谋略的重要组成。

3. 虚实术。以虚为惑,以实为用,虚虚实实,在对敌人的迷惑中取胜,是兵家谋略的基本精神,也是谋略诡术运用的具体化。在"三十六计"中,许多计谋都与虚实术有关,如围魏救赵、声东击西、笑里藏刀、借尸还魂、调虎离山、欲擒故纵、浑水摸鱼、空城计等。可见虚实智术在兵家谋略诡术中占有多么重要的地位。其具体术式主要包含:①战地的远近关系,近者为强(实),远者为弱(虚),其谋略主要体现诱调敌人趋远奔波,自己则以逸待劳;②攻守关系,其避实击虚之道是以不守为虚,不知为虚,无人为虚,其谋略主要体现在虚实兼杂,使敌不知其所守,不知其所攻;③进退关系,进以不御为虚(即击其虚),退以速退为实(即避其实),其谋略为进攻敌意外之地,退必须迅速而又不让敌知道其所走。另外还有多寡分合的用兵之道,其要旨也在虚虚实实的运筹之中:保密,不让敌人知道自己的实力;虚张声势,让敌人不知真假;战斗地点虚虚实实,让敌人无法准备,等等,无不体现出兵家的智慧。

第三节　人生智慧

中国古人的人生智慧是在智谋文化语境下所产生的一种处世的哲学话语。从理论上说,处世哲学是这样一种智慧形态:一方面,它是一种能力,一种应世的机能和智能结构;另一方面,它又是一种人生观,一种人处世应世价值取舍的基本精神态度。换而言之,在外,人生智慧是一种普泛化的、带有恒定性特征的社会文化氛围,一种似乎是不言而喻的行为规则。对内,它又是一种涵纳社会阅历、人生体验的和生活哲理于一体的文化认同。因此,这里面体现出来的智慧,可以说是整个社会智慧文化的核心点。

一、人生智慧的谋略性特征

人生智慧是中国传统谋略文化的民间化和日常生活化,也就是说,是谋略文化的普泛化,是传统谋略文化迄今犹存的最活生生的形态。当然我们应该指出,并非所有处世之智都来自于谋略智慧。比如人生智慧中带有浓厚宗教色彩的部分就是如此。但是,从总体上来看,传统的处世哲学主要是在对人世祸福的洞察与趋利避祸的应对谋求中生发出来的。这就是说,谋智,即对世俗祸福利害的应对智慧,是传统处世哲学的逻辑生发点。

(一)人生智慧的核心是趋利避祸

古人先贤给我们留下了许多处世格言,这些格言的要旨都只有一个:教导、启发人们如何在人生经历中趋利避祸。刘禹锡《口兵戒》:"五刃之伤,药之可平,一言成苟,智不能明。"这是告诫人们要警惕祸从口出。冯梦龙《喻世明言》:"内要伶俐,外要痴呆;聪明逞尽,惹祸招灾。"这是教导人们如何自保。《汉书·东平思王刘宇传》:"福善之门,莫美于和睦;患咎之首,莫大于内离。"这是启发人们正确认识和睦、内离对人生的利祸。由此可见,传统的处世哲学虽然内容庞杂、体系各异,但在总体上它具有一种以世俗祸福应对为中心的智慧内涵。在这种深厚的祸福应对的意识背景中,诸种哲学思想,甚至是佛家的诸戒和儒家的仁、义、礼、信这样的人格修养信条,最后都可以归结到或者都可以转化为处世智慧中趋利避祸的手段。也就是说,在中国古代先贤的诸多思想、哲学论述中,人生如何趋利避祸,始终是其基本的意旨。

(二)人生智慧里的谋略

古人之所以将趋利避祸看做处世智慧的中心,原因是多方面的。最主要的原因,一是由于中国是人治国家,特别需要人和,因此在中国传统的智慧智能结构中,处理人际关系的智慧处于主导地位;二是先秦时代成熟的谋略文化随着岁月的流逝,已经广泛地得到流传,并在流传的过程中融合为普通百姓的一般性的处世智慧。这两个方面都充分体现了谋略文化对一般处世哲学的重大影响。

冯梦龙的《智囊》就是一个很好的证据。这部《智囊》可以说是中国传统人生智慧的大总结。它分述了十种智慧,从类型分,有深谋远虑、见微识大、审时度势、灵活应变等;以适用范围分,有为政、社交、处事、谋兵、闺智等,基本上包含了人生可能遇到的各种情形。但是《智囊》却把人的另外两种智慧给忽视了。我们知道人的智慧有三种,所谓圣智、知智和谋智。圣智属于道德、人格智慧,知智即知识、学问智慧,而谋智就是谋略智慧。而在《智囊》里,十类智慧都与圣智、知智无关,这恰恰证明了中国传统文化语境里的人生智慧,是一种谋略性智慧话语。这说明,在古人看来,人生所需要的基本智慧主要是谋智,这是一种处世之智,圣智和知智都要从属并服务于谋智整体。

二、人生智慧的基本内涵

在一个以谋智为轴心的文化体系中,人生的处世智慧向来是人们关注的重心。先贤们赋予人生智慧以趋利避祸的基本原则。并且先贤们还明确认为,这种趋利避祸目标的实现,依靠的是智力而不是武力。诸子思想虽然在许多方面针锋相对,但在这一点上却是惊人的一致,都追求在人世间以智力而不是武力至圣至上。《老子》、《韩非子》等著作实际上就是讲述如何以智力存世的。先秦以降,诸子思想逐渐向一般百姓扩散,各家之谋中许多原本适用于政治、军事领域的谋略因素逐渐化入平民的日常生活,并成为民之处世智慧的重要建构元素。五代的《兔园册》(虞世南),宋朝的《三字经》(王应麟),元代的《劝忍百箴》(许名奎)、《忍经》(吴亮),明代的《智囊》(冯梦龙)、《菜根谭》(洪应明)……这些体裁各异、层次不等的书,从不同侧面致力于总结、阐发、普及人生哲学、处世谋智。这些人生谋智的形态不是严整周密的大道论述,而是活生生地散播于寻常百姓的鲜活生活里,既是民之人生智慧的总结,又是民之人生智慧的指导。

冯梦龙的《智囊》是其中影响最大、内容相对又最为完整的一部人生智慧的总结和指导书。整部《智囊》共十部二十八卷,分为上智、明智、察智、胆智、捷智、术智、语智、兵智、闺智、杂智等十种。这十种就构成了中国传统的人生智慧的基本内涵。下面择其几种介绍之。

（一）上智

"上智"属于高智慧之列，又细分为"见大"等四种范畴。具体为：第一类"见大"，即"由小见大"之意；第二类为"远忧"，意思是深谋远虑；第三类为"通简"，意为"通达消灾"；第四类为"迎刃"，表示"迎刃解难"的意思。这四类人生智慧几乎囊括了人生的全部内容，既有从小推理大的思维智慧、瞻前顾后的战略意识，又有面对一切困难的勇气和解决这些困难的手段，睿智、谋略、胆识和技能都拥有了，所以属于高级别的人生智慧。

（二）明智

"明智"属于洞察性智慧，冯梦龙也将它具体地分为四类：第一类是"知微"，即"见微知著"的意思。表面上看与"见大"有些重复，实际上指涉的对象是不一样的。"见大"是一种推理性智慧，从"小"中推理到"大"；"知微"是一种捕捉细节的能力。第二类是"亿中"，这个词比较古代化。"亿"通"臆"，《论语·先进》："亿则屡中。""亿中"一词就来自于此，所以实际上它是"预见"的意思，表示一种前瞻性智慧。第三类是"剖疑"，意指分析问题的能力。第四类是"经务"，指的是审时度势。与"亿中"的瞻前性不同，"经务"主要解决眼前问题，所以它是一种解决现实问题的智慧。

（三）察智

"察智"属于"察言观色"的智慧，分为两类：第一类为"得情"。所谓"得情"，也就是控制对方的心理，本来属于纵横家诱之谋略的重要组成，《智囊》将它移植于人生智慧，再一次证明了中国传统文化语境里的人生智慧实际上是一种谋略文化。第二类是"诘奸"，即看穿他人的伪装。所谓大奸若忠，大智若愚，无论从正面还是反面的角度来说，要能够看清表里的真实，都属于大智慧。

（四）明智

"明智"属于胆略决断类智慧，也分为两类：第一类为"威克"，意思是作出决断时要显示魄力和威势，从而对执行者形成一种心理威慑。第二类是"识断"，是指认清形势、了解各种情况后才形成决断，其智慧就显示在决断前的慎重和决断时的果敢之间。

（五）捷智

"捷智"属于敏捷应对之智。分为"灵变"、"应卒"和"敏悟"三类。"灵变"重在一个"灵"字，强调应对之时要灵活，不要拘泥于条条框框。"应卒"主要表述突发事件面前沉着、冷静、机智的应对之道。而"敏悟"显然强调的应对之智核心在于敏捷而又富有心智。

（六）术智

"术智"是传统文化之人生智慧谋略化特征的集中体现。它分"委蛇"、"缪数"和"权奇"三类。第一类"委蛇"表示的是如何用虚假手段来避祸；第二类"缪数"是指如何用各种阴谋诡计性质的智谋来进行自我保护；第三类"权奇"主要用于各种情况下的权变奇谋。它们的核心都是谋略。

其他尚有属于言辩智慧的"语智"、属于兵事智慧的"兵智"、特指女性智慧的"闺智"和其他种种杂智。

三、人生智慧的基本表现

（一）立身之宗

人为什么要活着？应该以怎样一种姿态活着？这是人生智慧的根本性问题，也可以说是一切人生智慧手段产生的总源泉。在中国古代，尤其是诸子百家时代，各位哲人先贤和他们所代表的各派学说，都对此有过各种形式、各种层次的探讨和论述。有儒家的入世说，有道家的出世说，有墨家的兼爱说……其中影响最大、对人生最有指导意义的是儒家的人生观。概而要之，儒家坚持"入世"，即认为人生的目的便是在"世"这个舞台里贡献自己的聪明才智，成就自己的各项事业。对于这个"业"，儒家也有具体的目的，那就是三立：立德、立言和立功。总而言之，在儒家看来，人生的要旨就是奋斗，就是建功立业，这是人生最根本的立身之纲。

独尊儒术的政治背景决定了人们对儒家人生观的自觉接纳。从孔子在世到西汉时期的三百年间，儒术受尽了冷落，那时因为儒术主要是守治之法，而这三百年却都是以攻为基本时代特征的。但是到了西汉王朝成立时，天下大势已经从攻夺向守治发展，因此儒家学说终于有了用武之地，并最终成了绵延数千年的统治思想。这种政治思想的选择结果，对人们最直接的影响是人们对儒家人生观的自觉接受，因此积极入世的立身之纲也就成了大多数人最基本的人生态度。

（二）顺逆之明

人生智慧体现在生活的各个方面，其中顺逆之明则是最重要的人生睿智。所谓顺，是指人生处于顺境；所谓逆，是指人生处于低谷逆境。古代先贤哲人教导我们，顺境时要防骄横，逆境时要豁达明势，并认为对人生而言，身处逆境未必是坏事。孔子说"岁寒，然后知松柏之后凋也"，激励人们在逆境中认清自己品质真正的优良性。孟子说"故天将降大任于斯人也，必先苦其心志,劳其筋骨,饿其体肤,空乏其身,行拂乱其所为,所以动心忍性,增益其所不能",把身处逆境看做人生成功的起点,无不包含着深刻的人生智慧。苏东坡被谪黄州,坎坷的经历,艰难的处境,复杂的心态,诸种因素促使他思考"人生究竟有何意义"这样的哲理命题,终于通过泛舟游赤壁而识"水"、"月",从中悟得"盖将自其变者而观之,则天地不能以一瞬;自其不变者而观之,则物与我皆无尽也",因而放开心怀,尽情享受江上之清风和山间之明月,从大逆中转化为大顺,达到了人生的大智慧境界。张孝祥遭逐岭南,一年后夜过洞庭湖,身处"素月分辉、明河共影"的美景,领略自己"扁舟一叶"荡漾于三万顷玉鉴琼田的天人合一的神圣意象,方知人生的大境界是与万象之宾客共斟而忘今夕何夕,只要自己"肝胆皆冰雪",纵然"岭表经年"也无所谓了,"逆"恰恰证明了自己的肝胆澄澈,所以从另外的角度来说,这种"逆"其实也就是"顺"。顺逆之心理转换体现着人生的"明","明"就是大智慧了。而苏、张的《前赤壁赋》和《念奴娇·过洞庭》也正是这种顺逆之明的生动和形象的体现。

(三)贵贱之识

中国古代先贤哲人对财富观和官宦观,有着特殊的要求。其核心便是孔子如下的观点:"富与贵,是人之所欲也,不以其道得之,不处也;贫与贱,是人之所恶也,不以其道得之,不去也。"意思是说,财富与权势,是所有人都共同追求的,但君子与非君子的区别就在于,如果不是以正当、合法的手段取得,那么君子是不要这种富贵的;贫穷与卑贱,是所有的人都讨厌的,但是如果不是通过正当的途径摆脱这种贫穷和卑贱,那么君子是宁可守着贫贱的。孔子的这段话充满了智慧:既坚持了君子的人生原则,又富有浓厚的人情味,因此对后世影响极大,其精髓被概括为"君子爱财,取之有道"。在这种思想的潜移默化下,中国古代知识分子都自觉警惕在金钱、权势面前的道德立场。"君子固穷","贫贱不坠青云之志","威武不能使之屈,富贵不能使之淫"……都表明了传统文化中对贫穷、富贵等人生境遇的要求,那就是在道德的坐标下,不以贫贱为耻,不以富贵骄人;不能通过牺牲道德来脱离贫贱,也不能通过牺牲道德来追求富贵。

(四)堂野之智

这里的"堂"是指庙堂,原来的意思为帝王祭祀、议事的地方,后引申为朝廷,也就是在朝、在位、参与政事的意思。这里的"野"是指远离政治的地方,表明不在位、不议政。在中国传统文化语境里,"居庙堂之高"意味着热心于政治和仕途,而在野隐居则意味清高、视富贵若浮云,往往是一种有道、得道的表征。所以这是完全不同的两种人生观,因此孔子、孟子周游列国,而老子出关、庄子宁可在濮水里钓鱼也不愿为楚相。他们谁都没有错,因为这是人生方式的选择,不存在对错。但是如果想要在这两者之中周旋,那么在贤人看来,就有问题了。屈原既放,颜色憔悴,又不肯与邪恶者同流合污,因而宁赴湘流,可是渔父却认为其是"自令放为",怪不得别人;若一直耿耿于怀,更是显得可笑。因为在渔父看来,合则留于庙堂,不合则去草野,既然留下了就要不惜与醉者同醉、浊者同浊,而不肯这样合污,则留于庙堂本身就是不智。"沧浪之水清兮,可以濯吾缨;沧浪之水浊兮,可以濯吾足"。人生之智既在于能够看清清浊,更在于看清后能有睿智的应对之策。用足濯于沧浪之清水,是为无耻;但如果以冠缨濯于沧浪之浊水,那绝对是不智了。

四、人生智慧的诗性形态:人与自然合一

无论是儒家还是道家,都对人生有着一种诗性的追求,那就是与自然的和谐共处。孔子一生孜孜于政治和哲学思考,但是他还经常向往到大自然中去,并相信在自然中能得到永恒的平静。《论语·先进第十一》记孔子与几个弟子座谈,弟子们先后都表达了对政治理想的追求,孔子不置可否,唯独对公西华所说的"莫春者,春服既成;冠者五六人,童子六七人,浴乎沂,风乎舞雩,咏而归"大为感叹:"吾与点也!"另外一次,孔子甚至还表示晚年最大的愿望就是能浮槎于海。孟子一生奔波游说,无暇与自然为伍,但是在文章中描绘的王道世界,竟然也是一幅自然图:"五亩之宅,树之以桑,五十者可以衣帛矣;鸡豚狗彘之畜,无失其时,七十者可以食肉矣;百亩之田,勿夺其时,数口之家可以无饥矣;谨庠序之教,申之以孝悌之义,颁白者不负戴于道路矣;七十者衣帛食肉,黎民不饥不寒;然而不王者,未之有也!"❶虽然这些都可能是一种象征性描述,但至少反映出在孔子、孟子的心目中,能在大自然中平静、幸福地生活,是一种人生的高境界。

道家的人生态度更是充满了诗意追求,其最伟大的代表就是庄子了。在庄子的人生哲学里,人是自然的产物,"道与之貌,天与之形","天"和"人"本是合一的。庄子从"道"(主要指宇宙运动的过程)的角度,把人与物等同起来,因此生死也只不过是人生无穷变化中的一环而已,所以生死合一。人要顺从自然安排,按时处顺,面临生死,不乐不哀,这叫做"安命"。

但庄子又认为,这种"安命"境界并非人人都能达到,唯"有德"者可以臻

---

❶ 《孟子·梁惠王上》。

之。这个德，却不是来自于学习，而是来自于"心斋"、"坐忘"，即是"闻天籁"，重在自我体验、自我观照，这种自我体验和自我观照，即是自由境界之一。

人生自然化的另外一个境界便是返璞归真。这本是老子"愚民"思想的一部分。老子认为人的朴素本性乃为无知无欲。"不欲以静，天下将自定。"（《道德经》第 37 章）。他主张人性要返璞归真，像成人返回婴儿、赤子一样（这样有利于于治理）。庄子继承了老子的这种思想，但扬弃了其中的愚民策术因素，不但如此，还进一步加以发展，将返璞归真思想纳入了他皈依自然的思维体系之中。他认为人不仅要返璞归真，而且还要返回到自然本真的程度。永恒的自然，是人所不得干预的；万物和人的本性，均由自然之命决定。自然的核心是自由。自由是人和万物的本性。因此老子讲淳朴，庄子也讲淳朴，但将淳朴引向了自由。这种自由的哲学基础是天人合一，人在自然中，"乘天地之正，而御六气之辨，以游无穷"。人即自然。

庄子就这样赋以人生诗性，这种将人生置于大自然的怀抱中甚至与山水共寿的思想，对后世人的人生观具有巨大和复杂的影响。虽然它也时时被为政者所利用，利用它来缓和社会矛盾，消解叛逆者的意志，但是其最主要的影响仍然是正面的，那就是重视生命、主张自由平等和追求自由潇洒的人生形态的精神，对于后世尤其是对于长期处于封建专制统治压抑之下的历代知识阶层，既是一种精神安慰和寄托，也成了他们生存的一种策略。

第四节　思维智慧

中国传统文化基本是一种以实践为重的文化形态，但是这并不排斥先贤们深邃、卓越的理性思考。这种思考主要体现在他们各自的思维体系里。从这些思维体系中，我们可以看到中国古代思想家奇异的思维智慧的光芒。

一、《易经》里"变"之思维

《易经》是中国古代哲人智慧的集大成者，是中国传统文化智慧的总纲要。全书虽然只有五六千字（不包括《周易》里的《易传》部分），可里面包含的智慧却是人们至今都无法全部破译的。这是因为《易经》是一部依据"变"之思维来进行描述的书，而"变"是永远都没有穷尽的。

《易经》基本的叙述符号是三根小棍形状的线条，一长两短。那条长的"—"叫阳爻，另两根平列在一起的短的"- -"叫阴爻。它们都叫卦符。经过排列组合后,这三条卦符构成了八卦,再由八卦变化成六十四卦,而六十四卦再变下去,就无穷无尽了。但是后面的变化都是由八卦衍生出来的,最基本的是这八卦。

整部《易经》是对天理大道的表述和解释,所以这八个卦符代表的也是八种自然现象:以三个长卦符上下重叠的方式表现的,代表天(乾);以三组短卦符上下重叠的方式表现的,代表地(坤);以上下都是短卦符、中间夹一个长卦符叠在一起的方式出现的,代表水(坎);以上下都是长卦符、中间夹一个短卦符的方式表现的,代表火(离);以上面两条是长卦符、下面一条是短卦符叠在一起的方式表现的,代表风(巽);以上面两条短卦符、下面一条长卦符叠在一起的方式出现的,代表雷(震);以上面一条长卦符、下面两条短卦符的方式出现的,代表山(艮);以上面一条短卦符、下面两条长卦符的方式出现的,代表泽(兑)。这八种自然物和自然现象正是天地自然中最基本的东西,可是正因为是最基本,所以也可以说代表着整个世界,如此庞大复杂的世界居然是通过三根小棍形状的线条来表述的,其变化之道可谓奇异诡妙。

不过,这只是"变"之思维的基础层形式。变化的第二层也可以说是"变"之继续的具体化,就是六十四卦象了。因为在《易经》看来,上列的八种自然现象都不是孤立存在的,它们之间互相作用、互相依赖、互相影响,而这种互动的结果,又必然地会影响到人和社会生活。因此有两种相互影响:八卦之间的相互影响和八卦与人类社会之间的相互影响,六十四卦所反映的便是这两种相互影响的具体形态。它们都是"变"之思维运用的产物。在表现形式上,是将八卦的八个卦符进行不同的组合,从而产生新的卦象,并赋予这些卦象以新的卦符。例如,将坤(地)卦和乾(天)卦以坤在上、乾在下的形式重叠在一起,组合成一个新的卦象,表示天地相交,万物茂畅。这样的新组合卦象一共有六十四组。

《易经》以卦符变化组合的形式告诉我们,世间的一切都是变化着的,一切都处在运动当中,没有什么是恒定不动的。所谓《易经》之"易",就是变易的意思。

《易经》还认为,世间万物的变化并不是杂乱无序的,而是遵循着一定的规律,这些规律中最本质的就是对立统一规律。我们来看八卦的八个卦符,就可以知道它们是表达对立又统一的:乾(天)和坤(地),坎(水)和离(火),艮(山)和兑(泽),巽(风)和震(雷),它们都是对立统一体。六十四卦也是如此,这既可以从各自的名称上看出这一点:乾卦与坤卦,泰卦与否卦,损卦与益卦等等;也可以从各自的卦辞中看出来:大与小,吉与凶,祸与福,入与出,内与外,进与退,往与来,刚与柔,存与亡,生与死,等等,无一不是对立统一思维的反映。这种思维使《易经》正确地把握了事物发展变化的规律,达到了异常深刻的哲学境界。

也正因为如此,世人经常把《易经》应用于占卜,而占卜的灵验性也经常得到肯定。这是因为《易经》把握了事物发展变化的规律,因而能够正确地透过现象看到本质,也能够比较正确地预知未来。例如《左传》记载,春秋时期,晋献公想把女儿嫁给秦穆公,事先让史苏以《易》占卜,结果得到《归姊卦》,变为《睽卦》,史苏认为占卜表明的是不吉。实际上这不吉的结论并非完全都来于卦象,更多的也许来自于《易》中对立统一辩证思想的启发。因为当时秦穆公已经称雄西戎,正准备向周边扩展势力,而晋、秦接壤,晋就成了秦必定要侵略的对象,嫁不嫁女儿都改变不了这一趋势。可是晋献公没有听从史苏的占卜意见。结果不久后真的是秦攻打了晋,并且还俘虏了晋献公的后任晋惠公。

二、《老子》里的辩证思维

《老子》又名《道德经》,分为《道经》和《德经》上下两部分。共五千余字,是中国历史上最具智慧的哲学著作之一。它的智慧体现在对宇宙和人生的根本看法、处世的基本原则、政治谋略等许多方面,其中最核心的思维体系是辩证思想。

(一)"道"之辩证

"道"是《老子》的核心概念和哲学基石,是老子对中国古代哲学的巨大贡献。在《老子》全书中,"道"一共出现了七十多次,成为一个出现频率最高的中心词,但是其所指涉的对象也并不一致:有的地方,"道"体现为实存的东西;有的地方,"道"体现为一种抽象性的哲学规律;有的地方,"道"指的是人生的一种准则、典范。但上述的不相同并不是老子论述的自相矛盾和模糊,恰恰相反,表面的不统一实际反映了老子在论述政治、社会和人生现象时所持的一种非常灵活的思维方式,也就是辩证思维。

老子认为一切事物都有对立面,而这对立的双方又构成相互存在的必要条件,如果失去了一方,另一方也就不存在了。"天下皆知美之为美,斯恶已;皆知善之为善,斯不善已。故有无相生,难易相成,长短相形,高下相倾,音声相和,前后相随。"这里的"美"与"恶"、"善"与"不善"、"有"与"无"、"难"与"易"、"长"与"短"……无不表示着事物对立又统一的根本性内在辩证关系。

老子进一步论证说,这对立的双方是经常互相转化的。他说:"祸兮,福之所倚;福兮,祸之所伏。孰知其极?"人生祸福并存,这是我们从生活实践中得到的结论,但是我们看到的只是事物的表面,而老子看到的则是,一切事物都是由对立统一组成的、反复转化的,转化的过程永无尽头,并且这种转化又是向各自的对立面转化,他指出,"反者道之动,……天下万物生于有,有生于无。"这种"有"生"无"、"无"转"有"的对立性转化,就是"道"的运动、变化。这正是辩证哲学的核心原则。

(二)人生哲学之辩证

《老子》对后世最大的影响是在人生的指导意义上。它不像儒家和法家那样热心致力于政治、权术和法律,因为在老子看来,权势本身并没有什么了不起,因为它得失难以预料,并且经常地变动难以保持;只有人的智慧才可以进而为王,退而为圣,谁拥有更高的智慧,谁就可以真正地拥有自己想要拥有的一切东西。而智慧本身却是具有平等特性的,人人都可能拥有它。因此对于一个没有任何政治、权利基础的人来说,老子的学说更容易被接受和引起共鸣。这样就造成了《老子》对普通人生广泛的适用性影响,这种影响很自然地导致了它对一般百姓处世的指导意义。

《老子》的人生智慧哲学体现在许多方面,概括起来主要是"慈"和"忍"两个方面。而这两个方面恰恰也是辩证思维的结果。

先说"慈"。

"慈"在中国传统文化中的构成中大抵有三种成分:儒墨之慈、佛家之慈和道家之慈。儒家之慈源于性善,墨家之慈源于兼爱,而道家之慈却是一种谋略性的处世智慧。《老子》说:"我有三宝,持而保之。一曰慈,二曰俭,三曰不敢为天下先。慈故能勇;俭故能广;不敢为天下先,故能成器长。……夫慈,以战则胜,以守则固,天将救之,以慈卫之。"在老子的话语体系里,"慈"为人生趋利避祸的"三宝"之一,其功能是"保我"。"慈"怎么能够"保我"呢?这就有辩证思想在里面了。在《老子》里,"慈"与"不敢为天下先"一样,都是一种处世的谋略,但比起后者来,"慈"的谋略性要更深刻。因为这里的"慈"以收服人心为目的。"慈"之服人并不是外在的单纯的趋迎、收买,而是要让被收服者充分地领受到慈和爱,因此它的收服人心是内在的,更是彻底的。它让被收服者对于施慈者产生一种发自内心的甚至能化为本能的服从。所以说"慈故能勇","夫慈,以战则胜,以守则固"。并不是说,慈本身有什么勇,而是指慈能使人去勇,以慈为勇,让人从慈的实行中感受到勇。

因此在慈和勇之间，有一种互动性的因素在转化着，这就是辩证思想的体现了。

再说"忍"。

"忍"是人处于劣势或地位低下时的一种处世智慧情态，但同时，它也包括得意之时的清醒和警惕，因为优劣得失、高下贵贱时刻都处在变化转换之中。因此"忍"不仅是转祸为福的手段，而且也是得福时防祸的心机以及在平时状态中待人接物的处世智慧。"持而盈之，不如其已；揣而锐之，不可常保。"意思是说办事如果要求圆满完美，不如停止不干（因为太圆满完美了意味着就要失去圆满和完美了），刀刃锻磨得尖锐锋利，其锋刃就不能持久。"金玉满堂，莫之能守，富贵而骄，自遣其咎。功成身退，天之道。"由于"忍"术谋略的基础是对于优劣得失、高下贵贱时刻处于变化、转化的清醒认识和警惕，因此"忍"的核心仍然是辩证思维。

（三）"以柔克刚"之辩证

"以柔克刚"是《老子》最基本的人生谋略和政治权术，就其思维智慧的角度来说，更是典型的辩证思想。

从大量的社会、生活现象中，老子看到了一条普遍性的真理：表面强大的东西其实最脆弱，表面柔弱的东西其实最强大。"人之生也柔弱，其死也坚强。万物草木之生也柔脆，其死也枯槁。故坚强者死之徒，柔弱者生之徒。是以兵强则灭，木强则折。强大处下，柔弱处上。"人初生时身体是柔弱的，死后身体是僵硬的。万物草木活的时候是柔弱的，死后是枯槁的。所以追求坚强就是追求死亡，保持柔弱就能保全自己的生命。兵器强大，（其持有者）就会受到围攻而亡，树木太硬了就容易被折断。由此可见，坚强庞大的东西实际上总是处于下风，而表面微笑柔弱的东西则最终占据上风。老子通过人和草木生死时不同的自然现象，来说明柔弱和刚强表面和内在的差别，并证明柔弱和刚强始终处于变化、转换之中。在追求刚强和柔弱的选择中，老子旗帜鲜明地选择了柔弱，并且是越柔弱越好。因为在他看来，越是柔弱的东西，其实越是有力量。"天下之至柔，驰骋于天下之至坚。无有入无间。"意思就是天下最柔弱的东西能在最坚硬的东西中穿行，虚无的空间可以渗透到稠密的物质中。为了说明这一点，老子举了"水"的例子。"天下莫柔弱于水，而攻坚强者莫之能胜，其无以易之。"天下最柔弱的东西就是水了，可是世界上还有什么东西能比它更善于攻击坚强的东西呢？所以没有什么东西能够代替水。"上善若水。水善利万物而不争，处众人之所恶，故几于道。"有大德（大智慧）的人像水啊，善施利益于万物而不与万物相争，安居于别人不注意甚至厌恶的地方。老子对水的德性、能力和能力的显示方式推崇备至。因为水具有三性：能够滋养万物；本能柔弱顺应自然而不争；处于别人厌恶的洼地而自得。这就是"道"。这就是"争"与"不争"、柔弱与刚强相互转化，最终"不争"变成了"争"、柔弱战胜了刚强的辩证道理。

三、《鬼谷子》里的"灵动性"思维

鬼谷其人，姓名已不可确考。《太平广记》引《仙传拾遗》记载，鬼谷先生，春秋末晋平公时人，姓王名栩，隐于鬼谷，因以为号，著有旷世奇书《鬼谷子》。《史记》记载苏秦、张仪、孙膑、庞涓等赫赫有名的大策士、大军事家都是他的学生。

《鬼谷子》全书分上、中、下三卷，计17篇。其中上卷4篇：《捭阖》、《反应》、《内揵》、《抵巇》；中卷10篇，现存8篇：《飞箝》、《忤合》、《揣篇》、《摩篇》、《权篇》、《谋篇》、《决篇》、《符言》。共12篇为《鬼谷子》原书，理论自成一体，结构非常完备。后3篇杂有佛、道思想，当系后人增补。由于《鬼谷子》的撰述目的是介绍如何在乱世中生存发展的权谋策略和游说技巧，而这一切谋略和技巧都来自于活生生的现实世界而并非撰述者主观的想象和杜撰，因此它充满了现实和生活思维中最根本的特征：灵动性思维特征。

（一）以辩证为核心的"灵动性"思维

《鬼谷子》基本的思维哲学是辩证的。首先它观察、阐述的视角不是片面的、机械的，而是辩证地注意到了事物的多个方面，尤其是对立的一面。如《捭阖》："变化无穷，各有所归，或阴或阳，或柔或刚，或开或闭，或弛或张。是故圣人一守司其门户，审察其所先后，度权量能，校其技巧短长。"这里就出现了阴阳、刚柔、开闭、张弛、先后、长短等矛盾范畴，并且认为它们之间变化无穷，每次变化后都各有所归。圣人之道就是在始终坚持自己原则（"守司其门户"）的前提下，审视、观察这些变化，然后才度权量能，作出最后的选择决策。其次，《鬼谷子》还正确地认识到矛盾双方的转化并不是单极性的转化，而是相互之间的转化，矛可以转化为盾，盾也可以转化为矛。《反应》篇中说："人言者，动也。己默者，静也。因其言，听其辞。言有不合者，反而求之，其应必出。"意思是要以静制动，诱惑对方发言，从对方的言辞中得知其想法。如果发现对方言语有失常理，还要善于从言语的反面去了解其真实的意图。因此，"欲闻其声，反默；欲张，反敛；欲高，反下；欲取，反与"。这种从"默"得"闻"、从"敛"得"张"、从"下"得"高"、从"与"得"取"的依据正是事物对立双方之间相互转化的辩证观点。

（二）强弱变化的"灵动性"认识

与《老子》一样，《鬼谷子》基本上也是一种"民"之智慧，也就是说，它的理论纬度是以"民"为对象的，它是对"弱势者"的谋略帮助，而不是对"强权者"的指点（尽管在客观上对强权者也有莫大的启发意义）。因此在具体的论述过程中，它更多地指向如何"转弱为强"的谋略。在这方面，《鬼谷子》的思维仍然是充满了"活性"。《谋篇》："故为强者，积于弱也；为直者，积于曲也；有余者，积于不足也，此其道术也。"这里，《鬼谷子》始终关注到了事物是发展变化的这个根本属性，并因此而正确地认识到了强弱、曲直、余缺之间互为对立又互相依存更互相转化的辩证关系，并且明确指出，这就是"道术"。由于《鬼谷子》的这种认识是站在弱势者的角度来论述的，因此它即是一种哲学思维，也是一种对弱势者的精神鼓励。

（三）游说术中的灵动性思维

游说之术是《鬼谷子》的主要内容，苏秦、张仪这些策士们就是凭着《鬼谷子》里的游说之术建功立业的。如果撇开游说内容和社会效果的政治和道德评判，只从思维的角度来看《鬼谷子》的游之术，那么至少我们可以看到，这是一种充满灵动特性的思维智慧。

《鬼谷子》开篇为《捭阖》。捭，开启的意思，意指发动和驳斥对方；阖，闭合的意思，引申为深藏、掩饰自己的观点。捭阖，一开一合，奇正反对，可以推衍为阴阳、高下、动静、方圆、刚柔等等各个方面的原则。它们本质上乃是矛盾的两个方面，捭为阳、为上、为动、为方、为刚，阖为阴、为下、为静、为圆、为柔。游说要掌握主动和取得成功，就要懂得捭阖，认识万物的变动，或纵横驰骋，或以静制动，或以柔克刚，以达到说服人的目的。在具体的运用上，捭阖有着各自的分工和使命，捭是开口言谈，呈现为"阳"的形态；阖是闭口缄默，呈现为"阴"的形态。言为心声，口之张合暴露着人的内心。游说之术就是要深刻领会口之开合之道。《反应》篇强调反观与覆验的重要。反，即反观，就是站在对方的立场来观察、了解对方；覆，就是审验自身，避免失误。《内揵》讲述出谋献策的技巧；《抵巇》讲述如何弥补言谈时的漏洞；《飞箝》谈论如何利用对方的性格、地位等因素来暴露弱点从而加以控制；《忤合》、《揣篇》、《摩篇》等篇总结的都是设法顺从对方、诱惑对方而最终掌握之。凡这些，论述的都是针对不同的对象、不同的环境和条件，采取相应的游说术，这种针对性和相应性，正是灵活性思维的具体体现。

四、阴阳家的"五行说"思维

阴阳学说是中国古代对后世影响最大的思维体系之一。它的代表人物是邹衍。邹衍生活在战国后期,齐国人,有著作百余篇,大多失传。后人对他的了解大多依据《史记·孟子荀子列传》中相关叙述。他在理论思维上的两大贡献:一是"大九州说",二是"阴阳五行说"。

邹衍具有广阔的宇宙视野。他认为"儒者所谓中国者,于天下乃八十一分居其一分耳。中国名曰赤县神州。赤县神州内自有九州,禹之序列九州是也。……于是有裨海环之,人民禽兽莫能相通者,如一区中者,乃为一州。如此者九,乃有大瀛海环其外,天地之际焉"。他得出这种结论,用的是"必先验小物,推而大之,至于无垠"的推理思维方式,虽然缺乏严谨的逻辑和充足的科学根据,却也大大地拓展了古人的认识视野,因而影响殊深。

"阴阳五行说"属于中华上古先民的原始思维之一,早在邹衍之前就在社会各阶层普遍存在。所谓阴阳,照字面解释,阴为暗,阳为明,所以日称太阳,月称太阴,又引申为反面正面、北方南方等。在先人的话语体系里,它们都是不可分割的,所以阴阳两字连用,表达了远古先人对自然现象的一种概括。而"五行"也是古人对客观事物多样性的一种概括。《尚书·洪范》中说:"五行,一曰水,二曰火,三曰木,四曰金,五曰土。水曰润下,火曰炎上,木曰曲直,金曰从革,土爰稼穑。"它反映了先人对自然现象和规律的一种原初的认识和积累。

但是邹衍却把这种原始的认识思维发展成为一种"五德终始"、循环相胜的学说体系,他认为"天地剖判以来",有着一种"五德转移"的顺序,经历了黄帝(土德)、夏(木德)、商(金德)、周(火德)的更替过程。他认为历史是一个胜负转化的发展过程,按照土、木、金、火、水依次循环往复,呈现出周期性。"阴阳消息"的矛盾运动推动着"五德转移",又决定着当世盛衰。这种带有天人感应色彩的历史循环论五行学说,为建立稳定的政治秩序提供了各界可以理解和接受的理论根据,因此受到了为政者的欢迎。他历游魏、赵、燕等国时,皆受到尊敬礼遇,还被燕昭王尊奉为师。

以邹衍为代表的阴阳五行思想对后世影响深远。它首先被汉代儒家所采纳,与儒家思想杂糅在一起,发展成为谶纬神学。《汉书·五行志》:"汉……景武之世,董仲舒治《公羊春秋》,始推阴阳。"董仲舒把阴阳五行说改造成:万物统一于五行,五行统一于阴阳,阴阳最后统一于天,天的意志通过阴阳这两个属性体现出来。后来阴阳五行说又与宗教相结合,又与民间巫术、神仙说甚至中医相结合,影响就越来越大,几乎影响到每一个古人的心理。

第二章

信仰力量

第一节　生存的迷惘

　　人类产生伊始，就处于一种极端不自由的状态，无法支配把握自己的命运。原始洪荒时代，由于生产力极不发达，人类的生存受到来自各方面的威胁。先民们震慑于各种强大的自然力量，把精神寄托于想象中的"神"。随着社会的发展，科技的进步，人类拥有了越来越多征服自然的武器。然而，旧有的问题解决了，新的问题又出现在人们面前，即便是在科学高度发达的现代社会，这个矛盾也依然存在。人们在与自然界作斗争的过程中，总是感到不能随心所欲，把握不了自己的命运。在这种状态下，对世界缺乏科学认识的人们很容易陷入唯心的泥淖之中，于是迷惘之余，就把一切归结于所谓的"神"。正因人生难以预料，命运变化无常，正因人们无法逃脱生命中生老病死之苦，人类才纷纷伸出求援之手，渴望一种永恒的心灵慰藉与精神支持。

一、什么是信仰

　　从本质上讲，信仰是对某种唯一性真理的坚信不疑。在个体的世界观、人生观、价值观、伦理观共同作用下，完整的信仰体系就构筑起来了。信仰虽然不能教给人们生存发展的具体技能，却决定着人们一生的思想境界，决定了是乐观、积极地顺应自然，还是悲观、消极地适应人生，从而成为人们产生快乐抑或痛苦的思想基础。

　　信仰是人们在学习知识的过程中、在适应社会的过程中、在思考社会现象的过程中逐渐形成的，离不开个体所处环境与个体所受教育程度的影响。在商品经济发达的社会中，因为金钱能满足个人的大部分愿望，对金钱的追求自然就成了人生的最高目标，"金钱万能"也就成了一部分人的人生信仰。

在权力高于一切的封建专制社会中，拥有权力就可以为所欲为，"权力至上"也就成了这样的社会中一部分人的人生信仰。面对命运无常、世事变幻，又导致了一部分人放弃现实的追求，转而皈依神灵，去寻求精神的慰藉，以宗教信仰作为自身的最终归宿。而面对社会现实的纷繁复杂、科学知识的浩渺无垠、意识形态的变幻纷呈，一部分人则担负起思索人生大事、探求终极真理的责任，他们将追求真理、维护真理作为自己人生的崇高信仰。信仰是一种形而上的思考方式，它所聚焦的是人生大事，例如对生死意义的探寻，对人生价值和自我价值的认识，或是对心灵的关怀等问题。这些都是关系到个体生存价值的永恒问题，它不会因为我们逃避或漠视就不再存在，而会永远困扰着人们。人们一旦涉足这类问题而没有信仰作为支撑的话，很多人就会陷入迷茫之中。

信仰在精神层面体现着人生价值的最终落实，其最根本的意义就是能够赋予短暂人生以更隽永的含义。实际上，信仰就是人们物质追求之外的精神追求。人生价值的实现要以社会的进步与文明的发展为基础，但同时，人生价值的实现也要建立在信仰的基础之上。没有信仰或选择错误信仰的人，就如置身于黑暗之中艰难摸索，既无法看清周围的世界，又不能认识自己，更无法保持清醒的头脑为自己的人生选择正确的方向，最后很可能被世俗欲望的洪流所淹没。这种被私利所困扰的思想无法挣脱肉体的束缚而自由地翱翔在理性的天空中，必将在懵懂中可悲地耗尽一生。如果拥有了正确的信仰，无论他的命运是一帆风顺还是崎岖坎坷，都会一生感到欣慰快乐。这种超脱世俗的更高境界的幸福来自于他领悟了人生意义，实现了自身价值，因而他可以超脱一己私利、世俗欲望的羁绊，去追求崇高的理想。

在科学技术还不足以帮助人类达到绝对自由的时代，大多数人的信仰其实是对宗教的信仰。宗教最基本的要求是使信徒们信仰一种超自然、超人间的神秘力量，它能够主宰自然界和世俗社会，而这种超自然的力量往往被人格化而变成神灵，成为大众顶礼膜拜的对象。在世界各地，人们崇拜的神圣对象各不相同。从崇拜对象的类型来说，大致有以下几种：如崇拜自然物一类的拜物教、万物有灵论和拜火教等；信仰多神的多神教，有佛教和印度教等；只信仰一个神的一神教，有基督教和伊斯兰教等。从时间发展来看，随着社会和历史的发展，宗教也在不断地演变。例如由最初的自然崇拜，发展到后来的神灵崇拜，由多神崇拜发展到后来的一神崇拜。

二、为什么会有宗教信仰

人类生存的世界远远不够完美，还存在着种种苦难，种种缺陷，而人们的认识水平又是有限的,这就为宗教信仰的存在提供了可能。在这个世界上,很多人都是有宗教信仰需求的,宗教信仰在某种意义上能帮助人们找到心灵的慰藉,找到人生的归宿。

人生在世总是希望能够过上幸福的生活,那么如何才能拥有幸福的人生呢?有些人认为拥有丰富的物质财富就可以实现人生的幸福,然而获得财富并不一定能够同时收获幸福与快乐。有些人认为得到爱情就可以实现人生的幸福,可是爱情却不一定永恒,消逝之时也将带给人莫大的痛苦。有些人认为家庭和谐天伦之乐便是最大的幸福,但世事沧桑,任何家庭都免不了聚散离合。现实人生总是不如想象的那样完美,总是存在着诸多不尽如人意之处,所以人们除了经营现实生活之外还需要有精神的依赖,以便在遭遇逆境时能主动调整心态,给自己以心灵的安慰,空虚迷惘时给自己找到精神支柱。因此,宗教信仰便有了它生存的土壤。宗教信仰虽然有很多弊端,但在特定的社会条件下,健康的宗教信仰也会产生积极作用,例如使人们具有高尚的理想,能够透彻地认识人生、超然物外,使人们能够坦然地面对人世间的风云变化,在人们工作生活之余还可以调适心境,陶冶情操。具体来说,在科学不足以使人类达到自由境界时,健康的宗教信仰有如下积极的引导作用:

第一,拥有信仰可以使人们对未来有更多的期待。

一个没有信仰的人,生命是短暂的。因为在他的眼里,生命的意义仅限于今世。人的生命仅仅有几十年或一百年,与永恒的宇宙相比确实是很短暂的。而宗教信仰总是宣扬人们的生命不局限于一世,是相续不绝的。生命并不是在从个体出生以后才开始的,在此之前人们已经拥有无穷无尽的过去,而这一世生命结束之后还有漫长无边的未来。人的生命处于源源不断的轮回之中,一生在整个延续过程中仅仅是其中的一个环节。所以,对一个有宗教信仰的人来说,生命是无穷无尽的。尽管这种说法对人们有极大的麻醉作用,但另一方面它也可以促使一部分人重视今世以后的事情,给自己未来的生命设计光明的前途,从而克制自己现世的行为,达到稳定社会秩序的客观效果。

第二,信仰可以使人们心胸开阔。

经常会有一些心胸狭窄、处世悲观的人,总是喜欢怨天尤人,哀声叹气,觉得事事都不如意。有人把全部身心寄托在爱情上,可爱情的甜蜜很快会消逝;有人把全部身心寄托在物质享受上,可物质享受带来的快乐也不能长久。物质可以使我们的欲望得到暂时的满足,能使我们的内心得到暂时的平衡,但这种满足和平衡仅仅是一瞬间的,快感很快就会消失得无影无踪,同时这种物质享受还会产生许多不可预料的副作用乃至恶果。而一个拥有精神信仰的人,则不会将快乐完全建立在物质享受上。理性的信仰会告诉人们,人世间的快乐,除了满足物质欲望以外还有很多其他的快乐。一个有信仰的人,当他能够凝神冥思,排除杂念时,他就有能力使自己从纷扰的物欲中脱身而出,可以使心境保持在一种宁静平和的状态,也就可以避免许多不必要的烦恼。一个人倘能用理性的智慧武装自己的头脑,对世间的各种事物就不会有强烈的执著,就可以达到不以物喜、不以己悲的境界。顺应事物自然规律和发展,对世事的得失、是非都能淡然处之,那么他的痛苦就会减少,他的身心可以宁静适意,从而达到一种真正的幸福与快乐。

第三,信仰可以促使人们向培养完善人格的方向努力。

绝大多数的宗教信仰都是劝善的,很多教规同时也是约束人们言行的道德规范。尤其是在法治不完善的古代社会,道德约束成为维系社会秩序的有力手段,而教规作为道德约束的一部分也起到了不容漠视的功用。一个有宗教信仰的人会自觉运用宗教的道德规范来约束自己,这就促使他的人格得到不断的完善。很多宗教都要求人们不做杀人、偷盗、邪淫等坏事,假如人人都能恪守这些规范,社会上就不会有类似的恶行,人与人之间也就会真诚相待,和睦相处。例如基督教宣扬的世界末日到来时的最后审判,就对一些教徒有震慑作用,使他们相信恶有恶报,从而收敛自己的行为。内心有道德约束的人们的言行与缺乏道德约束的人们的言行是截然不同的。如果教规要求人们克制欲望,勇于奉献,这些符合社会道德的要求,就会引导人们弃恶从善。正是基于一些健康的宗教外化的教规与要求,使得人们的内心世界受到潜移默化的影响,外在约束内化为自发的道德要求,从而逐渐养成完善的人格。

第二节　精神世界的多元格局

一、原始宗教

原始宗教是原始社会发展到一定阶段产生的以反映人和自然的矛盾为主要内容的早期宗教,它以多神崇拜和巫术为主要特征。原始人类对自然界种种现象不能理解,于是产生了崇敬心理,同时形成一定的信仰和观念,这就是原始宗教出现的原因。原始宗教的形式主要有自然崇拜、图腾崇拜、祖先崇拜等。

（一）自然崇拜

在原始社会，由于生产力极度低下，原始人类对于各种自然现象的存在和反复无常的变化缺乏认识，从而感到十分困惑和软弱无力。他们认为日、月、雷、电、风、雨、水、火等自然现象以及每种动物或植物都具有灵性，都有其各自的神灵在主宰，因此把它们当作神圣来崇拜，祈求消灾得福，这就是自然崇拜的起源。《礼记·祭法》中"山林川谷丘陵，能出云，为风雨，见怪物，皆曰神"❶的记载，正是这种"万物有灵"思想的表现，这也是原始先民普遍具有的初步宗教意识。

自然崇拜具体包括天体崇拜、山石崇拜、水火崇拜、土地崇拜，等等。原始先民们对日月星辰的转移、风云雷电的变幻等自然现象不理解，觉得神秘莫测；山林中高山巨石的异常形态以及山中隐藏的许多动物、植物都使他们感到震慑与恐惧，而这些事物与他们的狩猎耕种生活又有着极为密切的关系，这更使他们认为其中一定有神力存在；水与火一方面是人类生存不可或缺的东西，但另一方面水火无情，经常出现的洪水泛滥和火灾侵夺着他们的生命，威胁着他们的生存，这一切又使先民感到恐怖，于是向水火顶礼膜拜；大地能够孳生万物，给人类提供了基本的生活场所，所以他们把大地奉为神灵，连同大地上生长的一切植物都被认为有神的力量。这些崇拜流传久远，很多典籍中也有记述。例如《左传·昭公元年》曰："山川之神，则水旱疠疫之灾，于是乎之；日月星辰之神，则雪霜风雨之不时，于是乎之。"❷自然崇拜对后世产生了不少影响，有很多习俗在民间广为流传。如皇帝亲临名山举行封禅仪式、居于凶险河川附近民众的杀人献河伯的陋习、狩猎时拜祭山神、出海航行前拜祭海神等等，都秉承了自然崇拜的遗风。甚至自然崇拜的现象在今天的少数民族中依然存在。例如，藏族的纳木人奉天为神，鄂伦春族奉月亮为狩猎的神灵，阿昌族则同奉太阳和月亮为神。云南的佤族打猎时，根据捕获猎物的多少举行不同的祭献兽神的仪式。可见，自然崇拜至今还有相当的影响。

（二）图腾崇拜

图腾崇拜也属于一种宗教信仰，产生于氏族公社时期。"图腾"是印第安语，意思是"他的亲族"，是由某一民族认为某种动物或自然物同本氏族有

❶ 《十三经注疏》，上海古籍出版社1997年版，第1588页。

❷ 《十三经注疏》，上海古籍出版社1997年版，第2024页。

亲属关系或其他特殊关系而产生的信仰。被一个氏族称作图腾的物(多为动物,如熊、狼、鹿等)就成为这个氏族的标志或名称,而且认为它对氏族可以起到庇佑和保护的作用。作为图腾的动物或植物被神圣化,不可捕杀,不可食用,并且要对它举行膜拜仪式。我国民间传说中的龙和凤,就被认为是上古某些部族所崇拜的生物图腾,其原型可能是蛇和燕子。据说黄帝国中有熊,所以也名"有熊氏"。我国鄂伦春族人也以熊作为图腾,彝族则以虎为图腾。图腾崇拜流行于世界各地,在现代社会仍然遗留下不少痕迹。

(三)祖先崇拜

原始初民具有的万物有灵的思维模式使他们相信自己祖先的肉体虽然消亡,但灵魂却永远存在着,并且比他们生前具有更超常的能力庇佑着后代子孙,因而就要崇拜祖先亡灵,祖先亡灵也就被神化了。中国各民族都在不同程度上存在祖先崇拜的风俗,而其祖先崇拜的对象依社会发展阶段的不同具有层次性,如氏族祖先崇拜、民族祖先崇拜、家族祖先崇拜、家庭祖先崇拜等。这些祖先崇拜对象,有的是实实在在地存在过的人,有的则是传说中的人物。例如,云南西双版纳一带的傣族人,他们敬奉的村寨守护神,大多是当时建寨时立下过汗马功劳的英雄人物。而中华民族传说中的"三皇五帝",其中"三皇"伏羲、女娲、神农,"五帝"黄帝、颛顼、帝喾、尧、舜,这些都是传说中的人物并被作为民族始祖。自古以来,中国人祖先崇拜的表现十分突出,人在死后还是儿孙所崇拜祭祀的"神",人们不仅在家中供奉祖先灵位,每到清明节,很多人还要到郊外踏青扫墓,祭祀先人。《左传》中就有很多记载先人托梦的故事,可见古人对先人有灵是深信不疑的。例如《左传·成公二年》中记载,齐晋鞌之战时,晋国韩厥梦到他父亲子舆对他说"且辟左右"❶,就是说让他第二天在战车上不要站在左右两侧,于是他便站在中间追赶齐侯。结果站在左边的人死在车下,右边的人死在车里,只有他不仅保全性命,而且还取得了胜利。我国各个民族、地区都有着不同的葬礼仪式,这也表现了死者有灵的观念。虽然葬礼形式各不相同,却都传达了人们希望通过种种仪式使先人在另外的世界中感到舒适满意,继续保佑整个家族。我国民间很多地方都设有祠堂供奉祖宗牌位,人们常常祈求祖宗在天之灵保佑他们平安如意,这也是祖先崇拜的突出表现。

---

❶ 《十三经注疏》,上海古籍出版社 1997 年版,第 1894 页。

二、道　教

（一）道教的兴起与发展

很多情况下，人们常常会混淆道教与道家的区别。道教确实在理论上汲取了大量道家思想的因素，并尊奉老子为教主，但两者还是不同的概念。道教是一种宗教，它有自己明确的教义，还有教徒与教派组织以及一系列的宗教仪式。道家则属于一种哲学思想流派，人们研究的是它的思想流变以及对历代的影响。因此，严格意义上的道教是指在中国古代宗教信仰的基础上，承袭了方仙道、黄老道等一些宗教观念和修持方法而逐步形成的，以"道"作为最高信仰，奉老子为教主，以老子的《道德经》为主要经典，追求修炼成仙的一种宗教。

道教的发展一般可分四个时期：①汉魏两晋的起源期；②唐宋的兴盛期；③元明的转变期；④清以后的衰落期。

道教的兴起经历了一个缓慢的发展过程，后来以《太平经》的广泛流传与张道陵的五斗米道的出现作为形成的标志。首先是东汉顺帝年间，方士宫崇向皇帝献《太平清领书》（《太平经》），《太平经》虽然没有得到皇帝的认同，却在民间广为流传。到灵帝年间，黄巾起义领袖张角以宗教名义组织起义，就遵奉《太平经》为经典进行传教，取名太平道，信徒遍布天下，影响很大。后来黄巾起义失败，太平道亦由此衰落。同样是在东汉顺帝时期，张陵在蜀地鹤鸣山学道，后又招徒传教，要求前来的信徒出米五斗，所以称五斗米道。他的后代张鲁又长期以汉中为根据地，并取得了统治者的支持，五斗米道的影响也随之迅速从西南扩大到全国，奠定了道教的正宗地位。

两晋南北朝时期，玄学极大发展，同时社会上炼丹术也相当盛行。道教一方面结合玄学理论丰富自己的理论体系，另一方面吸收炼丹术的一些方法，取得了很大发展。东晋时期，葛洪创作了《抱朴子》，这是道教理论的集大成之作，对道教理论进行了系统阐述，丰富了道教的思想内容。南北朝时期，寇谦之创建了北天师道，并取得北魏统治者的支持。陆修静又建立了南天师道，成为道教的两大支脉。到了唐宋时期，唐高祖李渊曾奉老子李耳为祖先，宋真宗、宋徽宗也极其崇信道教，道教因而备受尊崇，成为国教。此时道教的派别很多，有茅山宗、阁皂宗等，天师道也重新兴起。在道教理论建树方面，陈抟、张伯端等人阐述的内丹学说，也极为盛行。

宋金时期，道教取得了重要的发展。王重阳在北方创建全真道，之后，王重阳的弟子丘处机曾为成吉思汗讲道，并受到信任，被元朝统治者授权掌管天下道教。就道教内部发展而言,面对全真道的迅速崛起,天师道、茅山宗、阁皂宗联合起来,合并为正一道,尊张天师为正一教主。这样,天下道教就正式形成了北有全真、南有正一两大派别的格局。到了明代,永乐皇帝朱棣说自己是真武大帝的化身,并因此大力扶持当时以张三丰为领袖的尊奉真武大帝的武当派。到了清代,满族统治者信奉藏传佛教,抵制道教,道教因此走向了衰落。

(二)道教的教理教义与修持

1.道教的教理教义。道教创立伊始,就以老子的《道德经》为主要经典,将"道"和"德"作为基本的信仰。道教认为"道"是宇宙万物的本源,万物都是从"道"演化出来的,即所谓的"道生一,一生二,二生三,三生万物"❶。"德"其实是"道"的具体体现。道教一般以老子,也即太上老君为教主,但还有其他说法:一是尊玉清元始天尊为最高天神,一是尊上清灵宝天尊为最高天神,一是尊太清道德天尊为最高天神,也即"三清"。道教看重今生,不谈来世,追求长生不老;主张人只要善于修道养生,就可以羽化成仙,白日飞升。道教的戒律是用来约束道士思想言行的,不同的教派有着不同的戒律,要求教徒必须遵守。不杀生,不饮酒吃肉,不偷盗,不淫邪等道德约束成为戒律的主要内容。

2.道教的神仙谱系。道教是多神教,最高的神是由道衍化而来的三清尊神,即元始天尊、灵宝天尊和道德天尊,其中道德天尊即是太上老君。道教还运用等级秩序观念创造了天庭、玉皇大帝以及各司其职的官员,同时也创造了与天庭相对的地狱和海底,由此派生出阎罗殿和水晶宫的一系列神仙官员,此外还有地方神仙如四值功曹、山神、城隍、土地、灶王等。极具想象力的是,道教还借鉴众多中国古代神话传说,把其中西王母、八仙等作为天庭秩序之外的"散仙"。道教的神仙谱系还呈现出动态的发展,随时吸收民间传说中任何神仙以及英雄,如妈祖、关帝等都可以纳入道教的神仙系统。但一般道教的宫观中只供奉三清神像,其他的神则需要另外建立自己的宫观。此外,道教尊重人的身体,认为人的各种器官,如毛发、五官、肢体等每处都有神灵驻守,也需加以供奉膜拜。

3.道教的修持与仪式。道教称道士的自身修行为道术,道术又包括内丹外丹、服食、房中术等内容。外丹是指道士们烧炼丹砂铅汞等矿物或药物,制作他们认为能够使人长生不老的丹丸。事实上这些以化学物质制成

---

❶ 陈鼓应:《老子注译及评介》,中华书局2007年版,第232页。

的丹药大多有毒,古人也有很多服食致死的例子。迫于这种情况,道教也认为外丹修炼的方法太危险,因而慢慢转向推崇较为保险的内丹修炼。内丹修炼稳妥得多,主要是通过行气,导引,呼吸吐纳,在身体里炼丹以求达到长生不老的目的。此外,道教还有内观、守静、存思、辟谷等许多道术,为现代气功开辟了思路,提供了方法。

道教的主要仪式有"斋"、"醮"。斋是清洁的意思,醮是指祈祷,又称为道场。道教徒祭祀神仙之前,一定要沐浴更衣,不喝酒吃荤,实行斋戒,以免冒犯神仙。而进行祭祀活动就称为"醮",这些祭祀活动主要是希望达到驱灾求福的目的。占卜也是道术的重要组成部分,主要有卜卦、抽签、测字等。此外,道教还使用符、箓。符是用朱砂画在黄纸上的一些符号,认为可以用来治病,而箓则被认为可以用来驱使天神。此外,道教宣称口中念禁咒可以治病驱使鬼神妖魔,这也是道教独有的道术。

(三)道教的主要典籍

老子的《道德经》、庄子的《南华经》是道教两部最重要的经典。《太平经》和《老子想尔注》也是道教早期的主要经典。另外,道教还创制道藏,专门收集历代道家著作,既有哲学和道家理论等理论性著作,也有炼丹、养生、治病、气功等具体道术修持方面的著作。主要有《正统道藏》、《道藏辑要》、《万历续道藏》等。现仅存明代的《正统道藏》,基本上囊括了历代道教经典。

道教还有一个特点,即支派不同,其主要经典也不相同。

丹鼎派的主要经典有《周易参同契》,这是最早的丹经,称为丹经之祖。此外《抱朴子》也是道教丹鼎派的基本经典。上清派的主要经典是《黄庭经》和《上清大洞真经》。灵宝派和三皇派的主要经典是《度人经》和《三皇文》。正一派的主要经典是《正一经》等。全真派的主要经典是《道德经》。

总之,道教是一种具有鲜明特色的中国本土宗教。很多宗教认为人生充满了不幸,人生来便有罪,只有勤于修持,死后灵魂才能得救。道教却认为生是幸福的事,死亡是痛苦的事,因而留恋今生,追求长生不死,追求现世幸福。道教的理想世界不同于佛教的极乐世界,也不同于基督教的天堂。它的理想世界有两种境界:一种是世俗的,一种是宗教的。世俗的理想世界是第一个层次,即《太平经》中宣扬的没有战争、没有灾难、公正公平的世界。而宗教的理想世界则是"仙境",道教追求得道成仙,这样就能超脱生死,在仙境中过仙人的生活。与其他宗教不同的是,道教看重今生,并不认为人必须死后才能到达仙境,而是认为人在现世今生就可以通过一些道术的修炼达到长生不老,成为事实上的神仙。而成仙之后也不局限于一定要远离人间,既可以像往常一样生活在普通人的世界里,也可以到仙境中去生活。而道教中宣扬的仙境,所谓的"洞天福地",大多也是现实中一些风景秀丽的地方。

三、佛　教

佛教发源于印度,创始人是乔达摩·悉达多,被人尊称为释迦牟尼,意即释迦族的圣人。他本是释迦族的一个王子,出生七天后母亲即去世,所以在青年时期就感受到人生变化无常,希望找到解脱人生苦难的方法。他二十九岁时出家求道,在深山树林里苦修了六年,后来在一棵菩提树下经过四十九天的苦思冥想,终于悟化成佛,被人尊为"佛陀"。之后,他在印度向大众宣传自己悟出的真理,并拥有众多信徒,进而组织教团,形成原始佛教。此后佛教迅速发展,到了孔雀王朝的阿育王时代(公元前3世纪),被定为国教。佛教在印度发展的同时,也向周边国家传播。大约1世纪左右,佛教传入中国。

佛教在中国的发展可分为两个阶段。第一阶段是学习吸收阶段,包括从东汉、魏晋南北朝,一直到隋唐的漫长时期。这一时期,中国基本上是处于完全收纳印度佛教的阶段。因此,翻译印度的佛教经典就显得尤为重要。绝大多数的佛教经典,也是在这一时期翻译过来的。第二阶段是佛教与中国文化融合的阶段。隋唐以来,逐渐形成天台、华严等派别。禅宗的形成和发展,说明佛教经过与中国本土文化的碰撞、融合,成功地走上了独立发展的道路,成为中华民族文化的重要组成部分。

(一)佛教传入中国

印度佛教传入中国的大致年代,应该是在西汉末年和东汉初年之间,即1世纪初叶前后。《后汉书·楚王英传》中有过记载,汉明帝的同父异母弟楚王刘英不仅崇尚黄老之道,而且还接受新的宗教形式即佛教,并从事相关的佛教活动。这表明至少在东汉初年,佛教就已经传入中国并且至少流传了一段时间。但那时佛教并不具有特别高的地位。

另外,还有汉明帝梦见金人遣使求法的传说,被人们作为印度佛教正式传入中国的开始。《四十二章经·序》中有这样的记载:汉明帝在夜里梦见一个非常奇特的神人,这神人金光遍体,形貌特异,从未闻见。第二天他向群臣询问神的缘由。有位叫傅毅的大臣推测,天竺有位得道者,名字就叫佛,并且善于飞行,皇帝梦到的可能就是这位奇异的神了。汉明帝坚信与这位名"佛"的神有缘,就派遣蔡愔、秦景等十八名使者,到大月支国去抄取佛经。传说虽然不是绝对可靠,因为经过口耳相传,已经在事实的基础上增添了许多虚构的成分,但却能够反映一个事实,那就是这时候的一些地位尊贵的上层人士对佛教也略有了解了。这证明此时佛教在中国已经有了较为广泛的传播,因此传入的时间应当更早。

综上所述,对于佛教传入中原地区的时间,一般都认同把东汉明帝永平年间遣使去西域取回《四十二章经》为佛教传入中国之始的说法,当时的传播地区以长安、洛阳为中心。中原地区建筑的第一座寺院是白马寺,现处洛阳市东约十公里处,因传说是白马驮经而来,所以建白马寺以资纪念。东汉时期流传的很多佛经都是在白马寺翻译的。

（二）佛教在中国的发展

佛教在三国、魏、西晋时期,属于初期发展阶段,其主要的活动是翻译佛教经典,当时的洛阳和建邺是佛教兴盛传播的中心。事实上,从汉代佛教刚刚传入到三国魏西晋阶段,佛教只是局限于在上层官僚士人中传播。流行的教派主要有两派:一派是小乘禅学,以安世高为代表,注重内心修炼;一派是大乘般若学,以支谶、支谦为代表。总体说来,这一阶段佛教的发展步伐虽然缓慢,但信仰人士翻译了大量佛教经典,并尽力宣传佛教教义,为下一步佛教的发展打下了扎实的基础。东晋南北朝时期,社会动荡,战乱频仍,民生凋敝,人们的生命得不到保障。传统的被人们奉为至神至圣的儒家价值观被彻底颠覆,而佛教的教义则显得更为贴近民众心理,于是有机会得到进一步发展。因此这一时期从士族到平民,社会各阶层普遍信仰佛教。在最高统治

敦煌石窟

者的支持下,全国各地到处大兴土木,兴建佛塔、寺院。以后留名千载的石窟艺术,如敦煌、云冈、龙门等,都是这一时期佛教盛行的产物。此时,佛教自身也根据教义、思想的不同,形成南区与北区两个派别。北区佛教的代表人物是道安和鸠摩罗什,中心地点在长安,他们以传播大乘空宗为主;南区佛教的代表人物是慧远和佛陀跋陀罗,中心地点在庐山东林寺和建康道场寺,他们创造了弥陀净土的思想,宣称只要口诵"南无阿弥陀佛",死后就能进入西方极乐世界。这一时期,鸠摩罗什翻译的佛典就有三百多卷,并因其佛学功底深厚,无论从内容还是翻译技巧方面,译本价值都极高,对佛教发展有很大的贡献。

到了南朝梁武帝时期,佛教达到了鼎盛阶段。据说梁武帝对佛教、道

教、儒教都有很深的研究，他广读经书，在比较了三教的特点后，更为倾向于佛教，于是以帝王之尊提倡佛教而排挤其他教派。在他统治期间，国内大修寺庙，大兴佛事，佛教的尊贵地位无以复加。梁武帝为了表现其佛教信仰的虔诚，身在皇宫却要苦行修行。处理国事时，遇到有人因犯法律而须杀头，他就表现出悲伤不忍之情。更有甚者，他还多次舍身佛寺，急得大臣们凑足大量金钱去寺庙为他赎身。正因梁武帝对佛教怀有如此狂热执著的信仰，佛教在南朝时期达到了鼎盛时期，梁武帝也对中国佛教的发展起了举足轻重的作用。北方游牧民族鲜卑族的拓跋氏逐渐控制了黄河流域以北的大部分地区，建立了北魏王朝。398年，北魏迁都平城（今山西省大同市），正式定国号为"魏"。大约这段时间，北魏拓跋氏开始接受佛教思想。北魏时期佛教也发生了重大变化，那就是佛教界统一了拜佛与忠君的关系。这一变化是在当时佛教界首脑人物法果的倡导下完成的，从此佛教与政治统治结下了不解之缘。当时，为了把礼佛就是忠君的思想进一步形象化，干脆把寺院里供奉的佛像样貌，模仿皇帝的形象来塑造。例如文成帝就下令雕刻一尊完全依照他自己形象来制作的佛像。文成帝还遵照僧人昙曜的建议，修建了云冈石窟。总的说来，这一时期的佛教已经与政治结缘，统治阶级把佛教改造成利于自己统治的工具，以便巩固封建统治。

唐朝是中国佛教发展的鼎盛时期。唐高祖虽然奉道教为国教，但唐太宗早年逐鹿中原清除割据之时曾得到过佛教徒的大力援助，所以他登基之后重视佛教，下诏在全国各地兴建寺庙，优待僧人，促使当时出现了大批佛教高僧。当时最著名的僧人要数玄奘了。玄奘献身于佛教事业，他为了去到印度求取佛经，长途跋涉5万余里，历时19年。返回之后潜心译经，共翻译佛经75部，并撰写了《大唐西域记》，记述沿途见闻。唐太宗对玄奘极为推崇，尊他为佛教界的领袖。虽然当时唐代统治阶级宣称他们是老子李耳的后裔，并尊奉道教而舍弃其他教派，但是唐太宗支持玄奘远行印度取经的行动，使得佛教在当时获得了更进一步的发展。所以尽管当时尊崇道教占主导地位，但事实上并没有因为尊道而排挤佛教。到了武则天时期，因为李唐王朝尊道，她则故意反其道而行，有意尊佛，广修寺庙，对道教进行排挤渗透。统治阶级的大力支持对佛教起了积极的推进作用，佛教获得了迅速的发展。所以正是在隋唐时期，佛教在宽松的氛围中获得了充分发展，形成了具有中国特色的八宗，即法性宗、法相宗、天台宗、华严宗、净土宗、律宗、密宗、禅宗八个宗派。

五代时期，北方战乱频仍，民生凋敝，社会政治经济均遭受重创，统治阶级转而对佛教也严格限制。南方则战乱较少,社会秩序相对安定,统治者也都热心于佛教。因此,佛教兴盛的状况仅限于南方。

同一时期,佛教在北方的发展则遭遇截然不同的命运。从后梁到后汉,一直严格限制僧人出家剃度,禁止私自剃度。如后梁龙德元年皇帝下诏申令,愿意出家的人一定要进京比试经业,合格后才能接受剃度。到了后周世宗,出现了大规模的"灭佛"事件。周世宗认为佛教有很多积弊,决定对其大力整顿。他规定,佛教寺院一定要经过国家颁给寺额,否则一律废除。同时又严格禁止私自剃度,要想剃度必须通过经业比试。本来周世宗对佛教的整顿主要在于去除佛教多年留存的积弊,与不加区别的"灭佛"并不相同。但是,当时北方佛教本来就已经元气大伤,停滞不前,经过这样的严格整顿只能完全走向衰落了。五代以后,佛教虽然在普通百姓心目中的地位非常稳固,但是统治阶级对其已经不像以前那样热衷了,佛教发展趋于平稳,佛教文化也融入中国传统文化之中。

北宋统治者总的来说对佛教采取了保护政策。北宋时期,除了徽宗、钦宗两帝,其余七位皇帝均对佛教采取扶植、利用政策,中国和印度僧人间的传法交往络绎不绝。约天禧年间,北宋佛教发展到了顶峰,有僧尼近46万人,寺院近4万所。南宋朝廷偏安江南,一段时期内社会较为安定,佛教仍能维持原来的盛况。元朝时期,蒙古族入主中原,统治者虽然崇尚藏传佛教,但他们对中原地区的佛教也不排斥。明朝的开国皇帝朱元璋,其少小家贫之时寄居寺庙,出身僧侣。登基以后对佛教情有独钟,经常亲自讲佛法、度僧人,把佛教与政治相结合,帮助他巩固初建政权。清朝很多皇帝都崇信佛教,不过皇室成员大多信仰藏传佛教。但中原地区原本流传的佛教已经深入民心,在民间广为流行。至于佛教思想的流传,清朝末年我国出现了一批如杨文会、欧阳竟无、大虚等著名的佛学家,把佛学思想研究提高到了一个新水平。不过,我国从宋代开始兴起的理学既批判佛教的"出世"思想,又吸收佛教的心性学说,建立了以"心"为本的全新哲学体系,并逐渐成为官方御用哲学,佛教就只能居于从属的、次要的地位,在政治上失去了其原有的显赫地位而走向衰落。不过,佛教在民间的势力却绵延不绝。

(三)佛教的基本教义

佛教宣扬忍辱负重、自我牺牲,提倡众生平等,认为任何人只要信仰佛教就能获得解脱。佛教传入中国,与中国传统民族文化碰撞磨合,逐渐中国化,其教义也在原来的基础上有所发展。

1.佛教的宗教伦理学说。佛教的宗教伦理学说的核心是"四谛法",四谛法是全部佛教的总纲。佛学尽管博大精深,总的说来不出苦、集、灭、道这四谛。人生是苦,造成苦的原因是烦恼。佛教的"四谛",也就是四个"真理":第一是"苦谛",苦谛是佛教的出发点。佛教认为人生八苦,"生"、"老"、"病"、"死"、"爱别离"、"怨憎恚"、"求不得"和"五盛阴"。只要身处轮回之中,必然逃脱不了痛苦。第二是"集谛",集谛说明产生苦的根源,佛教认为人有欲望,就会产生后果,而后果就是苦的根源,这就是因果学说。第三是"灭谛",即必须消灭一切欲望,达到不生不灭的"涅槃"境界,才能消灭苦因,断绝苦果。第四是"道谛",道谛则给出了修道的途径和方法,要达到"涅槃"必须修道。佛教主张修行以五戒为主,即不杀生、不偷不盗、不淫邪、不妄语、不饮酒。通过修行,达到不生、不灭,绝对宁静、永远超脱的境界。

对于人生的遭遇,佛教不仅从今生今世来究其因果,而且还追溯到前世去寻找始因。这个因果锁链,一直贯穿于过去、现在、未来之中,佛教称这个超越常识的生命流为三世因果。佛教解释三世因果的根据就是十二因缘,也叫十二缘起。十二因缘依次是无明、行、识、名色、六入、触、受、爱、取、有、生、老死这十二项。佛教把十二因缘与轮回相配,又称十二因缘流转门,它们的关系是,无明缘行、行缘识、识缘名色、名色缘六入、六入缘触、触缘受、受缘爱、爱缘取、取缘有、有缘生、生缘老死。其中"无明"和"行"寓指前世,中间八个环节寓指今世,后"生"与"老死"寓指下一世。佛教把人们接受外部事物的官能称为"六入",六入通俗地讲,身体叫名色,名是指精神作用,色是指物质作用。人的精神和头、躯干、四肢合起来成为一个统一的生命体。佛教认为,"身体"这个概念太笼统,因为人死之后也有身体,这些命名的概念必须要有精神的作用才行,而精神则必须寄托在物质的身体上才能有所作用,所以合称为"名色"。佛教把人的感官称为"六根",即眼、耳、鼻、舌、身、意。六根的对象分别是色、声、香、味、触、法。六根对六尘,就产生了个体的完整的认识。感官因身体而产生,接触外界产生了感受,进而产生了"爱"。有所爱,则想得到、占有,这就是"取"。要想取得,就会有种种业行的产生,并付诸行动。佛教通过这些独特的概念与思维体系,表达了它对人类生存状态的理解。

2.佛教的宇宙观。佛教提出"三法印",即缘起论、无常论、无我论。其中缘起论回答了宇宙的本性是什么的问题。释迦牟尼否定世界万物的实有,而归结为"缘起"。"缘"指结果所赖以产生的条件,缘起论就是事物间因果关系的理论。释迦牟尼认为世界万物均由各种因素和条件因缘汇合而生,处于一定的关系中,万物也因这种关系的分解而消失。

缘起论又派生无常论。所谓无常，就是说一切事物都受"缘"的制约处于迁流不停中，没有常住不灭的事物。佛教认为一切事物和现象都是无常的。人是由色、受、想、行、识五蕴构成，五蕴分合无常，所以人生也是无常的。

既然一切无常，也就"无我"。所谓"无我"，是说一切存在的"缘"都是相对的和暂时的，没有独立不变的实体和主宰者。佛教宣传的"我"，一是"人我"，一是"法我"。对我的执著叫"我执"，指坚信有一个实实在在的"我"的存在。"无我"也有两种：人生有苦恼，不能掌握自己的命运，称为"人无我"；一切事物时时刻刻都在变化，没有一定的实体，称为"法无我"，此即无我论。佛法指引人们达到破除我执、法执，而又不着空执的境界。

（四）佛教经典介绍

1.《大藏经》。《大藏经》是一部汇集佛教全部经典的总称。古时也叫做《一切经》，又简称《藏经》。其内容主要是由经、律、论三部分组成，分别称为经藏、律藏和论藏，所以又称为《三藏经》。经是佛为指导弟子修行所说的理论；律是佛为他的信徒制定的日常生活所应遵守的规则；论是佛弟子们为阐明经的理论的著述。藏有容纳收藏的意义。

我国现存的汉译《大藏经》，是自后汉以来从印度和西域各国传入的写在贝叶上的各种佛经原典翻译过来的。《大藏经》的内容丰富广博，是汇集佛教文化的集大成者。《大藏经》里面，保存着现在印度久已失传的许多佛教经典，也包括了中国学者对于佛教义理的阐释。

2.《金刚经》。《金刚经》是《金刚般若波罗蜜经》的简称，意思是以金刚不坏之志和大智慧之心乘度彼。它属于经藏《般若部》，有鸠摩罗什、菩提流支、真谛、达摩笈多、玄奘和义净6种汉译本并传于世，共计有5837个字。篇幅虽然不算太大，但内容所涵盖的道理，却足以代表全部《般若部》经典的思想要领。因此，有人说，《般若部》经典是全部佛法的灵魂，而《金刚经》则是全部《般若部》经典的灵魂。

《金刚经》的主要内容是释迦牟尼佛和弟子须菩提之间的对话问答。这部经书的主要特点是从他们的问答中，揭示佛法真理，宣扬佛教教义。它指引人们要做到以下三点：①三心不住，四相皆空；②破除我执、法执，而又不着空执；③应无所住而生其心。《金刚经》又指出，日常生活中，人们由于事务繁忙，不能常诵经文，只要能专心持诵《四句偈》，就能与诵全经者同功。《四句偈》为：①无我相、无人相、无众生相、无寿者相。②凡所有相，皆是虚妄。若见诸相非相，即见如来。③若以色见我，以音声求我，是人行邪道，不能见如来。④一切有为法,如梦、幻、泡、影;如露亦如电,应作如是观。

3.《心经》。全称《摩诃般若波罗蜜多心经》,简称《般若心经》、《心经》。《心经》是由玄奘所译,篇幅很短,只有一卷,共 260 字,属于《大品般若经》中600 卷中的一节,被认为是般若经类的提要。《大品般若经》共有 8 部:《放光般若》、《濡首般若》、《道行般若》、《胜天王般若》、《文殊般若》、《金刚般若》、《大品般若》、《小品般若》。《摩诃般若波罗蜜多心经》由浅入深地概括了《大品般若经》的主要义理,言简义丰,有春秋笔法,历来被认为读此经可以了解般若经类的基本精神。

4.《坛经》。《坛经》约成书于 7 世纪末,是禅宗创始人六祖慧能的传教说法纪录,由其弟子整理而成。该书是禅宗的代表作品,也是中国僧人著作唯一被列为佛经的,对中国思想文化有很大影响。《坛经》有十篇:行由第一、般若第二、疑问第三、定慧第四、坐禅第五、忏悔第六、机缘第七、顿渐第八、宣诏第九、付嘱第十。全书主要表述了慧能创造性的佛教思想,一为"自性本空",二为"顿悟成佛"。慧能认为成佛不依赖禅定、念佛等宗教修行,只在于明心见性,一念之间即可成佛。因此针对神秀主张苦修而作偈曰:"菩提本无树,明镜亦非台。本来无一物,何处惹尘埃。"❶慧能还认为人人自有佛性,不是一定要通过刻意修炼才能得到,佛性本无差别,关键在于自己的悟性如何。慧能在广州法性寺里,众僧争议寺堂前的幡迎风飘动的真相是什么。有的认为"风动",有人认为"幡动",慧能则说:"不是风动,也不是幡动,是诸位的心动。"❷

佛教传入中国以后,与中国传统文化碰撞,互相渗透,互相交融,经历了一个中国化的过程。在来世天国与现世生活之间,中国民众更关心后者,因此他们对宗教的迷恋更多在于求福免祸,而不是追求意念超升、心灵净化,体现出极大的功利性。正因为佛教适应了中国的伦理道德观念,所以才在隋唐时期出现了各种中国化的宗派。尤其是禅宗的出现,它主张顿悟成佛,抛却佛教复杂的清规戒律,更加体现出中国化佛教的实用性特点。

---

❶ 任继愈:《中国佛教丛书·禅宗编》(第一册),江苏古籍出版社 1993 年版,第 14页。

❷ 任继愈:《中国佛教丛书·禅宗编》(第一册),江苏古籍出版社 1993 年版,第 16页。

第三节　神灵的启示

一、宗教对中国政治的影响

　　盛行于中国古代的主要宗教是佛教和道教,两者都对政治产生过不可忽视的影响。佛教对政治的影响更多是隐性的,而且更多时候是为统治者利用,作为他们政权合法化的理论支持,是统治人民的思想工具。一方面佛教所宣扬的"前生来世"的理论使得人民安于现状,甘受欺凌与压迫,因为它使人们相信,这是他们前世种下的"孽根",需要今世偿还的。另一方面,佛教还使得人们不敢做坏事,因为这样会遭报应,这无疑又为维护社会治安提供了一层坚不可摧的道德意识保障,同时也为统治者为所欲为大开方便之门。深为中国统治者所赞赏的还有道家思想。道家思想主要为封建统治者建国之初所采纳,即采用"休养生息"的办法,打造一个"太平盛世"的局面来稳定人心,为他们的统治创造一个良好的开端。

　　(一)宗教思想对政治活动的影响

　　道教的主要经典《道德经》与《南华真经》,其实就是老庄思想的系统阐述。老子是道家的代表人物,道家并不像其他学派一样奔走诸侯之间,寻求任用。道家在政治思想方面是主张无为而治的。他们认为,如果统治者能够遵守所谓的"道",不扰民,民众就可以依照自身的发展规律,顺其自然,安宁自在地生活。道家主张的"无为而治"并不是消极堕怠无所作为,而是在为政时尽量体恤民情,顺应社会规律。这种思想对一些新王朝建立时,顺应人民的普遍期望,制定休养生息的政策是有很大影响的。道家向来反对战争、变乱等一切使社会发生剧烈动荡的事情。他们认为,好的政府,是人民安居乐业,而不知管理者如何管理的政府。在西汉初年,统治者大都以道家思想作为主要管理思想。汉文帝、景帝信奉"黄老"之说,休养生息,出现了"文景之治"的局面。道家思想对一个饱经战乱的国家能起到积极的作用。此后在许多有作为的皇帝身上,都可以看到黄老思想的影子。唐玄宗、宋徽宗、朱元璋、康熙都曾专门给《道德经》作注,所以"文景之治"、"贞观之治"、"开元盛世"、"康熙盛世"无一不是黄老思想的产物。

　　佛教传入中国以来,历代君主大多信奉,对政治也产生了很大的影响。佛教对政治的影响,大多是与封建社会最高统治者对佛教的态度相联系的,以佞佛或灭佛为表现,引起对政治的影响。魏晋南北朝时政治动荡,战乱频仍，由于身处乱世，帝王将相时时刻刻害怕祸患临身，于是佛教主张因果报应的学说深得君臣信仰，信徒越来越多，南朝梁武帝甚至还几次舍身寺院。然而这种极端的情形随之造成了过度佞佛的局面，最终影响了政治稳定。例如南朝时，梁武帝佞佛，臣子们也笃信佛理，大家都无心治理国家，以致国势日衰，直接导致了"侯景之乱"，国家元气大伤，最终被陈替代。纵观历代王朝，佛教可谓深入人心，为许多统治者所信仰。唐武则天纵容僧人，明太祖朱元璋起兵之前曾为和尚，清顺治皇帝最终皈依佛门，雍正皇帝也自比"和尚"、"野僧"，慈禧太后还扮装观音。他们对佛教的喜好，也对其政治思想、政治活动产生过方方面面的影响。

（二）宗教信仰直接引发政治斗争

中国古代社会，佛道都曾被民众利用作为起义的形式。古代社会，下层民众很少有参与政治的机会。他们遇到个人危机而又被当政者漠视时，有时就会秘密结社，通过宗教形式进行团结，然后以暴力手段来影响政治决策。道教在魏晋南北朝时代，就曾积极参与政治活动。东汉末年，民间起义多利用道教，所以道教大盛天下。那时国家大乱，民生困窘，再加上疫情流行，民不聊生。太平道、五斗米道都讲求神仙方术，鼓吹运用符箓就可治病，很能吸引处于水深火热之中的民众。后来钜鹿张角、汉中张修起义，张角所倡太平道，就利用谶语"苍天已死，黄天当立。岁在甲子，天下大吉"[1]作号召，聚集十万民众，自称天公将军，占领州县，声势浩大。而张修则在巴郡起事，以五斗米道为号召，以后由张鲁继承大事，雄踞汉川长达三十年。西晋末年，青城山道教领袖范长生下山，助李雄在蜀中建立成汉政权。东晋末年孙恩、卢循起兵对抗东晋政权。北魏初年寇谦之积极参与拓跋焘的政策制定。南朝梁帝与陶弘景书信来往，讨论政事。直到南北朝末年，北齐禁绝道教，北周独尊儒教，才对道教造成重大打击。从黄巾、张鲁、范长生、孙恩、卢循都有军事组织并囤积粮草等事实看，道教在当时是一种有严密组织、准军事化的宗教。这种组织，在以后一直作为反抗暴政的一种民间组织，以不同的形式存在着。以后，白莲教、明教、天地会等组织，尤其是清末的太平天国运动、义和团运动，都有早期借道教起义的影响。

佛教传入中国后对下层民众的影响是复杂的。一方面它成为民众的精神寄托，消磨了人民的斗志；另一方面，它也逐渐成为一些人民起义的宣传和组织工具。佛教最初传入我国多在上层社会活动，直接、间接地为统治者

---

[1] 范晔：《后汉书》，中华书局1965年版，第2299页。

服务,所以民众认为佛教精神领袖释迦牟尼是保护王朝利益的。而佛教中地位较低的弥勒佛则被视为解放下层民众的佛,于是形成释迦信仰和弥勒信仰两大趋势。最典型的例子是,佛教中的弥勒菩萨成为农民起义领袖的象征性偶像,形成了民间秘密组织弥勒教,领导人民起义。

二、宗教对中国文化的影响

（一）道教对中国文化的影响

道教是植根于中国本土、发源于中国古代传统文化的宗教。它诞生之后,就对中国文化直接产生了巨大而深远的影响,特别是在封建社会后期,中国文化随处可以见到道教影响的印迹。

1.道教对哲学思想的影响。道教的起源和发展与道家思想有着密不可分的关系。道教奉老子为教主、奉庄子为真人,尊《老子》为《道德真经》、《庄子》为《南华真经》,教理教义依托于老庄哲学。道家思想中,对知识分子影响最大的也正是老庄的思想,这也是后世人们心目中道家思想的正统根源。道家崇尚的"道",是一种超乎形象的宇宙最高法则,是天地万物的根源。道家宣扬清静无为,超脱尘世,道教在此基础上也形成出世的宗教人生观。庄子认为,宇宙是无限的,人的生命是有限的,以有限的生命在无限的宇宙中求生存,如果仍然执著于外在的功利和荣辱等欲望,无疑是很可笑的。人应该摆脱欲望的控制,忘却生死,争取达到"乘天地之正,而御六气之辩,以游无穷"❶的绝对自由的境界。这种思想对于中国古代知识分子的影响是巨大的。对于陶渊明、李白等追求精神自由的士子而言,老庄思想是他们最好的安身立命之所;对于李贽、黄宗羲等那些超越时代的思想家而言,道家思想又是他们批判社会的有力武器;对于柳宗元、苏东坡等那些官场暂时受挫的人士而言,道家思想则是他们最好的精神安慰,常常以"穷则独善其身,达则兼济天下"❷,给自己以心灵的慰藉。

2.道教对文学的影响。道教对中国文学的影响极为广泛。道家经典中有许多神仙传记,如汉代刘向的《列仙传》、晋代葛洪的《神仙传》等,文笔非常优美,具有独特的艺术风格和审美价值。道教的教理教义与神仙谱系也深刻地影响了文人创作。如明代长篇小说《西游记》中的人物,就借鉴了以玉皇大帝为首的道教神仙系统。明代出现的许多通俗小说与历史演义、英

---

❶　陈鼓应:《庄子今注今译》,中华书局 2007 年版,第 14 页。

❷　《十三经注疏》,上海古籍出版社 1997 年版,第 2765 页。

雄传奇中,也都随处可见道教的影子。道家思想精髓对中国古代文学的影响更为巨大,如北宋著名词人苏轼词作中折射出的贯穿始终的淡泊空灵的意境,就是深受道家出世思想影响的结果。此外,道教还对中国文学中艺术想象力的发展起了推动作用。道教宣扬的洞天福地就在人间,激发了许多文人一边遍访名山大川,一边求仙问道。这种独特的经历构成他们写作的基础,所以他们的作品呈现出瑰奇绚丽的风格,瞬息万变的丰富想象力,唐代著名诗人李白就是最典型的例子。

3.道教对艺术的影响。道教在中国有着悠久的历史,也为我们留下了许多名胜古迹,极大丰富了中国传统文化的内涵。道教崇山,历史上很多高道都曾在山中隐居修炼。老子在终南山演道,张陵在青城山创道,葛洪在罗浮山炼丹,陈抟在华山高卧……名山为道士提供了栖隐、修炼的场所,道教的美丽传说也为名山增添了奇幻色彩与迷人魅力,道教名山也成为今天的文物名胜。我国现存主要的道教名山有泰山、华山、武当山、青城山、终南山、崂山等。名山之中道士修炼的场所叫"宫"或"观",终南山草楼观一直被视为道教宫观的鼻祖。我国著名的道观多达几十处,如主祀"三清"、"四御"的有四川青城山古常道观、山东崂山太清宫、上海白云观、苏州玄妙观等;主祀玉皇大帝的有天津玉皇阁、山西临汾太符观、江陵玉皇阁等;主祀真武大帝的有武当山紫霄宫、佛山祖庙等;主祀天仙圣母的有泰山碧霞祠、骊山老母殿等。这些宫观的广泛修建,以其独特的建筑风格,为我国建筑艺术的发展做出了卓越贡献。同时,道教音乐是结合我国民间音乐与西域音乐发展起来的,它对中国音乐的影响也是不可低估的。道乐《玉音法事》《大明御制玄教乐章》等许多乐谱,成为中国民族音乐的宝贵遗产。而且在道乐的影响下,还出现了以《二泉映月》为代表的中国民乐经典之作。

4.道教对科学技术的影响。道教对我国医学有很大的影响,中医的起源与发展即深受道教的影响,许多知识与疗法都是从道教那里来的。道教很多炼丹之士都在烧丹炼汞之时积累了很多经验,对化学、药物学和医学有特别的研究。如晋代葛洪撰写了《抱朴子内篇》,记录了他在炼丹过程中所观察到的矿物发生化学变化的现象,触类旁通,他由此悟

青岛崂山太清宫

到很多医理,还撰写了《金匮药方》、《肘后备急方》、《神仙服食药方》等医药书籍。孙思邈通百家之说,善言老庄,对医药的研究则更为精深,被后人尊

为"药王"。我国四大发明之一的火药,就是道教方士在炼制丹药的过程中发明的。事实上,中国古代的很多科学的初步发展,都与道教有着直接或间接的关系。

(二)佛教对中国文化的影响

佛教传入中国后,对我国社会文化的发展,产生了广泛而深远的影响。源自印度的佛教文化与中国的本土文化相碰撞,经过全方位的交流、融合,其对中国文化产生的影响遍及当时文学、农业、手工业、艺术、逻辑、医学、音韵等各个门类。

1.佛教对哲学思想的影响。佛教对于中国文化的影响首先表现在其博大精深的思想体系对中国哲学的影响。佛教宣扬万事皆"空",引导人们超越现实,寻求自我解脱;因果律所包含的因果报应观念也制约着人们的欲望与行为;禅宗信仰更是给逃避现实的人们提供了一方净土。佛教思想中的"性空"说与魏晋玄学中的"本无"和"贵无"之说相近,形成了互补关系。魏晋以来,佛教学者从义理上融合玄佛两种不同思想,例如般若学的本无派就依傍于玄学的"贵无论",僧肇的不真空论则不仅是对佛教理论的发展,也是对玄学的深化。隋唐以来佛教各派宣扬心性之学,禅宗强调顿悟成佛,把心性论和本体论结合起来,对宋明理学有启迪意义,华严宗和唯识宗关于宇宙本体的基本主张更是理学程朱派和陆王派的先导。宋明理学中,处处可见佛学的影子。王阳明所倡导的"心外无物"之说,几乎就是沿袭了佛教中"一切唯心所造"的说法。隋唐时期,禅宗主张的"心性本净"和"心性本觉",一转印度佛教"心性本寂"的强烈出世倾向,将出世与入世本来相矛盾的关系恰到好处地融合起来,平衡了儒家修齐治平与道家遁迹出世的思想。这种思想受到中国士大夫阶层的普遍接纳,成为他们"穷则独善其身,达则兼济天下"的理论依据。同时,这种思想也影响了近代很多具有民主主义倾向的思想家,例如章太炎、谭嗣同、康有为、梁启超等,都不同程度地在佛教思想宝库中觅取构建自己学说的丰富材料。

2.佛教对文学的影响。佛教对中国文学也产生了很大的影响。首先,历代以来,佛教学者们翻译了大量的佛教经典,丰富了汉语的词汇。佛经原本都是梵文,在翻译梵文的过程中,给汉语带来了许多新鲜语汇,丰富了汉语的表达能力。同时佛教经典又是那么深入人心,许多词汇已经为民众耳熟能详,如"世界"、"无常"、"如实"、"实际"、"平等"、"现行"、"刹那"、"相对"、"绝对"、"大千世界"、"清规戒律"、"一针见血"等都是直接来自佛教的词语。还有不少由梵文翻译过来的佛经,本身就是优美的文学作品,如《维摩诘经》《法华经》，受到历代文人的喜爱。其次，对中国文学题材产生了重要的影响。从诗文来看，涌现出许多与佛教相关的诗文。例如唐诗共约五万首，其中与佛教有关的就接近十分之一。这些诗篇或赞美佛寺风光，或歌颂僧俗友谊，写得相当精彩。唐宋以来，名僧的社会地位提高，文人纷纷为他们树碑立传，留下许多渗透佛理的作品。还有一种情况是僧人自身就具有极高的文学修养，他们也留下许多传世之作。例如唐代诗僧就有寒山、贯休、齐己、皎然，皆有诗集留传后世；宋朝的诗僧有重显、文莹、祖可；清代有八指头陀，他们都有名作传世，因而在中国文学史上占有一席之地。小说方面，汉末适逢佛教传入，之后魏晋南北朝兴起的志怪小说，就与佛教故事有直接的关系。明清之际出现神魔小说的创作热潮，也是受到佛教故事的直接影响。同时，隋唐五代流行的宣讲佛教故事和经变的变文，直接推动了宋代及以后的话本小说、戏曲的发展。再次，对文学作品艺术风格的影响。佛教要求信徒们通过修炼达到淡泊宁静、离尘出世的境界，追求自我解脱。尤其是中国化的佛教禅宗更宣扬心中求佛，影响到文学界便形成了一种清淡悠远的艺术审美取向。以唐代诗人王维为例，王维大约在四十岁以后就开始过着一种亦官亦隐的生活，先后隐居于终南别业与辋川别业，淡泊名利，寄情山水，并用心于佛学，他的诗作虽多诗情画意却渗透着一种孤寂清冷的风格。佛教思想对陶渊明、王维、苏轼等历代诗人的诗歌创作都产生过不同程度的影响，使他们的作品透露出清幽淡远的艺术趣味。另外，印度佛经在中国的流传，对汉语产生了推动，促进了中国音韵学的发展。古代汉语中"平上去入"的发音标准就是受到佛经中梵文拼音的影响而发展起来的。还有中国古代汉语中基本的注音方法"反切"，也是受到梵文拼音的影响才逐步形成的。

　　3. 佛教对艺术的影响。佛教的传播必然伴随着建造寺院和修塔造像，这就使得佛教艺术随着佛教的广泛传播而蓬勃兴起。历代王朝的统治者尚佛者甚多，因此很多朝代都会广兴土木，修建寺庙，塑塔造像。而佛教主张离尘出世，因而寺庙大多修建在风景优美的幽深山林里，久而久之，就出现了天下的名山多被僧人所占的局面。古往今来，上至皇室贵族，下至普通百姓，处于社会各阶层的人们，出于对佛教的信仰，为了拜佛、敬佛和护佛，花费大量的钱财，建造了无数的石窟、佛像、佛塔和佛寺。这些宏伟的古代建筑，在今天就是很有价值的佛教文物和佛教胜迹，也成为中华民族的宝贵文化遗产。目前，我国存留许多与佛教有关的文物古迹，例如佛教四大名山（山西五台山、四川峨眉山、安徽九华山和浙江普陀山）、佛教四大名寺（山东灵岩寺、浙江国清寺、湖北玉泉寺和南京栖霞寺)、三大石窟艺术(云冈、敦煌、龙门)、两大铜像(一是西藏扎什轮布寺未来佛,二是河北隆兴寺千手观音菩萨)、一处石经山(北京云居寺)、一枚佛指灵骨(发现于陕西省扶风县法门寺塔地宫内)等。这些历史上流存下来的佛教文物和佛教名胜,囊括了建筑、雕刻、绘画、书法、图案多种艺术门类,带有不同时代的审美取向与文化特色,是我们中华民族的宝贵精神财富。同时,在佛教传播过程中,为了配合宣传的需要,壁画和版画也随之发展起来。唐代大画家阎立本、吴道子的遗作中,有很多把佛教题材演绎得惟妙惟肖,他们也以擅长佛画而知名于世。同时,敦煌藏经洞出土的唐代《金刚经》卷首的《祇树给孤独园图》,是目前发现最早的有纪年的雕版画。而中国最早的版画,则又是刊印在佛经上的《释迦说法图》。此外,禅宗思想还深刻影响着王维一派的文人画和宋元以后的写意画,这类画派忽略形象色彩,追求神韵的审美倾向。发源于印度的佛教音乐和舞蹈,也随着佛教的流传逐步传入中国,遇到大型法事或其他宗教活动时在寺院中进行表演。到了唐代,其音乐就吸收了天竺乐、龟兹乐、安国乐、康国乐、骠国乐、林邑乐等来自印度等中亚佛教国家的音乐,形成自己的特色。这些丰富的艺术形式,都是在受到佛教的影响,与本土文化碰撞融合后形成的,成为中华民族的宝贵遗产。

4.佛教对科学技术的影响。佛教对科学技术的影响,主要体现在天文医药方面。隋唐时期,僧一行制定《大衍历》,测定子午线的长度,对我国天文学的发展作出了卓越的贡献。医药方面,伴随着佛经翻译的热潮,也翻译了大量的医书医方,从隋唐史籍的记载可以得知,当时翻译的梵文医书医方就有十几种。另外藏语《大藏经》中,也保存了很多医学著作。

三、宗教对社会观念的影响

宗教对社会观念的影响是潜移默化的,它的发生是通过对个体思想以及社会意识形态的长期渗透而实现的。我国最主要的两种宗教形式——道教、佛教,长期以来深入人心,对社会观念也产生了很大的影响。

(一)宗教对民众心理的影响

1.向善去恶。我国古代有句俗话叫"人死如灯灭",这反映了人们对于身后之事不去关心的观念。而佛教传入中国以后,其教义告诉人们人生有所来,死有所往,并且生死轮回的大权都操纵在自己手中,不同的行为方式,会分别招致或福或祸。而祸福的招致,又往往系于人的一念之间。人们行事有善恶之差,所以果报也有好坏之分。《佛说三世因果经》中有"欲知前世因，今生受者是；欲知来世果，今生作者是"。既然人生的一切际遇，都是自己招致，所以不必因为环境困苦就灰心丧气，也不必因为处境顺达就骄傲自大。只要能把握现在，痛改前非，努力向善，自然可以克服困苦，开创幸福未来。所以佛教的三世因果轮回之说，对普通民众有鼓励作用，使人们在现世生活中行善为自己积福。这样佛教思想就成为教化民众的道德辅翼，有助于社会的稳定与发展。

道教中"祛邪扶正"、"助人为乐"的神仙人物和神仙故事以及如《太上感应篇》等劝善书，对中华民族的道德风尚和生活习惯也都产生了潜移默化的影响。道教宣扬人在现世之时就要广积阴功，不能放纵自己，为所欲为。有人干一点好事，生怕人家不知道，而一旦无人监督，便偷偷干一点坏事，自以为可以瞒过别人，不会得到惩罚。而道教认为"举头三尺有神明"，善恶行为终究逃避不了果报的法则，阴功阴恶，人或不能知，天地神明却不会不知。《太上感应篇》开头就说："祸福无门，惟人自召。善恶之报，如影随形。"❶正是基于神明会监察每一个人思想与言行的观念。

这样，信仰道教抑或佛教，都会使民众的良心受到监督与教化，从而形成多行善事，广积阴功的民众社会心理。

2.坚毅执著。坚毅执著是弘道者的高尚美德，佛教对于中国社会的影响在这方面就有突出表现。佛教中历代弘法者坚忍不拔、舍身求法的人格魅力对中国人的感召力以及弘法者成功与失败的经验对人们的启迪，都是佛教给我们留下的宝贵精神财富。佛教作为一种外来宗教，能够得以在中国广泛流传，离不开一大批锲而不舍弘扬佛法的高僧。佛教对于国人来说本是一种外来的宗教文化，它的思维模式与中国的传统思维模式的差距也很大。因此，佛教在中国的早期发展经历了相当艰难的历程。那时，支娄迦谶、安世高、康僧铠、严佛调以及竺法护、朱士行等献身于佛教的拓荒事业，可以说是付出了异常艰辛的努力。道安、慧远等高僧为了弘扬纯正的佛教更是鞠躬尽瘁，呕心沥血。而玄奘为了取经学法，置生死于度外，不畏艰难险阻，跋山涉水历时弥久，远赴印度。历代名僧舍坚忍不拔的毅力，舍身求法的精神，展现了我们优秀的民族精神，也熔铸为中华民族宝贵的精神财富。鲁迅先生称玄奘大师为"民族的脊梁"是恰如其分的。历代高僧在弘扬佛法过程中展现出来的优秀品德，对塑造中华民族性格起到了良好的导向作用。

---

❶ 卿希泰主编：《中国道教》，东方出版中心 1994 年版，第 124 页。

　　道教对于塑造民族性格也有同样的作用。道教教义中更少离尘出世的思想，向来比较关心社会现实，《道德经》中的社会理想以及《太平经》中的太平理念，都包含着为社会兴利除弊的内容。必要的时候，道教中人也将这种清除社会弊病的理论付诸行动。邱处机就是道教中一个典型的例子。邱处机本来在山东修道传教，那时成吉思汗西征，驻军于大雪山（今阿富汗境内），派使节来召见他。大雪山离山东天涯阻隔，路途遥远，更加上战乱年代，路途上随时都会发生不测，凶险异常。但邱处机本着为国家罢除干戈的宏大愿望，不顾自己已经七十二岁高龄，毅然踏上征途。从 1120 年起行，历尽千难万险，行经十余国，跋涉一万多公里，直到 1122 年 3 月才到达成吉思汗行营并得到召见。当时成吉思汗正在西征，天天从事战斗。邱处机在向大汗进言时，却每每劝说他，要想统一天下，一定不能嗜好杀人。问及治理天下的方针时，邱处机则回答要以敬天爱民为本，自己则要清心寡欲。他虽然违逆成吉思汗的心愿，总是不离除残去暴的主题，却因不畏艰难而又耿直敢言的精神得到了成吉思汗的赞赏。踏上回程时，邱处机又利用成吉思汗赐给他的圣旨、虎头令牌等，沿路做了很多有益民生的好事。那时元兵践踏中原，很多民众被俘虏捕捉，没有办法逃脱性命。邱处机回到燕地，又派他的徒弟持谍营救被俘沦为奴隶的民众多达二三万人。这样的道教徒不畏艰险、坚毅执著，并且功成身退，不居功、不自傲，给后世以很大影响。

　　3. 克己成仁。宗教教义对个人欲望有着很好的遏制作用，促使人们克服一己之私欲，成就完美品德。在社会大环境中，人际关系是尤其重要的问题。"天下熙熙，皆为利来。天下攘攘，皆为利往"❶，无论哪个时期，社会上总会存在利己思想和享乐思想。例如以己为先，事事先为自己打算，只要对自己有利，哪怕损害他人利益，也毫无顾忌；一味追求当前的享乐，不考虑别人的利益，甚至也不考虑自己的长远利益。中国传统的儒家文化对这类人所起的约束作用不是很大，因为儒家文化重在教化，如果人们不去遵守，也没有办法进行惩戒。而佛教的情况则不同，佛教的一些戒律戒规与社会上盛行的享乐与利己思想是完全对立的。它讲求克己，特别强调抑制自己的贪欲；佛教还讲求利他，凡事多为别人着想。佛教的教义之所以对这类享乐利己思想和行为有较大的约束力，是因为佛教特别强调因果报应，讲善有善报，恶有恶报。人们在极端化地追求自身利益或享乐时，时常会顾忌佛教教义中所说的个人行为所招致的结果，害怕果报，于是勉励自己克己成仁。这

---

❶　司马迁：《史记·货殖列传》，岳麓书社 1993 年版，第 932 页。

样,佛教教义客观上起到完善人格的效果,同时也有利于整个社会的稳定。

4. 和谐共处。道教认为,社会并不是孤立地存在于自然界之外,同样,人也不能离开自然界而存在。自然界是人类社会生存的基础。因此正确处理人与自然的关系,是社会安宁、人民幸福的基本条件之一。道教认为,"道生一,一生二,二生三,三生万物",人与天地万物都是由道孕育出来的,所以人应该与自然合一,和谐相处,应该保护自然而不是破坏自然,更不主张征服自然或改造自然。《南华真经》提出"天地与我并生,而万物与我为一"❶的观点,认为人与自然界的万事万物,都是同一的。从这样的思想出发,道教便提倡服从于自然的天机,而要少用心机。《庄子》中的《马蹄》篇说,在风俗质朴的时代,百姓的行为安详稳重,视察专注,别无外求,所以山上没有路,河里也没有船只和桥梁,万物混茫,群生繁衍,各不相犯,禽兽众多,草木茂盛。人不会萌生杀害禽兽的念头,禽兽就不会惧怕人。人类与禽兽共同生活在大地上,万物同聚,这样的理想强调了保护环境、保护物种的重要性。所以道教建观居住之处,也总是注意保护自然环境。今天,我们在享受着工业化带来的物质文明的同时,也受到破坏环境带来的恶果。道教主张的天人合一、保护环境的思想就凸现出其特别的意义了。

（二）宗教对民俗的影响

不仅宗教思想潜移默化地影响了民众心理,宗教的许多仪式、活动随着时间推移,也逐渐转化成了民间风俗而被代代相传。例如我国农历十二月初八,是民间传统的"腊八节",原本是佛教中的"佛成道节"。相传释迦牟尼在成佛之前曾经游历各地山川,寻求人生解脱之道。一次在河中沐浴,吃了牧羊女苏耶妲用杂粮野果煮的粥,之后在菩提树下静坐沉思,于十二月八日悟化成佛。从此,每逢十二月八日,各地佛寺都要举行浴佛会,诵经并且用香米杂粮做粥供奉佛祖,并举行"施粥"活动,赠送善男信女以及贫寒之人,吃腊八粥以后便在民间相沿成俗。又如,中国佛教重视观音与地藏,每年农历七月三十地藏菩萨吉诞日,六月十九观音成道日,九月十九观音出家日,寺庙之中必然举行法会,吸引得各地香客云集观看礼拜,香烟缭绕,盛况空前。此外,佛教宣扬"佛国净土"、"轮回转世"等思想,也派生出拜佛、供献、烧香、还愿、诵经、浴佛、庙会等名目众多的民俗活动,丰富了人们的生活。

道教的许多宗教活动同样也逐渐转化为民间习俗。例如中国各地都有的对城隍、土地爷、灶君这些道教神灵的崇拜;春节有贴门神、桃符、钟馗等

---

❶　陈鼓应:《庄子今注今译》,中华书局 2007 年版,第 71 页。

驱邪的习俗；丧葬要请道士来诵经修福，超度亡灵等。元宵节又称上元节，本是道教的名称和节日，为道教三官（天官、地官、水官）中天官的生日。传说三官原本是周幽王时的三位谏臣，死后成神为三官，其中天官主管赐福。人们为了求福，便于每年天官诞生日到三官庙祭天官，请求赐福于人。另外，早期多神崇拜也遗留下很多习俗，一直流传到今天。例如过春节时家家户户都要在大门上贴门神。门神又称门户守护神，它是民间流行很广、保家护户的居家神灵。最初的门神是捉鬼喂虎的神荼、郁垒，后来又出现专门捉鬼吃的钟馗。到唐朝时，门神又有了新的演变，出现了秦琼、尉迟敬

门神（秦琼、尉迟恭）

德两位武将门神和魏征一位文官门神。秦琼、尉迟敬德两位门神，是民间流传最广、影响最大的武将门神，至今仍兴盛不衰。因而这两位门神的造型也最丰富，他们有坐式也有立式、有披袍的也有贯甲的，有徒步也有骑马的，有舞鞭铜的也有执金瓜的。不过，当年的带有宗教意味的活动在今天已经失去了其最初的神秘意义，但却作为一种民间习俗流传下来，共同形成了丰富多彩的中华民俗文化。

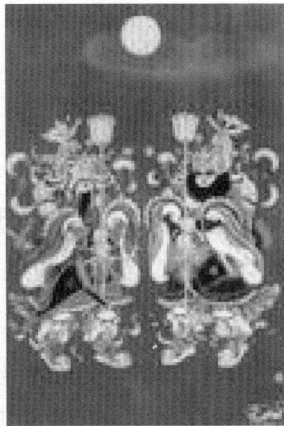

　　我国本土宗教道教主张的回归自然、万物平等、物我合一、世界和谐，以及中国化佛教宣扬的慈悲为怀、普度众生，这些宗教中的精华思想熔铸成了中国人为善成仁的理想追求，凝练为忠孝仁爱、信义和平的伦理精华。在协调当代社会关系、促进人与人之间的沟通和了解，消除社会矛盾冲突中，作出了自己的贡献。另一方面，佛教禅宗讲求的"顿悟成佛"以及道教宣扬的白日飞升、羽化成仙等关心现世幸福的主张，充分体现了宗教发展过程中受到中国传统民众社会心理中固有的讲求实用的影响，形成中国特有的宗教文化特征。在社会高速发展的今天，宗教文化仍然承担着影响现代社会观念的功能，古老的宗教文化不仅影响现代社会价值观念，甚至可以在某种程度上化解部分现代性的弊端对人们心理造成的不良影响，发挥了新的作用。

第三章

制度价值

制度文化与物质文化、精神文化，构成了文化的三维结构。所谓制度，即是规范人们行为的尺度，它是一定时期内人们共同遵循的生活规范。人们可以通过制度调节社会关系，稳定社会秩序，规范社会成员的行为，使社会结构呈现出一种稳定的状态。因此，制度文化不仅能反映出一定历史时期的社会状态，也能够反映出一个民族的整体面貌。从广义上说，制度文化应包括经济制度、政治制度、法律制度、教育制度等多个方面，但从狭义上说，政治制度又是制度文化的核心内涵。因此，本章将以政治制度为中心，重点介绍宗法家族制度、选官制度、官吏制度与教育制度等等，了解它们的构成、特点以及对中国传统文化的影响。

第一节　宗法家族制度

宗法家族制度是中国古代政治制度的基础，它不仅影响到中国古代政治权力的继承，而且也是家族的等级分配与财产关系的基础。要想理解中国古代的制度文化，就不能不理解中国古代的宗法家族制度。家族是由若干具有亲近血缘关系的家庭组成的，由若干出于同一男性祖先的家族组成的宗族，由个人、家庭、家族，再到宗族，完整地呈现出了一个人在社会中的具体位置。而宗法，是处理宗族事务所遵循的原则及规范，中国古代的政治制度正是植根于宗法家族的基础之上的。

一、宗法家族制度的起源

宗法家族制度的形成和起源与中国文明早期独特的发展道路有关。宗法制度产生于氏族社会末期，发展于夏商，成熟于西周。在阶级产生以前，世界文明的发展大致遵循着同样的道路，从原始的群居状态向氏族社会过渡，继而发展为部落。这些组织都是以血缘关系为纽带建立起来的。然而在阶级与国家产生以后,由于自然环境、生产方式和生活方式的不同,血缘关系在居民生活中的地位呈现出巨大的差异。西方社会在走向文明的过程中冲破了血缘关系的束缚,建立起了以地域和财产关系为基础的城邦制社会。而古代中国在走向文明的过程中则保留了原始的血缘关系纽带,使得血缘关系成为维系中国古代社会的一个重要因素。这跟中国古代进入父系氏族社会以后形成的祖先崇拜的观念有很大关系。在父系氏族社会中,男子成为生产和生活的主导者,氏族开始按男系确定血统,人们先前尊奉动物为神祇的图腾崇拜逐渐转移到尊崇男性英雄人物的身上。图腾崇拜渐渐演变成为祖先崇拜,其崇拜的对象,多是氏族公认的、力量强大、能造福氏族者。以男系血统确立的血缘关系渐次成为部落的组织原则。这个时期,诞生了很多关于英雄祖先的神话和传说,如伏羲、黄帝、炎帝等。祖先崇拜的作用,在于纪念祖先的功绩,通过对祖先的崇拜加强对血缘关系的巩固。同时也利用血缘关系确定人们之间的辈分关系,从而确立一个部落的等级体系,等级制和私有制也建立在了血缘关系的亲疏远近上。古代的宗法制度就是在这种以血缘关系作为组织原则的基础上形成的。所谓宗法,就是指以血缘关系为基础,标榜尊崇共同祖先,维系亲情,而在宗族内部区分尊卑长幼,并规定继承秩序以及不同地位的宗族成员各自不同的权利和义务的法则。

在祖先崇拜的心理作用下,宗法家族观念在夏、商两代得到重要发展。这主要体现在夏、商两代的王位继承体制上。从禹的儿子启以夏立国以后,原始公社性质的"禅让"制度被世袭制度取代。据《史记》记载,夏朝先后有十四世、十七王,其中两次是兄终弟及,一次是弟死后王位复归于兄之子,其余都是子继父位。到了商代,宗法制度更为严密。根据史书的记载,商代的继统法中存在着以子继父位与兄终弟及两种情况,但后期以子继父位的情况居多。但是,因为子继父位的世袭形式并未以严格的制度形态确定下来,所以也常常存在着宫廷内部权力的斗争。特别是在商代,手足残杀争权夺位的情况是商代灭亡的一个非常重要的原因。

二、宗法家族制度的确立及其主要内容

宗法家族制度由西周时期的周公正式确立。《尚书大传》说:"周公摄政,一年救乱,两年克政,三年践奄,四年建侯卫,五年营成周,六年制礼作乐,七年致政成王。"周公制礼作乐的最重要的内容就是确立宗法制度。其具体内容主要包括王位继承制度与宗庙祭祀制度。

(一)王位继承制度

周代把嫡长子继承制度作为一种王位继承的制度正式确立下来,不仅严格区分嫡庶,而且在宗族内部区分大宗、小宗,无论大宗小宗都以嫡长子为宗子,宗族成员必须尊奉宗子。古代统治者实行一夫多妻制,诸多妻子中,正妻为嫡,其子为嫡子,正妻只有一个;其余妻子为庶,其子为庶子。周代嫡长子的确立原则是:"立嫡以长不以贤,立子以贵不以长。"❶即是说,嫡长子的贤与不肖,与王位继承无关,如果嫡妻无子,则只能立庶妻中身份最高贵的贵妾之子,至于被立者是否为庶子最年长的,也不在考虑之内。

周代的天子世世相传,每世的天子都只能以嫡长子的身份继承王位,并奉礼始祖,叫做"大宗"。嫡长子的同母弟与庶兄弟封为诸侯,叫做"小宗",其领地曰国。诸侯国并非独立,天子对诸侯有巡狩权、命官权、迁爵权等,诸侯有对天子朝聘、进贡、出兵役劳役等义务。每世的诸侯也由嫡长子继承父位,其诸弟封为卿大夫,其领地曰采或邑,卿大夫从属于诸侯,没有过多独立的权力。每世的卿大夫也由嫡长子继承父位,其诸弟为士,士的嫡长子为士,其诸弟则为平民。士是西周统治阶层中最低的一个阶层,一般要靠自己的技艺和本领为卿大夫服务。因此,西周的贵族阶层也就划分为四个等级:天子、诸侯、卿大夫和士。天子既是政治上的最高统治者,又是全族的宗族长,君统与宗统集合于天子一身,君权由族权得以保障。诸侯对天子是小宗,但在本国是大宗,卿大夫对诸侯是小宗,但在本邑是大宗,士对卿大夫是小宗,但在本家是大宗。天子、诸侯、卿大夫、士,既是政治上的君臣隶属关系,又在血缘上是大宗和小宗的关系。这样,在全国范围内的人们按血亲原则的排列处于不同的等级秩序,并取得相应的政治地位和经济特权。嫡长子继承制的主要目的在于确立名分,以血缘关系的亲疏远近确立等级与权力分配的原则,让人各安其分,各守其位,使整个国家处于一种稳定的结构之中。如同《左传·桓公二年》中所说的那样:"天子建国,诸侯立家,卿置侧室,大夫有二宗,士有隶子弟,庶人、工、商各有分亲,皆有等衰,是以民服事其上,而下无觊觎。"因此,古人也把商代与周代的王位继承制度区别为"殷道亲亲,周道尊尊"。亲亲,就是弟继兄位;而尊尊,则是以嫡长子作为法定的王位继承人。这样,宗统与君统合而为一,族权强化政权,家规补充国法,统治者与被统治者、征服者与被征服者的矛盾被血缘亲情掩盖了。由此,周天子建立了以土地国有制为基础,以血缘关系为纽带,以世袭分封为结构,

---

❶ 《公羊传·隐公元年》。

以宗庙祭祀为权力象征的等级制度,对中国古代社会的政治制度以及家族文化都产生了极大影响。

（二）宗庙祭祀制度

宗庙,即为供奉崇拜对象的场所。宗庙祭祀制度来源于早期父系氏族社会末期兴起的祖先崇拜。进入文明社会以后,这种观念逐渐物化为具体的宗庙,并形成了整套成熟的组织严密的祭祀仪式和制度。在《周礼》、《礼记》等早期文献中均记载了这些礼仪制度,它是为维护宗族团结而发展起来的一种手段。

西周时代,祭祀祖先与神灵是国家的重大活动之一。主持祭祖是大宗的特权,小宗无此权利,这就是"支子不祭,祭必告于宗子"。❶ 因为君主是天下的大宗,君主所主持的祭祀活动不仅意义重大,而且制度极为严密。据《礼记·王制》的记载,周天子为七庙,诸侯为五庙,大夫为三庙,士为一庙。庙即为祭祀祖先的场所,也是古人给去世的祖先在人世间保留的住所。七庙即意味可以供奉七个祖先的牌位,其排列顺序是这样的:周代初期,天子的宗庙为"五庙":考庙——父庙;王考庙——祖父庙;皇考庙——曾祖父庙;显考庙——高祖父庙;太祖庙——也称太庙,供奉始祖以及始祖以下、高祖以上的各代祖先。到了周代中期,尽管周文王、周武王功业辉煌,但按周代世系的排列,他们已不复属于考、王考、皇考、显考辈,按理不能单独立庙受祀。但是周人为了纪念文王、武王的功绩,故又增设文武二世室,将文武以下、显考以上诸祖供奉其中,这就是所谓的天子"七庙"的由来。其排列严格有序:太祖庙居中,以下逐代按昭穆分列左右,昭辈居左,穆辈居右,三昭为武世室、显考庙、王考庙;三穆为文世室、皇考庙、考庙。诸侯祭祀的"五庙",分别为诸侯王的父庙、祖父庙、曾祖父庙、高祖父庙,再加太祖庙,同样按左昭右穆的排列分列太祖庙左右。而卿大夫之"三庙",则分别为父庙、祖父庙,按左昭右穆分列左右,太祖庙居中。

宗庙祭祀制度对中国传统的政治结构产生了很大影响,它在维系以家族为中心的宗法制度和巩固政权,发挥过显著的作用。在完备的宗庙制度下,中国社会进入了"礼乐文明"的周代社会,在严密的礼法制度里,构筑起中国传统文化强调等级秩序的特点。宗法观念取代了宗教信仰,成为传统生活中的不可或缺的部分,也极大地影响了中国人的价值观念、思维方式,等等。

---

❶ 《礼记·曲礼下》。

这种宗庙祭祀制度直到现代依然有所保留。如左宗右社的制度一直持续到了明清时代,左宗即为北京的太庙,而右社即是北京的社稷坛。太庙是宗法的标志,乃皇室祭祀的场所,而社稷坛则是国土的象征,意味着皇家对全天下土地的占有。宗庙祭祀制度同样在民间家族事务中占据着非常重要的位置,在以宗族为基本组成单位的大大小小的村落中,都有各自祭祖的"祠堂",它就是宗庙祭祀制度在民间最为典型的代表,起着维系着一个宗族基本情感的作用。山西太原附近的晋祠就是保存完整的古代祭祀场所,至今仍然发挥着重要的作用。

三、宗法家族制度的主要影响

进入秦汉以后,虽然周代实行的世袭制已被军功制、察举制等更富于理性和实用的制度所取代,而且郡县制的实行也打破了分邦封国制度的局限,但宗法家族制度依然在中国社会的政治体制和人们的日常生活观念中长期存在。从某种程度上说,它是构成中国传统政治体系超稳定结构的核心。总的说来,它的影响主要体现于以下几个方面。

（一）"家天下"的观念与家国同构的政治体制

一部中国古代史,就是一部部家族史的集合。在中国人的心目中,素来只有朝代,而无所谓真正的国家,这不能不说是宗法家族制度影响至深的结果。宗法制度的本质,就是国家家族化,家族政治化。西周时期建立的这种宗统与政统合而为一的制度将"官天下"的局面彻底转化成了"家天下"的局面。作为周代统治者的姬姓家族衰微后,其他的家族就会相应而起,在宗法血亲关系的基础上建立自己的统治秩序,以家族管理的模式建立国家政治体制。虽然从秦代以后,逐渐建立起了一套严密成熟的官僚体制,但其依旧是"家天下"观念的延续,各种官僚体制都是围绕着如何维护皇权而设立的。一个朝代一个家族统治的现象使得中国的历史更替事实上就是各个家族兴盛衰亡的演变史。更重要的是,这种观念在民众中也有着坚实的基础。每逢朝代更替,如两汉之交的王莽新政时期、明清易主之际等等,均有人以前朝皇室后裔作为天下兴亡的正义代表,反对改朝换代。同时,对皇室后裔的处置更是新王朝建立时颇为棘手的问题,老百姓对这种"家天下"观念的认同无疑也是宗法家族观念根深蒂固的结果。

家国同构,就是指家庭和国家在组织结构方面的相似性与共通性,它们都以血缘关系的亲疏远近作为权力分配的主要依据。天子是全国的最高统治者,他既能顺承天意,传达上天的意旨,又能为普通民众向上天表达意愿;

天子不仅是皇室家族的最高掌权人,同时也是天下苍生的代表;天子不仅是皇室的家族统领,也是全天下的家族统领,天下人都是他一人的子民。传统的宗法体制在国家的组织结构上也影响极大。家与国的组织系统与权力分配模式都是按照严格的父系家长制设立的。这种家国同构式的传统政治结构建立在忠孝一体化的基础之上。在古代中国,不忠不孝,无君无父可谓一个人最大的罪名。《孝经·广扬名》中云:"君子事亲孝,故忠可移于君;事兄悌,故顺可移于长;居家理,故治可移于官。"家就是国的缩影,国就是家的外延,一个人在家庭关系中的表现直接决定了他对于国家的态度。中国社会庞大的政治体系就是建构在一个个稳定的家庭关系之上的。而当尽忠和尽孝两者发生矛盾之时,忠的观念又有着优先性,这种价值取向显然是在家国同构政治体制下的必然选择。宗法家族制度俨然成为君与民联系的纽带,君权与父权互为表里,共同建构了家国同构模式。

(二)不断的封国制度

宗法家族制度对传统中国政治体制的另外一个影响,就是分封制度不断。秦统一六国以后,由于春秋战国时期周朝的中央政权的威信下降而导致诸侯国各据一方,这种局面让秦始皇对分邦封国的制度一直心怀恐惧。因此,秦代以郡县制取代了分封制,将中央对地方的控制权牢牢掌握在手中。但这并未改变秦代二世而亡的命运,汉高祖刘邦统一天下之后就开始重新大封同姓为王。自此以后分封制成为中国古代封建政体的重要组成部分,后世虽有人认为分封制有碍于王权政治的威信与皇权的集中,但也没有改变分封皇子的现实,这就是宗法家族观念的影响所致。"家天下"的观念使得历代皇帝都有一种即使是皇室内部斗争也不能让皇权旁落他家的想法,否则就是愧对列祖列宗。分封皇子不仅是处理统治阶层内部矛盾的有效手段,也是中央政权管理地方事务的有效手段之一,曾为中国社会的稳定做出过一定贡献。但它的负面影响也是明显的,如汉初的七国之乱、西晋的八王之乱、明代的靖难之役等等,都给社会带来了深重的灾难。

第二节　中国古代选官制度

官吏选拔制度是中国古代政治制度的一个重要组成部分。选拔制度的组织形式不仅影响到古代官吏的基本组成结构,同样也会影响一个王朝的政治统治模式。在中国传统的政治文化中,选拔标准的不断变化又有可能对当时的时代精神与文化趣味产生直接影响。因此,了解中国古代官吏选拔制度的基本形式及其发展变化,对了解中国古代的政治文化有着重要的意义。

中国古代选官制度大致经历了这样几个阶段的演变:

春秋战国之前的选官制度经历了以下的变化:在"天下为公"的原始社会,实行的是"选贤授能"的禅让制度,传说中的尧舜禹时期的禅让为其典型。而在夏商周时期,实行的主要是"世袭制",其特点主要是"亲亲"和"尊尊"。统治者按照血缘关系的亲疏远近,分封其亲属高下不同的官职。执政大臣如卿、大夫都由贵族家族内部分封并世代传承,国君不得随意任免。大夫以上的官职都是以世袭的形式继续的。整个统治集团就是一个大的家族,这种以亲人出任官职并且世代世袭的制度也叫"世卿世禄"制。在夏、商、周三朝,大夫以上的爵位和官职都是世袭的,大夫以下的低级职务通过士的选拔活动来任命。《周礼·地官·乡大夫》中所说的:"三年则大比,考其德行、道艺,而兴贤者、能者。"指的就是三年一次从下层平民中选拔合适人才补充到官吏结构中去,但他们只能担任一些低级的官职。世袭制主要是建立在宗法家族制度的基础之上的,其目的是为了维护贵族的绝对统治地位,在整个传统政治结构中都发挥着重要作用。

春秋战国以后,随着新兴的地主阶层逐渐走向政治舞台,世卿世禄制度体系基本被摧毁,起而代之的则是以君主专制为中心的封建官僚制度。官吏的选拔不再主要依靠血缘关系的远近,而是依靠才能的大小,拥有一定知识和技能的士成为列国争夺的对象,也成为各国能否称霸的重要条件。因此,许多权要人士周围聚集了大批的门客与游士,如号称"四君"的齐国孟尝君、赵国平原君、魏国信陵君和楚国春申君都因为优待士人而受到时人普遍的尊敬。这种新型的"任人唯贤"、"选贤任能"的制度也被称为客卿制或养士制,正是这些门客和游士,对时局的变化产生了极大的影响。除了这种客卿制、养士制以外,还有秦国实行的军功制,即按功行赏封爵的仕进制度,成为激励士气、提高军队战斗力的一个重要手段,对秦兼并六国起到了巨大的作用。自此以后,世卿世禄制度真正退出了政治舞台,而让位于更富成效的各种人才选拔制度,如汉代实行的察举征辟制、魏晋时期的九品中正制度以及隋唐以后的科举制度,等等,成为中国封建社会官吏选拔制度的主要形式。

一、汉代的察举制度

察举制度是汉代选拔官吏的主要形式。它沿用古代"乡举里选"的形式,一般先由皇帝决定察举的范围和科目,然后由公卿、列侯、州郡等长官在各自的统辖区域内考察、推荐朝廷所需要的人才。被推荐的人经过考试,合格者将被委任以相应的官职。汉高祖十一年(公元前 197 年),刘邦下诏令全国各地公卿、诸侯、郡守等长官向朝廷推荐人才,登记其年龄与体貌特征,并用车马送其入京,这是第一次全国性的人才选拔,也是察举制度的雏形。在高祖之后的文帝、惠帝、景帝统治时,这种全国性的人才选拔方式逐渐为士人接受,成为汉代政府选人的重要形式,晁错等人就是通过这种举荐的形式受到皇帝重用的。在汉武帝之前,这种推举政策并没有被加以制度化,它只是一种临时性的政策。元光元年(公元前 134 年),汉武帝接受董仲舒的建议,规定诸郡国每年向朝廷举荐孝、廉各一人,将这种不定期实行的荐举政策作为一种制度固定了下来。

按科目划分,察举的设置有常科与特科之分。所谓科目,就是朝廷所需人才的类别与名称。常科即是每年都要举行的,主要是孝廉和秀才两科。而特科则专指不定期举行的科目,是朝廷为专门需要的人才而设置的,主要有贤良方正、贤良文学、明经、直言极谏、明法等几科。被推荐人要到京师通过考试,合格者才能为郎,再经一定期限,才由郎补县令、县长(县的主官,大县称令,小县称长)、县丞或三辅掾属。孝廉要求做人能尽孝道,做事能廉洁正直。最初是二科分别,每郡每年推选两人,到了西汉末东汉初,合孝与廉为一,称"孝廉",推荐人数也改为按郡人口多少的比例而定。被推举的孝廉,往往以儒生居多。其中官僚、贵族和富豪子弟占了大部分。秀才(东汉时期为避光武帝之讳更名为茂材)起初也是特科的一种,是专为举荐特殊人才而设,东汉以后也改为常科。与孝廉比起来,两者稍有不同,如:①举荐人不同,孝廉多由郡国推荐,而秀才的举荐人还包括列侯、御史、丞相、将军等职权较高的官员;②资历不同,孝廉以未仕者为主,而秀才则包括已仕和未仕者;③任职不同,孝廉被推举后多为郎官,秀才则级别略高,多被任为县令一级的官职;④人数不同,孝廉有着严格的人数限定,每年大致有二百三十多人,而秀才则较少且不固定,每次只是孝廉的十分之一,可见两者差异。

贤良方正,意为品德贤良、行为端正、才能优异,有时也称贤良或方正,是特科里最重要的一个科目,始于汉文帝二年(公元前 178 年),是朝廷不定期设科取人的一个重要形式。一般是皇帝或朝廷根据当前的实际需要选拔实用性的人才,候选人通过选拔后可以直接被授官,程序相对常科来说较为简略。贤良方正经常在特异的自然现象如日食、月食、地震、水灾等之后进行,因为古代帝王常把这些灾异的发生看做是上天对自己执政不力的一种惩罚。这时皇帝就要下罪己诏,检省自己统治失策之处,同时诏令百官广开言路,招纳人才,以此匡正民心,纠正自己的过失。被举者一般为已仕者,举荐到朝廷后还需要通过皇帝亲自主持的策问考试。策问主要分为对策和射策两种,对策即是根据皇帝的提问当场作出回答,是必答题;而射策则是选答题,从已有的试题中抽签决定回答的题目。通过考试者往往会被授予很高的官职,而且升职很快。贤良方正制度也确实为朝廷选拔出了一批优秀人才,如董仲舒、公孙弘等人就是通过这种方式受到武帝重用的,他们的对策对当时政策产生了重大影响。

察举制度是第一个较为完备的官吏选拔体制,它为平民百姓参与政治、走向仕途打开了方便之门。中国古代选官制度也从一种"血而优则仕"向着"学而优则仕"的模式过渡,知识分子以从政为主要人生目标成为一种普遍的选择。察举制度对中国古代选官体制的成熟产生了极为重要的影响,后世的九品中正制度、科举制度或多或少都与这种举荐人才的模式有着一定的联系。

但是,察举制度的缺陷也是比较明显的。与后世的科举制度比较起来,它看重的是被推荐人的声誉与道德品质,缺乏客观的选拔依据与标准。科举重在考试,侧重对表达能力与文字组织能力的考验,评分标准相对客观。察举制度实行的初期,确实为汉代选拔出了很多优秀人才,但随着它在官吏选拔体系中的影响不断加大,"选举不实"的现象已成为汉末政治混乱的重要原因,以至于出现了汉末人所说的"举秀才,不知书;察孝廉,父别居;寒素清白浊如泥,高第良将怯如鸡"●的奇特现象。更为严重的是,到汉代末年,这种制度已被少数人把持操控,成为对中央政权的极大威胁。因此,到三国时期,终于被新的选官制度取代。

二、魏晋的九品中正制度

察举制度之下,士人能否走向仕途,很重要的一个条件是能否被举荐,这通常取决于乡里舆论。到了东汉末年,这种乡里舆论渐渐演变为品评人物的风气,专门有人对本乡本府的人物进行品评,影响甚大,几乎左右乡里舆论,影响士人进退。名士郭泰因其人物品评较为准确,声望颇高。而许劭更是以品评人物著称,如他评曹操为"治世之能臣,乱世之奸雄",就曾让曹操高兴不已。不少士人还专门固定在每月之初集会品评乡里人物,人称"月

● 葛洪:《抱朴子·审举》。

旦评"。这种人物品评活动有着现实的政治意义,但也造就许多沽名钓誉的伪君子,有时也被世家豪族所利用。九品中正制度正是在这样的背景下产生的。

　　九品中正制度又称九品官人法,是魏晋南北朝时期主要的选官制度,由三国时期魏国的吏部尚书陈群建议实行,延康元年(220 年)春被魏武帝曹丕采纳实施的。九品中正制主要包括三个方面的内容:一是在地方州郡设中正一职。郡设小中正,州设大中正,实行的具体办法是由司徒选派"贤有识鉴"的现任中央官员兼任其原籍的中正一职,有时也可由司徒或吏部尚书直接兼任州大中正,大、小中正都直接对中央负责。二是品第人物。这也是中正的具体职责,中正负责察访与之同籍的士人,了解其家世背景,并根据他的舆论情况整理出相应的材料,写出简短的评语,即"状",然后定其等第。中正每月召集一次品评会议定品评人物的品级,每三年对士人品第作一次总调整。等第共分九品:上上、上中、上下;中上、中中、中下;下上、下中、下下。三是按品授官。当中正将所品第之士人的有关材料汇总以后,定期送到司徒府,以供吏部定官参考。一般来说,品第的高低会对官位的尊卑产生直接的影响,因此,中正的职权在这里就显得颇为重要了。

　　九品中正制的直接作用就是朝廷重新掌握了选官权力。实行的初期确实起到了抑制豪强、加强中央集权的作用,这对魏晋初期统治秩序的重新确立是有益的。但随着世家大族势力的日益膨胀,九品中正制的消极作用逐渐显现。主持地方人物品评的大小中正一职渐渐为世家大族把持,品评标准也由德行才能转移到家世渊源、门第高低上来,九品中正制度被世家大族利用,成为他们把持朝政的工具。因此,官吏选拔中出现了"尚姓"的现象,导致"居上品者,非公侯之子孙则当途之昆弟也"。[❶] "上品无寒门,下品无士族"已成为魏晋选官体制中的特有现象。它不仅导致君主专制体制的破坏,同样也使得寒门庶族晋升无望,社会分裂在所难免,到隋代初年终于被废除。

三、隋唐科举制度的设立

　　科举,即是"开科取士"之意,是指国家按科目定期举行的人才选拔考试。一般来说,科举制度以隋炀帝大业二年(606 年)设立的进士科为开端,到清光绪三十一年(1905 年)被废止,整整存在了 1300 年,对中国古代政治

---

　❶ 《晋书·段灼传》。

体制和价值取向等等都产生了深远的影响。

隋文帝时期,九品中正制度被废除,大小官员的任命都必须通过中央政府,公开考试逐渐成为官员选用的主要方式。隋炀帝时期确立的科举制度只是一个雏形,而科举作为一种比较成熟完备的选官制度,是在唐朝最终确立的。唐代在考试科目、考试方法以及录取授官等等方面进一步完善了科举取士制度。

唐代考试的科目,分为常科与制科两大类。常科即是定期举行的科目,主要包括秀才、明经、进士、明法、明字、明算等科,应试者以明经、进士两科最多。明经科主要考帖经,它类似于填空题,即把儒家经典的正文中的某部分隐去或盖上,考生要把空白的部分填上。进士科主要考诗赋和时务策,即命题诗赋和问答题或论述题。考试及格者称为"及第"。录取比例进士科约为百分之一二,明经科约为十分之一二,因为进士科及第后授官较明经科为更高,因此颇受唐代士人追捧。参加进士科的考试更容易获得社会的认可,但其难度也更大,唐代进士及第最为荣耀,被视为"登龙门",誉称为"白衣卿相"或"一品白衫",进士第一名被称为"状元"。常科的考生主要有两个来源:一个是生徒,一个是乡贡,京师及州县学馆出身送于尚书省参加考试者称为"生徒";不由学馆而由州县考试选拔后再送尚书省参加考试者,被称为"乡贡"。尚书省的考试,通称"省试"或"礼部试",因省试常在春季举行,也叫"春闱"。主持考试的主考官本来属于吏部员外郎,后改为礼部侍郎负责,有时皇帝也会直接委派中书舍人等官员主持考试,称为"知贡举"。科举考试只是初试,要想授官,还要再经过吏部的考试,叫"释褐试"或"关试",主要测试身(外表要体貌丰伟)、言(言辞辨证)、书(楷法遒美)、判(文理优长)四项。通过吏部考试的人员才真正具备了授官资格,会接到吏部发给的授官资格证书之类的凭证,称为"告身",即候补官职的空缺,等待吏部的委派。而那些吏部考试不合格者,只能投靠地方州县或寻找其他机会,到中唐以后主要是投靠节度使,充当他们的幕僚,如韩愈等人就是这样走向仕途的。

制科与汉代的特科类似,也是皇帝临时下诏设置的科目,主要为朝廷选拔急需的特殊人才而设。制科的主要科目有贤良方正、直言极谏、才识兼茂、明于体用科等百余种,考试的内容也不是固定的,起初只试策,玄宗以后加试诗、赋。参加考试的人并没有严格限制,已仕者、参加常科考试而未授官者、一般的庶民百姓等等均可报名参加。制科的考试通常由皇帝亲自主持,合格后可以直接授官,所授官职多为中书舍人、员外郎、拾遗等。

较之汉代的察举制度与九品中正制度,科举制重视士人的学识与才干,而不是看重名誉与出身,它的考察方式相对于前两者来说也更为客观和成熟。把读书、应考和从政结合在一起,它一方面使庶族地主可以获得更多参政的机会,打破世家大族垄断的局面,促进社会公平;另一方面也有利于中央集权的巩固,促进社会稳定。所以,科举制度又可被看做一种新的政治制度,它的施行对中国古代的政治体制产生了极大的影响。封建君主专制的体制更为强化与成熟了,科举制度自唐代以后得到了历代封建王朝的认可和进一步强化。

四、宋元明清时期科举制度的强化

科举制度自隋唐确立以后,发展到明清日益完备,主要呈现出以下几种特点:

首先,它在社会中起到的作用越来越明显。除元代蒙古统治者不重视以外,宋、辽、金、明、清等朝均将科举制度作为官员的重要来源。宋代的基本国策就是以文官为主,而文官的主要来源则是通过科举制度选拔出来的。唐代的士子们通过科举考试以后还要等待官职的空缺方可由吏部授官,但宋代的士子们通过考试后则可以直接授官,明清时期也是大抵如此。因此科举考试合格者就等于获得干部身份,即便没有被授官也与一般老百姓的身份不一样了,已属于官而非民了。如"秀才"、"举人"等等就是一种不同于普通人的身份。明代统治者还特别规定:政府官员一定是通过科举考试选拔上来的人,不由科举者不得官。科举制度在封建社会后期的官吏选拔体制中确实是居于主体地位的,它打破了贵族的垄断,为加强君主专制的中央集权、保持社会的稳定和国家的统一以及人文精神的传承等等方面起到了积极的社会作用。但是它的长期实行也造成了一系列的社会问题,如中国古代政府中长期存在的机构冗员问题,政府结构随着朝代存在的时间越长而越来越庞大臃肿,导致人民负担越来越沉重,从而走向社会动乱。

其次,学校教育与科举制度的紧密结合。自宋代以后,科举制度越来越紧密的与学校教育制度结合在一起,使得中国古代教育制度打上了浓厚的政治烙印。虽然此前也有诸如国子学、太学、书学、算学等各类学校的建立,但它们与选官制度结合的不是特别紧密。但北宋的王安石变法使学校与科举一体化以后,这种政策就一直延续了下来。王安石为了对人们进行思想控制,对当时的学校特别是太学进行了一定的改革,他将太学的升学方法依科举的形式,按学生的程度和资格区分为三等。初入太学者为外舍生,一年后经考试合格后方可由外舍升内舍,学习两年考试合格方可升上舍,上舍生再经过两年的学习后参加考试,考试成绩上等者可直接任命为官,中等者可不参加"省试(礼部试)"而直接参加殿试,下等者可免"解试"直接参加"省试",这就是著名的"三舍法"。虽然也被废除过一段时间,但到南宋以后经过不断完善,成为宋代中央与地方学校的主要选拔形式。明清以后,学校制度已与科举制度融为一体,这更加有利于对人们实行思想控制,但在客观上也造成了自宋代以后无论是官办学校还是书院都非常发达的局面,完善了古代的教育体制。

再次,科举制度自身越来越成熟,体系越来越完备。它主要表现在以下几个方面:①殿试制度。这是宋太祖赵匡胤正式建立的,为了防备唐代科举中大量出现的请托之风与门派观念,在礼部的考试之后,由皇帝亲自主持最高一级的考试并决定录取的名单和名次。及第后直接授官,意在让官员们明白他们都是皇帝的门生,而不再是哪一个官员的学生了,这样可以防止朋党现象的出现并维护天子的威信。到了明清两朝,殿试与乡试、会试结合,成为科举考试中最重要的三个环节。②程序更为严密。相比察举制与九品中正制度,考试制度更显现出来一种客观性,隋唐时期毕竟只是草创阶段,从考试过程到阅卷到录取的各个环节均呈现出来很多开放性或公开性。随着科举考试越来越大,它的弊病也越来越明显。宋代对科举考试程序的公正和客观性更加重视,进行了诸多变革。如主考官的任免只是到考试前一段时间才由朝廷指定,而且每一届轮换。试卷的保密工作也做得相当出色,主考官在试卷阅完之前一定要处于密封状态。考试的过程中也不允许有夹带、作弊、抄袭等舞弊行为。考试完毕后,每份试卷又有专人负责誊写,以防止考生在试卷中作记号或者阅卷时考官辨认笔迹等行为,对试卷实行糊名等等。这些举措大大地减少了舞弊行为,保证科举考试在一种公平客观的氛围中进行,使科举制度更为严肃和隆重。③考试内容限制更多。唐代实行以诗赋取士,对于考试内容的限制并非像明清时期那样严密,虽规定了一些儒家经典,但对于其版本或哪一种注解的要求并不是很严格。北宋时期,王安石为了用教育、考试控制人们思想,要求在学校和科举考试中统一使用教材,并以自己所著之《三经新义》作为考试必备的参考用书,遭到了当时许多人的强烈反对。到了元代后期,朝廷规定必须以南宋朱熹所著之《四书集注》作为科举考试的参考用书,明清时期也是如此,已不允许考生在考试过程中有任何自由发挥的余地。另外,对于考试使用的文体规定也越来越严。因为用诗赋等文学性较强的文体进行考试使考生有了自由发挥个性的空间,不符合思想控制的要求,因此,从王安石开始就对科举考试的文体加以改革,逐渐以试经义取代试诗赋。所谓经义,就是从儒家经典中抽出一段话,让考生用议论文的形式解释其中的义理,不再像唐代考试那样偏重记忆。到了明清时期,这种经义文章就演变成了"八股文",也称时文、制艺、时艺、八比文,成为考试的主要文体,所以明清的科举考试也叫"八股取士"。它是一种命题作文,题目只能是出自《四书》、《五经》的文字,是阐述命题义理的作文,又简称《四书》、《五经》义或文。八股文的写作宗旨是"代圣贤立言",即必须以圣人的口气写作,而不得以作者的身份去自由发挥。因此作者必须"依经按传",用"古人语气"。它所依据的解释,也不能是作者自由的想象,而是一定要以朱熹的集注为准绳。八股文在形式与字数方面也有着极其严格的要求,文章从破题、承题、起讲、开始,正文部分分为起股、中股、后股和束股,两两对偶,构成八股,最后以大结为全文的结束语。这就从内容到形式都禁锢了读书人的思想,使热心于科举的读书人只能整天钻研"高头讲章",揣摩八股时文,用古人的语气宣扬封建的伦理道德,对天下大事、国计民生漠不关心,即使是古代文化中的其他知识也知之甚少,这是科举极端严密以后出现的可悲的社会现象。

五、中国古代选官制度的主要特点及影响

从汉代实行的察举制度到魏晋时期盛行的九品中正制度再到隋唐以后的科举制度,中国古代选官制度经历了一个由不成熟到成熟、由不严密到严密的过程,而所有的变化,都是为了适应统治的需要而产生的。从历史上看,它们所发挥的作用也是不言而喻的。

(一)选官制度与社会流动

相对于夏商周时期实行的世袭制度,汉代以后渐渐确立的选官制度给中国古代封建社会带来的巨大变化就是社会流动速度的加快。所谓社会流动,主要是就各阶层、人员的身份、地位的变化状况而言。在世袭制度下,统治阶层一般被贵族垄断,贵族与平民之间有着一道不可跨越的鸿沟,那就是血缘关系。而在察举制度、九品中正制度、科举制度之下,通过定期举行的选拔制度,为下层人士提供了一个可以参与现实政治的机会,也提供了一个可以改变社会身份的机会,又能即时为官吏体系输入新鲜血液。其方向与趋势,都是在努力修正由其自身的局限所带来的一系列问题。直到清末,科举制度本身的弊病已无法修复,从而被现代的教育体制及官员选拔体制所取代。察举制度因其重视被选人的道德名声和选拔标准的主观性而造成了名不副实的现象,所以被九品中正制度取代,但是九品中正制度后来又被世家大族利用,成为造成魏晋时期门阀社会的重要原因,因此到了隋代被废除,而代之以科举制度,直到明清时期,成为官吏的主要来源。科举制度为打破世族垄断作出了重要贡献。统治层的成员源源不断地来自平民,同时又不断使一些原来统治层成员的后代重新变成平民,不断吐故纳新,构成一种精英阶层的循环流动。虽然等级体系严密,但无疑促进了社会历史的进步。

但是,我们也要注意到,几种选官制度的变迁,并没有改变中国古代社会的等级结构。能够通过科举考试这个独木桥的人也只是少数,由于仕进通道的单一性以及社会价值尺度的单一性,大部分人获得成功的机会相当有限。因此,不能对科举制度的社会作用有着太大的幻想,说到底,中国古代选官制度自上而下的选拔性质决定了它只能是古代政治体制的一个附属品,它只能依附于中国古代的官僚体制之下,为封建专制体制服务。

(二)以德取人与儒家意识形态的形成

中国古代选官制度不同于西方选举制度的一个重要特点就在于:西方古希腊罗马时期的公民选举制度,是各个城邦之间组成的利益集合体。因此,其选举是一种自下而上的,其主动权在民;而中国古代选官则是自上而下的,其主动权在官。因此,是统治者的需要而不是社会的需要决定了什么样的人才会被选拔进政府,这也就导致中国古代选官制度除了承担着为朝廷选拔人才的任务以外,事实上还承担着对社会价值尺度的导向作用。因此,"以德取人"就成为古代选官制度一个非常重要的标准。无论是上层统治者,还是普通老百姓,对被选人德行的要求一直要高于实际治理才干的要求。官员承载的使命也不只是管理地方,同时也要以自己的榜样性力量感化地方,使民从善。再者,察举制度、九品中正制度以及科举制度的存在都为意识形态的大一统做出过突出贡献。儒学思想之所以能在汉武帝以后迅速在汉代普及,除了儒学自身的特点以外,与察举制度的推行也不无关系。而唐宋以后,特别是明清时期儒学制度化局面的形成,与科举制度的存在也有着直接关系。统治者通过选官制度这个有效手段,将思想文化的统一以一种温和的方式解决了,避免了秦代以暴力统一思想所导致的混乱。当然,它所引起的负面效应也是明显的,如明清时期思想的同化和僵化,窒息了民间的一些生动力量,致使整个社会迅速走向僵化,衰落不堪,它所造就的社会悲剧不胜枚举,也成为后人批判科举制度的重要理由。

(三)以文取人与举世重文风气的形成

中国古代选官制度的另一个重要特点就是选拔标准中倾向于"以文取

人",把被选人的写作能力和文学素养看做是从政必备的基本能力。由此，极大地促进了古代中国举世重文风气的形成，也对文官政府的形成起到了很大的作用。

从察举制度到科举制度，其中的一个重要变化就是选拔标准越来越客观化，以笔试为主要形式的考试越来越成为官员选拔的主要形式。如在察举制度下，汉代常常对被选人进行策试，也就是对皇帝提出的问题进行现场回答，以此不仅测试考生的文笔能力，而且也能测试考生的逻辑推理能力与反应能力。这种策试经常在贤良方正等特科中进行，也为汉代选拔了不少人才，但它毕竟不是汉代察举制度的主流。直到东汉中期的左雄改制，才要求在孝廉的考核中加强对考生文字能力的测试，但此时察举制度已经弊病丛生，无法根治了。到了文学盛行的南朝时期，超凡的文学能力已经成为从考试中脱颖而出的法宝，即便是以议论为主的策试也有人能写得文采飞扬，辞藻华美，"以文取人"俨然成为官吏选拔的重要标准。这种以文字能力作为考察重点的制度对中国古代崇尚文学风气的形成有着一定的助推作用。如唐代诗歌的繁荣就与唐代以"诗赋取士"制度有着直接关系，八股取士制度导致了明清时期诗文繁荣的局面。另外，中国古代书法艺术的繁荣，也与考试制度中重视文字的美观程度有着很大关系。在某些时代，如南朝与明清时期，书法之美都曾成为官员选拔的重要标准，明清时期馆阁体的盛行就与考官对楷书之美的追求有关。

第三节　官吏制度的形成与沿革

官吏制度，简称官制，是政权的组织结构和组织方式。官吏制度稳定与否，往往关系到朝代的兴衰更替、时局的动荡安宁、百姓的疾苦甘辛。作为政治文化的重要部分，官吏制度对传统文化的形成与演变也有着直接或间接的影响。了解中国古代官制的演变过程及其基本特点，对于认识当代中国的政治架构也有着积极的借鉴意义。

一、官制的起源与周代的官制

中国古代自从有了阶级的分化，就出现了专门从事管理部族内部事务的人员与职位，早期的部落首领与家族首长应是最早具有官员制度形态的设置。为何要设官立职？古籍中是这样解释的：《春秋左氏传》中曾记载鲁昭公十七年（公元前525年）秋剡子访问鲁国有一段话说："黄帝氏以云纪，故为云师而云名；太白皋氏以龙纪，故为龙师而龙名。少白皋氏以鸟纪，故为鸟师而鸟名。"黄帝、太白皋氏、少白皋氏分别是传说中的部落首领，云、龙、鸟等分别是各个部落的图腾，此处的意思即为三个著名的部落首领分别以自己的图腾设官立职。这就说明，中国古代早期官职的设立并非是为了某个人或者某个个别的集团，而是顺应本部落或者本民族的基本信仰而设的，这就赋予了官员某种神圣的使命。到夏商周时期，我国就已经建立起相当成熟的官吏制度。

《周礼》提出"惟王建国，辨方正位，体国经野，设官分职，以为民极"❶的设官目的。从中央到地方，周代已建立了一套成熟的统治机构，中央官制主要有三公、三孤、六卿等。三公即太师、太傅、太保，为天子的顾问。三孤即少师、少傅、少保，为三公的副手，又称"孤卿"。六卿即周朝所设"六官"之制：①天官冢宰，系行政系统最高统领；②地官司徒，掌管宣扬教化、教育民事等；③春官宗伯，掌管祭祀礼仪；④夏官司马，掌管军事国防；⑤秋官司寇，专掌法令刑罚；⑥冬官司空，掌管土木百工等。周代六官之制，为我国早期较为成熟的官吏制度，它对后世官制的基本构成原则以及构成方式都产生了较大的影响。但它毕竟是中国早期的官吏构成方式，与后来的中央、地方及军事等制度比较起来还不太成熟，也带有许多非理性的特征。

周代地方官制主要因地方行政区划而定。在都城之外，有乡与遂两种不同的直接隶属天子的自治区域。乡制规定：五家为比，比有长；五比为闾，闾有胥；四闾为族，族有师；五族为党，党有正；五党为州，州有长；五州为乡，乡有大夫。遂制规定：五家为邻，邻有长；五邻为里，里有宰；四里为酂，五酂为鄙，鄙有师；五鄙为县，县有正；五县为遂，遂有大夫。

春秋战国时期，周王室衰微，诸侯势力增强，各诸侯国都有一套官制，其中既有一些共同性，也有一些不同的特点。春秋各国在国君之下设文官之长为相（也称相邦、丞相、冢宰、太宰等），武官设有将国、尉。各国还设御史，执掌记录以及监察之事。看得出来，中央机构的政、军、监察三权分工在春秋战国时期已逐渐明确，为秦汉时期官僚体制的确立创造了条件。

二、秦汉官制

秦汉时期是中国古代官制走向定型的主要时期，无论是中央、地方还是军事官制，都基本形成了。中央的三公九卿制与地方的郡县制成为主要形

---

❶ 《周礼·天官·序官》。

式,它们共同服务于中央集权和君主专制的封建统治秩序,在千百年的不断改进中逐渐成为中国封建统治的坚实基础。

首先来看中央官制。秦汉主要确立了君主专制的中央集权制度,皇帝一人是全国的最高首领。除上天之外,天下无人能对皇帝的权力加以限制。所谓帝,在战国以前代表着至上神的称号,"皇"亦谓至尊的地位,自秦始皇以后,"皇帝"一词就被确立为新的国君称号。❶

皇帝之下,朝中实行行政、军事、监察分立的制度。丞相"掌丞天子,助理万机"❷,总领全国政务,为全国文官之首长;太尉"主五兵"❸,掌管全国军事;御史大夫司监察百官,掌文书,为丞相之副职。丞相、太尉、御史大夫三职既互相牵制,又相对独立,都直接对皇帝负责。三职合称"三公",汉代又曾将三者改名为大司徒、大司马、大司空,或司徒、司马、司空,也称"三公",与秦时一样重要。

较"三公"略低者为"九卿",为中央政府各部门,相当于西周时期六官所从事之职位。"九卿"分别是:奉常(汉景帝时更名为太常),掌管宗庙祭祀;郎中令(汉武帝时更名为光禄勋),为皇帝宿卫侍从,负责保卫皇帝安全;卫尉,掌管宫廷警卫;太仆,掌管皇帝的车马;廷尉(汉景帝时改名为大理),掌管刑罚讼狱;典客,掌管接待管理少数民族及藩属国来朝等事;宗正,掌管皇族事务;治粟内史(汉武帝时更名为大司农),负责全国的租税粮食和财政收支;少府,相当于宫廷总管,为皇帝的私府,负责管辖宫廷内部的财政收支、用具制造使用等。可以看出,秦汉时期的"九卿"虽然涉及了古代国家管理事务的方方面面,但主要是围绕着如何为加强皇权服务的,家事国事不分,政事与宫廷事务混杂在一起,使得"家天下"的观念在国家政治体制中立足生根,成为中国古代政治体制的显著特点。

地方官制上,秦国统一六国以后,实行郡县二级制,在全国设三十六郡,后扩至四十余郡,郡有郡守(汉景帝以后改称太守)、郡尉、监御史,分管一郡之政治、军事与监察等事务。郡下有县,县设县令(万户以上置令,万户以下置长)、县丞、县尉,县下仍有伍、什、里、亭、乡等职,县是全国的基层政权。而汉代在保留郡县制的同时又采用了郡国并行制,即封国,分为王、侯二级,

---

❶　《史记・秦始皇本纪》记载,李斯等上书秦王:"臣等昧死上尊号:王为'泰皇',命为'制',令为'诏',天子自称曰'朕'。王曰:去'泰',著'皇',采上古'帝'位号,号曰'皇帝'。"

❷　《汉书・百官公卿表》。

❸　马端临:《文献通考・职官》。

王国大体如郡,侯国大体如县。王侯均世袭,但有罪则削爵。"七国之乱"以后,王国的权力被削弱,其影响远不如郡县制。汉武帝时,划全国为十三部州,每部州设刺史一人,到东汉末年,改刺史为州牧,正式确立了州、郡、县三级制,古代地方统治系统也就此走向定型。

郡县制的优点是打破了分封诸侯国、世袭王位领地的传统,避免了春秋战国以来兄弟残杀、割据分裂局面的频繁出现,有利于皇帝加强对全国的直接控制。郡县制也成为中国封建统治秩序长期稳固的一个重要原因。

三、魏晋南北朝官制

魏晋时期的官制相当混乱,但也可以把它看作从秦汉的三公九卿制度向隋唐的三省六部制演变的过渡形式。

从中央官制上来说,秦汉以后为加强皇权,朝中内廷之权越来越重。虽然三国时期也设丞相,但丞相职权渐次为尚书台所替代,特别是曹丕称帝以后,丞相之职在魏国被撤销,决策权已渐次为中书掌握。尚书也设有五曹尚书,分掌具体事务,这个变化是由"三公"制向"三省"制变化的关键。晋时曾部分恢复了汉代旧制,但仍以太宰、太傅、太保为上公。以太尉、司徒、司空为"三公",但其职权已与汉时有别。尚书省的权力渐渐扩大,已慢慢成为中央执行政务的总机关,长官为尚书令,副长官尚书仆射,加官录尚书事。中书省也渐渐成为处理公务文书的主要机关,其长官为中书监和中书令。又设门下省,与东汉之侍中寺相似,长官为侍中,其职权是"尽规献纳,纠正违阙",即皇帝的侍从顾问。至此,秦汉时期丞相之职权渐次为尚书、中书、门下三省分而代之,三省长官并称"宰相",开隋唐"三省"制之先河。晋时于尚书台之下又曾设六曹尚书:吏部、三公、客曹、驾部、屯田、度支。东晋设有五曹(吏、祠、五兵、左民、度支),此时各曹尚书之职掌,已大体相当于后世吏、礼、兵、户各部。六部之制已粗具雏形。由于三省职权的扩大,而秦汉以来的九卿之职权也多被六部尚书侵夺或架空。这是一个非常显著的变化。

在地方官制上,魏晋南北朝时期变化不大,三国仍然采用州、郡、县三级制,州官称刺史,郡官称太守,县官为令。晋代州设刺史,下有别驾、治中从事、诸曹从事等官,有时也用重臣充任刺史,常加以都督某州军事之号。加都督军事的刺史,常加使持节、持节、假节等号,三者权力大小不同。晋代战争频繁,故州刺史多领将军之号以统军队,刺史如不领兵者称为单车刺史。郡设太守,下有主簿、主记、功曹等官。县设令或长及主簿等官。县下还有乡、里,等等。

四、隋唐五代官制

隋唐五代时期也是中国古代官制走向成熟的时期，魏晋时期发端的三省六部之制已在此时确立下来，成为后世中央官制的主要形式。

根据《唐六典》的记载，隋唐时期中央也设"三公"和"三师"。"三公"为太尉、司徒、司空，是"论道之官"；"三师"为太师、太傅、太保，是"训导之官"。它们共同的特点是：官位虽高，但无实权，相当于赐予有功大臣的名誉称号，并不实设，无其人则缺。隋代设尚书省，掌管一切政令，并置尚书令、左右仆射及吏部、礼部、兵部、都官、度支、工部等六曹（部）尚书，合称"八座"。又设左右丞，中央六部的制度已基本定型。与尚书省并行的还有内史省、门下省、秘书省、内侍省，合称五省，以尚书省、内史省、门下省三者主掌内政职权，尚书省为最高。门下省掌管审查政令，长官为纳言，属官有给事黄门侍郎、散骑常侍、谏议大夫等。内史省（原中书省）掌管草拟诏令，参议朝政，长官为内史令，至隋炀帝时改称内书省。秘书省主掌图书典籍的收藏与整理，长官为秘书监，副长官为秘书丞，领著作与太史二曹。内侍省是内廷的供给侍奉机构，均用宦官为之，长官为内侍，副长官为内常侍，炀帝后改为长秋监。

《新唐书·百官志》说："唐之官制，其名号曰秩，虽因时增损，而大抵皆沿隋固。其官司之别：曰省、曰台、曰寺、曰监、曰卫、曰府，各统其属，以分职定位。其辨贵贱、叙劳能，则有品、有爵、有勋、有阶，以时考核而升降之，所以任群材、治百事。"仅就中央官署来说，唐代改五省为三省。尚书省总政务，以尚书令一人为长官，以左右仆射为副长官，但因李世民曾兼任尚书令，故此职不授人，所以左右仆射为实际之长官。下设六尚书：吏部、户部、礼部、兵部、刑部、工部。左仆射统领吏、户、礼三部，右仆射统令兵、刑、工三部，六部尚书各有侍郎一至两人为副长官。吏部掌管全国文职官吏的任免、考核、勋封等；户部掌管全国户口、土地、赋税、钱粮、财政等；礼部掌管礼仪、祭祀、科举、学校等事；兵部掌管武官选用及军事行政；刑部掌管全国司法行政；工部掌管工程、工匠、屯田、水利、交通等。六部仿《周礼》设六官，又依二十四节气，每部各设四司，总共二十四司，以郎中、员外郎为正、副长官，下设都事、主事等。

门下省"掌出纳帝命，相礼仪。凡国家之务，与中书令参总而颛判省事"❶,为顾问机构。以侍中二人为长官,侍中有对官爵废置、刑政损益的审议、驳回大权。门下侍郎二人为侍中之副长官。

中书省"掌军国之令","佐天子执大政而总判省事"❷。也是朝廷发布诏令的机构,有决策之权。设中书令二人为长官,并有侍郎二人为副长官。另设中书舍人六员,作为起草朝廷重要文件的官员。中书省还下设集贤殿书院,掌刊辑经籍,设史馆,掌修国史。

除以上三省以外,唐代还设有秘书省掌管图书之事,殿中省掌管皇帝饮食起居,内侍省掌管宫内侍奉及传达制令,此三省之地位权势远不及尚书、门下、中书三省。尚书、门下、中书三省的分工是:中书省制定政策,门下省审核复奏,尚书省颁布执行。三省六部制至此得以完全确立,各部门之间职责明确,分工细致,成为历代中央官制的基本框架。

台、监、寺等也是唐时中央官署的一部分。御史台属于监察系统,监督百官行政。监有国子监,主管学校教育,将作监掌管营造事务;都水监掌管水运,军器监掌管内廷宦官。寺设太常寺、光禄寺、卫尉寺、宗正寺、太仆寺、大理寺、鸿胪寺、司农寺、太府寺,类似于秦汉之"九卿"。职掌类似于六部,但职权已比六部小得多了。

在地方官制上,隋代与唐代也有很大的相似性。隋初曾设州、郡、县三级,开皇三年废郡,炀帝时改州为郡。设州时长官为刺史,设郡时,长官则为太守。州郡均分九等,炀帝时改为三等,县亦分九等。唐代主要是州、县两级。州有刺史为一州之长,分上中下三等。户满两万户以上,为中州,以下则为下州。唐代之县,设县令为长官,其分类亦是名目繁多,如京县(主要为三京城中之县——唐代以京兆、河南、太原为"三京"——如长安、万年、河南、洛阳、太原、晋阳等六县)、畿县(京兆、河南、太原三府所辖诸县)、上县、中县、中下县、下县。其中三京之地设府,有牧、尹及少尹等官主管当地政务。

唐代也曾在边地及军事要地设都督府,有上、中、下之别,均设有都督、长史、司马等官。并在少数民族及边疆地区设过六个都护府,其中以大都护为长官,多由亲王担任,而主政者往往是副大都护。

贞观年间,唐代曾划分全国为十道作大监察区,开元时分为十五道。每道设巡察使,或按察使、采访使等官,而在边防地区,则是节度使的早期称

---

❶ 《旧唐书·职官志》。

❷ 《新唐书·百官志》。

呼。唐玄宗时期，又在边境诸州设置了八个节度使，统辖边疆军队，可以包括数州，州刺史成为其下属。"安史之乱"之后，节度使遍布内地，大权总揽，导致中晚唐深受藩镇割据局面的破坏。

五、宋元官制

宋代为防止唐末宦官专权局面重新出现，将中枢政权集中于宰执，"宰"为宰相，"执"为执政。宰相之职权，"佐天子，总百官，平庶政，事无不统。宋承唐制，以'同平章事'为真相之任，无常员；有二人，则分日知印，以丞、郎以上至三师为之"❶。宋代以枢密院使、中书侍郎、参知政事、尚书左右丞等官为"执政"。虽也设门下、中书、尚书三省，但与唐制有所区别，就是三省长官不干预朝政，实际职权以宰执为重。在三省之外，另设中书内省于禁中，为宰相的办事机构，称为"政事堂"，也称"中书门下"，以"同中书门下平章事"为宰相正式官衔。同时，宋以枢密使掌军权，枢密院就成为最高军事机关，与中书门下一起号称"二府"，实际掌握着中央大权。又以御史中丞掌监察，参知政事辅佐丞相，三司使掌财务，形成了政、军、财务、监察四权并立的局面，共同受命于皇帝。这样，宋代中央官制显得臃肿庞大，这是为了加强皇权而导致的局面。

宋代地方官制分为路、州、县三级。北宋初，划分全国为十五路；神宗元丰年间，定为二十三路，加上京畿为二十四个大政区。宣和四年(1122年)分为二十六路。南宋统治中国南方，疆界有所变化，嘉定元年(1208年)分为十七路。各路设安抚使，边疆地区则设经略安抚使，掌本路兵民之事；设转运使，掌本路财政；设提点刑狱讼公事，掌管本路刑罚。路之各长官，称监司。路下有州，虽也设刺史之名，但实际任事的是知州。各州设有通判，与知州一起管理本州事务，以文臣充任，被称为"监州官"。县虽有县令之名，而实际任事者则为知县，县有赤县、畿县、望县、紧县、上县、中县、下县之分。

元代官制在入主中原之后始臻完备。其中央官制只有中书省，不常设尚书省和门下省。中书令，往往由太子兼任。有左右丞相，以右为上，其下有平章政事、参知政事等。有枢密院，与中书省对掌军务、政务。中书省下设吏、户、礼、兵、刑、工六部，各有尚书三人及侍郎、郎中、员外郎等官。在地方官制中，除中书省直辖的地方(今山东、山西、河北一带称为"腹里")以外，在全部版图中分设十一个行中书省(简称"行省")，为中书省的派出机构，也为地方最高行政机构，每个行中书省均有丞相、平章、右左丞、参知政事、郎

---

❶ 《宋史·百官志》。

中、员外郎、都事等官。行省以下的行政区为路,各路设总管府,并设达鲁花赤、总管、同知、治中、判官等职,而达鲁花赤均以蒙古族人任之。路下一般设州,设官类同路。州下设县,有达鲁花赤、县尹、县丞、簿、尉、曲史等官。达鲁花赤在蒙古语中是镇压者、制裁者、盖印者之意,转用为监临官、总辖官之意,均由蒙古人担任,作为一省、一路、一州、一县之最高长官。由此可见,元代官制是以蒙古贵族为主体的统治体系,民族歧视颇为严重。

六、明清官制

明清官制中,中央皆设三公(太师、太傅、太保)和三孤(少师、少傅、少保),合称宫保,均为荣誉性的虚衔,用以封赠大臣。

明清两朝都不设三省,其职权逐渐由内阁代替,内阁中设殿阁大学士,它最初仅是皇帝的顾问机构,品级也只是正五品。但到明世宗嘉靖年间,改华盖殿为中极殿,谨身殿为建极殿,大臣之阁衔也随之改动,大学士的班次列在六部尚书之上,成为事实上的宰相。首席大学士称为"首辅",权力极重,明清均为一品大员。清代又设协办大学士二人,从一品,满汉各一人,从六部尚书中选派兼任。通常设有大学士六人,明代冠以"四殿"(中极殿、建极殿、文华殿、武英殿)、"二阁"(文渊阁、东阁),清代冠以"三殿"(文华殿、武英殿、保和殿)、"三阁"(体仁阁、文渊阁、东阁)。内阁大学士俗称"阁老",雅称"中堂"。清代自雍正以后设军机处,皇帝亲自指定亲王、大臣充任,称为"军机大臣",下设提调、总办、章京等,军机处后来几乎取代了内阁的地位。

明清时期六部直接对皇帝负责,不再设尚书省。吏部为六部之首,俗称"天官",职权最重。六部尚书俗称"部堂",每部辖若干司,每司设郎中一人,员外郎二人,主事若干人,从事实际政务。

明清改御史台为都察院,又叫"宪台",长官为左都御史,雅称"总宪",与尚书平级;副官为左副都御史,与侍郎平级。都察院监管百官,属于检察机构。

明代地方官制为省、府(州)、县三级。改行省为布政使司,除南北直隶外,全国共定十三所布政使司,设左、右布政使为长官,掌管一省民政和财政;又设提刑按察使司,以提刑按察使为长官,掌管一省司法刑狱;设都指挥使司,以都指挥使为长官,掌管一省军事。布政使、按察使、都指挥使合称"三司"。省下设府,京师的顺天府和南京的应天府,以府尹为行政长官,其余诸府则以知府为最高长官。府下设县或州,以知县、知州为长官。

清代地方官制也设省、府(州、厅)、县三级。省一级的最高军政长官为总督、巡抚。总督辖地一般为二至三省，同时掌控数省的行政、军事、监察大权。巡抚为一省最高军政长官，统管全省之行政、军事、监察大权。巡抚又可称为"抚军"、"抚台"。在河南、山东、山西等省专设巡抚，不设总督。直隶、四川、甘肃等省，则总督兼巡抚。督抚之下设布政使司，掌管一省的财赋、民政，布政使司又可简称"藩台"、"藩司"。又设按察使，掌管一省的司法、监察等。按察使又可简称为"臬台"、"臬司"。督抚、布政使、按察使，合称"三大宪"。各省设提督学政（后改称提学使），主管本省学校教育。省下设府，以知府为长官，负责一府政务。清代定都北京后，以北京为顺天府，以旧都沈阳为奉天府，两府地位较其他府要高，府尹为最高长官。各省设州，一为属州（散州），相当于县；一为直隶州，相当于府而直属于省。州有知州、同知、州判官。府下设县，知县为长官，并有县丞、主簿、典史等官。各州府县均设学校府学、州学、县学，主管本地教育。

七、中国古代官制的特点及影响

如前所述，两千多年的中国古代社会政治史中，已经形成了一套严密成熟的官制体系，具有鲜明的特色，如君权至上、文官政府的形成、内朝与外朝分治、宗法制度的血亲原则、以德治国的理念、官本位的政治文化等等，导致其中某些观念到现在依然影响着中国的现实政治。

（一）君权至上的特点

中国古代官制的基础和内核，是以对帝王的崇拜和无条件服从为依据，古代官制的一切变动，都以维护君主专制为目标。自颛顼以来，"为民师而命以民事"就成为我国古代设官立职的基本要求。官员一职，即意味着是协助皇帝管理国家的一种形式。在全国范围内，君主只有一个，"天无二日，民无二主"，国家与百姓的命运，系于皇帝一人。从秦始皇的"天下之事无大小皆决于上"❶，到清代康熙皇帝的"今大小事务，皆朕一人亲理，无可旁贷。若将要物分任于人，则断不可行。所以无论巨细，朕心躬自断制"❷，看得出来，皇帝一人独揽大权的愿望从未消止，而是越来越强。

皇帝要实行专制统治，树立绝对权威，就需要依靠礼制、法治、庞大的官僚机构以及严密的监察网络加以维系，需要百官来辅佐。但是，如果官职的设置一旦威胁到皇帝的权威，则此官职就已无存在的必要，如丞相一职的设

---

❶　《史记·秦始皇本纪》。

❷　《康熙朝东华录》卷 91。

置与取消就已说明。秦始皇设丞相、太尉、御史大夫和九卿,丞相为百官之首,辅助天子,管理日常事务及百官。汉初承秦制,但是秦丞相李斯与汉初丞相萧何等都受到皇帝的猜忌,其矛盾可见。因此,武帝以后,设立内朝,与宫内官吏决策,尚书的职权因为与皇帝更为贴近而步步高升,丞相之职到了东汉中期以后不断受到来自内朝的冲击。尚书、中书、门下三省本来只是皇帝身边的办事机构,不参与国家大政方针的决策,但到了唐代以后,三省已成为中央政府的正式决策机构,丞相一职的权势大大削弱了。到明代,宰相被取消,皇帝直接行使中央政府的各种权力,君主专制越来越走向了极端。本来百官对皇帝权势起到一定的制约与分解作用,但是,君主专制统治之下,庞大的官僚机构只是驯服于君主的政治工具,依附于皇权统治之下,造就了中国官僚阶层典型的依附型政治人格。

（二）文官政府的形成

文官政府是我国古代官制中的另一个重要特点,国家机器的运转和对人民的管理主要依赖于一个庞大的文官政府,对中国古代的政治文化有着极为关键的影响。

所谓"文官",是与武官相对而言,指的是以知识分子作为从政人员的基本来源。"学而优则仕",一般特指的是以儒者出身的官员。早在春秋战国时代,以知识和才干为诸侯列强出谋划策的"游士"们就已成为诸侯国中一支关键的力量。汉代以后,随着察举制度、九品中正制度、科举制度在官吏选拔体制中的施行,各地受教育的文士经过推荐或考试进入各级政府,文官就一直是官僚队伍的主体。这个文官体制的形成,是为了满足"大一统"的思想统治需要。这对于克服地方分裂,实现国家统一有着非常重要的意义。大一统的追求,是文官政治的价值取向。中国古代官员的职责,不仅仅是代表皇帝管理地方事务,还有一个重要的使命就是"为民师",即在道德上成为人民的榜样,对官员知识与道德素质的要求超过了对于官员政治管理技能的要求。官员要以自己的道德形象感化地方,而不是一味追求完全理性的法治管理,这显然是符合"文治教化"的理想的。因此这种文官体制也体现了中国古代传统文化中"重文"的传统,对于民族凝聚力的形成和民族文化的传承,有着重要意义。同时,这个文官体制也是在政治上与皇权抗衡的力量。以建立"大同世界"为旨归的儒家知识分子为主体的文官体制,其追求的目标与皇室有着一定差距。在皇权清明之时,他们能自觉辅佐明君圣帝,但当皇权昏庸之时,也能自觉"以天下为己任",敢言直谏,成为乱世当中一支不可忽视的正义力量。

（三）宗法制度下的血亲原则

宗法制是中国古代政治制度的基础,在官制的组织原则上,也体现出了鲜明的宗法制度下的血亲原则的特点,即以血缘和近亲关系为纽带来分封官位。在分封体制下,天子不仅是天下的大宗主,也是政治上的最高统帅,他是宗统与君统的合一。天子以自己为中心,根据血缘关系的亲疏远近,将亲、富、贵三者结合起来,形成了一个官僚统治网络。它在一定程度上维护了皇权的稳定,但在某些历史阶段,也是造成混乱的元凶,如汉初的七国之乱、西晋的八王之乱,等等。

除皇帝的直系亲属外,皇帝的近亲如皇太后、皇后及众妃的娘家,即"外戚",也是中国政坛上的一支不可忽视的力量。在皇帝年幼或皇权掌握在皇太后、皇后手中的时候,外戚就成为实权派。如西汉初年吕太后专权、西汉末年的王莽专权、唐朝武则天当权、清慈禧太后当权,等等。而唐玄宗时期杨贵妃一家的飞黄腾达就与杨贵妃的被宠就有着很大关系,在许多士大夫眼中被视为唐代由盛转衰的重要原因。这种任人唯亲的原则也在中国政治文化中形成了一种极不正常的现象,那就是裙带关系的形成。在血亲原则之下,裙带关系在中国的官制体系中构筑起了一道严密复杂的关系网络,导致政策的决策和实行往往是人治化而不是法治化,法治难以取代人治。

（四）官本位的政治文化

从某种程度上说,中国古代严密成熟的官吏制度又是造成传统文化中"官本位"思想的重要原因。在这样一套设计周密的职官体制之下,整个社会的各个阶层都被纳入国家的政治体制之中,所有人都被规定了等级,划分了行政权限,并最终服从统一的行政控制,每个人要各安其分,各守其职。封建制度下的官僚制度和社会权力结构严密而又系统,高度集权而又等级森严,全社会就是一个以行政权力搭建起来的金字塔,塔的顶端就是皇帝。在这个宝塔形的结构中,等级森严,上尊下卑,界限分明,不容僭越。官职越高权力越大,享受政治生活待遇就越高,社会地位就越显赫。上下级之间不是双向互动运行关系,而是下级完全隶属于上级,一切听命于上级;对下级官员说来,一切只对能决定其个人命运的上级官员负责。它不是整体的规则、秩序和法理的统治,而是个人的统治;不是法定程序支配,而是"长官意志"支配;不是"法治",而是"人治"。由这种导向产生的对权力、官位的崇拜和敬畏弥漫于整个社会,官职大小决定着一个人的政治待遇、社会地位、经济利益甚至住房大小等等生活琐事。在"长官意志"之下,由于对权力的盲目崇拜以及对掌权者缺乏有效的监督,就导致权力的滥用等许多不良社会现象的出现,这仍然是当今社会需要解决的重要现实问题。

第四节　中国古代教育制度

在中国古代文化史中,教育与文化本来就是紧密相联的。"文化"一词,就已包含着"以文教化"的含义,鲜明地指出了中国古代教育重人文、重伦理的道德取向。早在周代,学校就已初具形态,中国就已具备了初步的教育观念和教育制度。经过秦汉到隋唐至元明清各个朝代,中国古代建立了一套完全不同于西方的教育体制。教育包括家庭教育、学校教育和社会教育等多种类型,而学校教育又是最能体现一个国家教育制度的根本形式,也是培养人才的最基本的途径。因此,考察和了解古代学校和教育,对于我们理解中华民族文化传承中的一些核心价值理念有着重要意义。从办学性质上讲,中国古代的学校教育又分为三种形式:官学、私学和书院三大类,它们互相补充,共同承担着古代人才培养的基本任务。

一、官学制度

所谓官学,即是官办学校。中国古代,将教育事业当作民族文化传承的精神命脉,传说与史书中很早就有关于祖先重视教育活动的记载。而正式的学校教育,则形成于夏商周时期。夏代已有庠、序、校三种学校形式,专门对统治阶级成员及贵族子弟进行生产技能以及与战争相关的教育。商代以后,据卜辞上的记载,与学校有关的名称除了庠、序、校以外,还出现了"学"、"瞽宗"等名称,并分"学"为"左学"和"右学","殷人设右学为大学,左学为小学,而作乐于瞽宗"。❶ 又说"殷人养国老于右学,养庶老于左学"。❷ 可见,商代的学校教育分工明确,已较为成熟。周代在学校教育方面最大的特点就是"学在官府",即官办教育发达。其官学分为国学和乡学两类。国学是中央官学,设在王城和诸侯国都里;乡学则是地方官学,设在乡、州、党、闾等。国学专为上层贵族子弟而设,按年龄大小与难易程度分为大学和小学两级,周王城所设的大学叫"辟雍",诸侯国中所设的大学叫"泮宫",修业年限小学是七年,而大学是九年。国学教育以礼、乐、射、御、书、数等"六艺"为基本内容,其中礼乐教育是核心和基础。周代的官学教育体制对后世教育制度影

❶ 《礼记·明堂位》。
❷ 《礼记·王制》。

响巨大,国学和乡学的官学体制在历代教育系统中都得到了有效保留,周代重礼乐的教育理念也成为中国古代教育思想的重要内容。春秋战国时期,由于旧的统治体系逐渐瓦解,官学衰微,私学兴起,"学在官府"一变而为"学在四夷"。一些诸侯国开始设立人才储备机构,为本国的发展培养人才,著名的稷下学宫就是战国时齐国设于稷下的一个专门的学术教育机构。它所独创的官方兴办、私学主持的办学形式,集讲学、著述、育才与咨政为一体的模式,教学与研究相结合的方法,自由的教学风格,不仅为齐国的发展作出过重要贡献,也对中国古代教育发展作出了重要的贡献。

汉代是我国古代官学教育系统完善的时期。由于秦朝不重视文化的统治政策,对教育体制破坏极大。与秦不同,汉初统治者非常重视知识与文化对国家建设的重大意义。汉武帝为了统一思想的需要,采纳了董仲舒的建议,将"罢黜百家,独尊儒术"的思想统一政策与学校制度结合起来,设立五经博士,在中央举办太学为国家培养人才,并逐渐采用察举制度的办法选拔人才。学校制度与选官制度紧密结合,这为我国古代独特的教育体制奠定了基础。

太学是汉代的中央官学,由九卿之一的太常主管,其教师由国家选派的博士担任,学生也称"博士弟子",东汉时称"太学生",由中央选拔或地方选送。太学的基本教学内容以儒家经典为主。《论语》《孝经》是公共必修课,《五经》为专业选修课。太学的教学方法以"师法"、"家法"为特色,学生随所从博士专攻一经,弟子以老师的经解为依据,这是"师法";而"家法"则是指弟子在师法的基础上,能有所发挥,自立一家。太学以考试作为升学任职的手段。凡入太学两年以上者便可参加考试,考试的基本形式是"设科射策"。所谓"射策",类似于选答题,由教师将问题写于简策之上,学生抽取简策回答。所谓"设科",即根据学生的考试成绩从优到劣将学生分为甲科、乙科,作为授官任职的重要依据。东汉时,考试以通二经为起点,到通五经为止,根据通经的多少,再授以相应的官职。

郡国学是汉代主要的地方官学形式,由汉景帝时蜀郡太守文翁首创。到汉平帝时,各地都设立了相应的学校,其主要教学内容除了儒学以外,还包括识字教育与技能教育,更类似于现在的中小学教育的形式。

隋唐宋时期是中国古代官学制度的繁荣时期。社会经济的发展带动了文化教育事业的繁荣,职官体制的完备和科举制度的实行也为官学的繁荣提供了重要保障。隋代设立的国子监一直沿及清代,成为官学教育的专门机构。它不仅是大学,也是教育管理机构,类似于现在的教育部。隋唐时代的中央官学逐渐走向多样化，除了专修儒家经典的国子学、太学、四门学、广文馆等以外，还有专修法律的律学、专修书法的书学、专修数学的算学等等的专科学校，体制非常完备。除此之外，中央各专职行政机构为了培养本部门需要的专门人才也附设了一些专科学校，如门下省下属的弘文馆、东宫下属的崇文馆、尚书省下属的崇玄学、太医所属的医学等。唐代的地方官学也很发达，设立了府、州、县三级学校。唐代的官学体制中的教学管理也极为严密，从入学到毕业都有制度化的规定，如入学时要先拜谒师长，行束修之礼；三次岁试不能过则令其退学的制度；假期的制度等等。

宋代官学系统与唐代极为相似，但值得注意的就是学校制度与科举制度的进一步结合。唐代时科举与学校的联系尚不十分紧密，而宋代时则将学校作为人才培养的一个重要途径，大力兴办学校教育。同时，完善学校的教育管理制度，如王安石变法期间，在太学教育中，创立三舍法，以严格升级考试制度。三舍法规定：初入太学者为外舍生，定额 2000 人，经过平时学习和考试，成绩优异者进入内舍学习。内舍生定额 200 人，经过两年学习，成绩品行优异者升入上舍。上舍定额 100 人，经过两年学习，按其成绩和平时操守分为上等、中等、下等和不及格四个等级。上等生等同于进士，中等生可免省试，下等生可免乡试，不及格者除名。三舍法与科举的结合更为密切，管理更为严密，为明清时期的学校制度效仿，影响极大。

明清两代官学制度相似。中央官学主要是国子监，为全国最高学府及教育管理机构，同时还有宗学、武学等。地方官学是指与行政区划与级别相对应的府学、州学、县学等。明清官学最主要的特点是与统一思想，与灌输儒家意识形态结合更为紧密，如明代的国子监分为六堂三级，学生依程度入各级学堂并逐级递升，正义、崇志、广业三堂为初级；修道、诚心二堂为中级；率性一堂为高级，学习与考试的内容完全以儒家经典为主。到了清代，政府对学校的控制更为严格，学校已难以培养出真正有用的人才，古代的学校制度也逐渐衰落了。鸦片战争以后，国人开始意识到学校教育对国家富强的重要性，渐渐引入西方的教育体制，兴办新式学堂，古代的官学教育系统彻底走向了没落。

二、私学制度

私学，即民办教育，它是相对于官学由政府办学的性质而言。中国的私学系统是由春秋时期的孔子开始创办的，据说孔子有弟子三千多人，而功成名就者也有七十二人。孔子倡导的"有教无类"的教育主张以及"因材施教"

和启发式的教学方法等都成为后代教育效法的典范。到战国时期,私学大盛,孟子、荀子等人都曾聚徒讲学,使学校从官府中独立出来,也使得教师从官吏中分化出来,学术活动渐趋独立化,也为百家争鸣局面的形成创造了良好的社会条件。

汉代也是中国古代私学系统发展史上的重要时期,民间私学很兴盛。按其教育程度,一般分为书馆和经馆两类。书馆属于启蒙阶段的教育,也叫"蒙学",以识字和书法教育为主。经馆是一些著名学者聚徒讲学的场所,学生专门师从一位儒家学者研习一门儒家经典,其程度已类似于太学。经馆也称"精舍"或"精庐",汉代一些著名的经学大师都曾开经馆讲学,如董仲舒、王充、郑玄、马融等等。这些以民间私学为载体的知识传播活动为儒家思想在汉代的迅速传播作出了十分有益的贡献。更值得一提的是,汉代已有很高水平的数学、天文学、医学等自然科学知识,也主要依靠私学系统的传播得以流传和发展。

唐宋时期不仅官学发达,民间私学也同样繁荣。许多学者、文人一方面在朝为官,一方面招徒讲学,如经学家孔颖达、颜师古,文学家韩愈、柳宗元等人均曾开馆讲学。其教学内容与汉代相比有了较大变化,由于唐宋科举考试重诗赋,因此,写作能力的培养就成为私学教育的一个重要内容。不仅定期举行写作训练,也将当时的社会现实与教育的内容结合起来,民间也出现了很多指导写作的小册子,以帮助学生迅速掌握写作技巧,以供应试之需,这也是唐宋以后私学发展的重要特色之一。

元明清时期,私学在教育系统中占据着重要地位,特别是明清时期,私学承担了儿童时期启蒙教育的主要方面。明清时期的私学主要分为三类:一是私塾,由教师在家设馆授徒;二是义学,即由富商官员出资聘请教师为乡村贫寒子弟授课;三是专馆,即由富裕人家聘请教师上门教授本家子弟。

作为民间办学的主要形式,私学在中国古代教育史中发挥了重要的作用。一方面,它在普及人民知识和文化水平、开发民智、促进社会平等各方面发挥了极大作用,特别是对于那些远离城市,地处偏僻的乡村而言,私塾的存在更加重要。另一方面,私学相对官学而言,其教学内容与教学方法又有着相对的独立性,其内容往往不限于儒家经典,也有教授专科知识及传播道家与佛家思想的。私学授课也相对自由,对学术争鸣与培养自由的学术风气有一定的促进作用。但是,私学毕竟是官学的一种补充,它的存在也是要服从于封建统治的需要。特别是到了封建社会后期,其教学内容基本以应付科举考试的作文训练为主,它的意义与贡献不免降低了许多。

三、书院制度

书院是我国古代教育的一种特有的形式。就其办学主体而言，有点类似于较为高级的私学，它不同于私塾的启蒙与写作训练的性质，也不同于官学为国家培养需要的人才，它更类似于一种学术研究机构。

最早的书院是唐贞观九年(635年)张九宗建立的书院，但当时它还不是一个授徒讲学的机构，而是一个私人读书治学的场所。唐开元六年(718年)设立了"丽正修书院"，后又设立"集贤殿书院"，不过，其目的都是为了收藏和整理图书，是一个藏书机构，而非教育场所。

教育书院的出现和兴起是在宋代初年。由于宋代初年国家百废待兴，虽然开始重用文人，但毕竟初期官学不能满足教育的需要，况且此时天下安定，理学思潮渐渐兴起，这给书院教育的兴起创造了一定的空间。历史上著名的"宋初四大书院"就诞生在这一时代背景之下。这"四大书院"分别是：石鼓书院(在今湖南省衡阳市，也有一种说法认为是嵩阳书院，在今河南省登封市)、岳麓书院(在今湖南省长沙市)、应天府书院(在今河南省商丘市)、白鹿洞书院(在今江西省庐山)。这些书院对北宋初年文教事业以及理学思潮的崛起贡献极大，均受到当时朝廷的大力支持，是我国书院教育事业发展的黄金时期。宋代中期以后，由于朝廷将重心转移到发展官学之上，科举与官学的结合也越来越紧密，偏于学术研究性质的书院渐渐不能适应时代需要，日渐沉寂下来。南宋以后，直到理学的代表人物朱熹在白鹿洞书院和岳麓书院讲学以后，书院教育才又重新繁荣起来，形成了以岳麓、白鹿洞、丽泽(在今浙江省金华市)、象山(在今江西省贵溪市)为主的"南宋四大书院"，其主持人分别是张栻、朱熹、吕祖谦和陆九渊，他们均是名重一时的著名理学家，这四个书院也成为南宋理学的学术中心。

元代的书院也颇为发达，并有着一定的官办性质，如在燕京设立的"太极书院"就是官府设立。另外，元代书院虽然数量庞大，但由于政府对书院的控制加强，导致其中已无南宋独立讲学、自由论辩的气象，书院的影响力迅速衰弱。直到明代中叶以后，在著名的理学家王守仁、湛若水等倡导的学术自由的风气之下，书院教育又重新振兴，成为明末思想解放运动的一支非常重要的力量，也成为朝廷打击的对象。著名的"东林学案"即发生在无锡的"东林书院"，其主持顾宪成、高攀龙等人因为讽议朝政，被视为"东林党人"遭到残酷镇压。因此，清代以后曾长期抑制书院的发展，直至雍正十一年(1733年)才准许在各省省会设立一所书院，但其领导由政府选派，经费由朝廷拨付，书院完全变成官学的一种附属形式了。

四、中国古代教育制度的主要特点及影响

中国古代教育制度经过几千年的发展，形成了别具一格的特色。从形态上来说，是官学与私学的互补；从教育的内容上来说，是以儒家经典教育为主；从教育的目的上来说，是以伦理为本位的道德教育；从现实功用的角度上来说，是教育与政治结合为一体，育才与选才结合为一体。

（一）官学与私学互补

官学与私学相结合是我国古代学校教育的一大特色。特别是汉代以后，历代政府都十分鼓励官学与私学的发展，虽然有时因时局不同而此涨彼消，但它们却一直存在于汉代以后的社会中。如汉代今文经学占据了官学的讲坛，古文经学则在私学中获得生存的空间。另外，历代官学注重的是高等教育，而对启蒙阶段的儿童与青少年的教育来说，则多由私学承担，特别是在唐代以后，私学几乎承担了启蒙教育的主要任务。在文化教育的普及上，私学也弥补了官学的不少缺陷。因为历代官学都会对入学资格做出一定限制，但私学却"有教无类"，不受等级限制，促进了教育的公平。

（二）以儒学为本的教育内容

儒家经典教育是中国古代教育的核心内容，虽然春秋战国时代以杂说为主，但毕竟不是古代教育的主流。孔子首开以儒学教育为主的风气，他将"六艺"即《诗》、《书》、《礼》、《乐》、《易》、《春秋》作为授课的基本内容，奠定了古代以儒为本的教育内容。自从汉武帝"罢黜百家，独尊儒术"之后，儒家思想就真正开始成为中国古代教育的指导思想。但由于不同儒学流派和儒经传本的存在，皇帝经常会召集一些学者进行讨论，如东汉时期的光武帝、汉明帝、汉章帝都曾开坛讲经。为了统一经学教材，避免混乱，东汉灵帝熹平四年（175年）在蔡邕等人的倡议下镌刻石经，立于太学门外，作为规范的经学教科书。唐代以后，朝廷更为重视经学教材的规范，不仅将除《乐经》以外的其余五经定为必考的科目，同时，为了解决由于师说多门，释义多歧的问题，唐太宗还命令孔颖达负责编撰《五经正义》，作为正式教材颁行天下，作为科举考试的重要标准。宋代以后，在五经的基础上，又增加了《大学》、《中庸》、《论语》和《孟子》等"四书"，作为学校教育的基本课程。到了南宋时期，朱熹编撰了《四书章句集注》，风行天下，到元代也成为科举考试的正式教材和标准答案，这种政策一直延续到了清末。以此看来，中国古代的教育从内容上说是以儒家学说为主的经学教育。

(三)道德教育的优先性

中国古代教育制度的目的,从根本上说,是为了"以文教化",十分重视人文意识的传授和道德伦理的教化功能。它不同于现代的职业技能教育,而是一种人文教育与道德意识的教育。它要求将人变成道德上完善的人,通过少部分圣人的自觉完善,渐渐将伦理道德意识传播到普通民众,使人的生存更加具有尊严,使道德感成为人的根本,从而将整个社会变成"天下大同"的世界,变成一个理想的道德王国。这也是儒家以伦理为本的特点决定的。儒家强调一个人的成长不仅关系个人身心的完善,也关系到理想的道德社会的完善。任何一个个体都不可能脱离群体而存在,一个人首先是集体中的一分子。个体成长的过程,就必然包含着对集体承担义务的过程,这就要求每个人都要学会自律。所以,儒家要求个人从儿童时代起就要沿着这种人生轨迹完善自己:格物,致知,诚意,正心,修身,齐家,治国,平天下。个人道德的自律和人格的自我完善是造就大同世界的必要条件,这就要求一个人必须向内积极反省自我,向外积极以自我的完善感染他人,使天下人皆成为圣人,而天下人也都要自觉以圣人为榜样,这就是中国古代教育的本质。只可惜,这种完全追求道德自律的教育体制忽视了人理性求知的一面,忽视了自然科学知识的学习,不能不说是中国科学技术难以取得重大突破的障碍。同时,由于教育与政治的紧密结合,也使得这种以个性修养、道德意识的完善为目的的教育不可避免地为政治所操纵,成为封建统治者奴化教育的帮凶。

(四)教育与政治的结合

从现实功用的角度讲,中国古代的教育制度又是一种政治化的教育,从有教育观念开始,中国古代的教育体制就与众不同。它不是一种民间的自发的教育形式,而是一种自上而下的、由统治者控制的教育模式。因此,中国古代的教育形态也就不可避免地与政治有着千丝万缕的联系。从西周开始,中国古代学校就形成了"政教一体"的办学模式,如西周时期学校培养的是贵族子弟从政的能力和素质。从孔子开始的教育家也强调,兴办学校的目的就是为政治服务,为稳固封建统治基础服务的。从培养人才的角度来看,汉代以后,历代封建王朝都把培养学生的忠君与臣民意识作为教育的重要内容,而不是针对学生的政治管理能力进行训练。再者,唐宋以后科举制度与学校制度的相互结合也说明,学校中培养的学生,是为了协助统治者对国家进行政治管理的,它绝对不是职业化的技能教育,而是培养官员的教育,一种官僚教育。这也决定了中国古代的教育体制从来就不是独立的,它只能依附于统治者的掌辖之下，它所培养的人才，虽然不乏有识之士，但大部分是缺乏独立人格的官僚文人。

（五）中国古代教育制度的影响

中国古代教育制度经过千百年来的发展和变迁，形成了一套比较成熟的教育体系，但在晚清以后却成为中国落后挨打的一个重要原因。因此渐渐被西式教育体制所代替。从新式学堂的建立到1898年京师大学堂的成立，再到1905年科举制度的废除，各地新式学校的不断建立，我国学校教育制度进入了一个崭新的阶段。但古代教育的一些观念并未随着旧社会的瓦解而烟消云散，直到现在还在某些层面发挥着影响。如在儿童教育阶段，大部分家庭十分重视对儿童的道德教育，古代的一些启蒙读物现在依然成为儿童教育的首选，如《三字经》、《唐诗三百首》、《古文观止》、《百家姓》、《千字文》等，是否能熟背唐诗依然是中国民众评价儿童智力高低的一个重要标准，这不能不说是受古代教育观念的影响。再比如，当代中国的高等教育体制，某些程度上依然与古代的官学教育有着很大的相似性。如"本科"一词的来源，即与科举制度下的教育观念有着很深的关系。而中国大学生的干部身份更是古代教育体制的直接继承，考上大学即成为政府编制中的一员，是众多普通人改变自身命运的重要途径。"状元"一词更多地被用来称呼那些区域高考第一名的获得者，不能不说，这些都是受了古代教育制度的影响。

第四章

科学精神

　　我国各族人民历经千百年来的辛劳与汗水，用他们的双手与智慧，创造出大量物质财富和精神财富，在天文历法、建筑、医学、数学、农业、手工技艺等方面都有辉煌的成就，对推动整个人类文明的发展与进步起到了举足轻重的作用。

第一节　中国古代的主要科技成就

一、天文历法

　　中国是世界上天文学发展最早的国家之一。我国古代人民对天文学作出了杰出的贡献，主要表现在以下几个方面：

　　（一）世界上最完备、最系统的天象观测记录

　　早在新石器时代，先民们便对日月等天象进行观察，并在陶器、石壁上留下了形象的记载。关于日食、月食、彗星、太阳黑子等的记录，使得我国成为世界公认的对天文现象记载最早的国家。甲骨文中的"日"字写作"⊙"，其实便是对太阳黑子的形象描述。《竹书纪年》中载有世界上最早的关于流星雨的记录：夏桀十年（约公元前 1580 年）"夜中星陨如雨"。商代甲骨文中还有世界上最早的关于日食、月食等的记载。《春秋》中记载了我国自公元前 722 年—前 481 年间的 37 次日食，据推算其中 32 次是可靠的，这是世界最完整的上古时期的日食记录。因此，法国著名的思想家伏尔泰评价中国天文学时说："全世界各民族中，唯有他们的史籍，持续不断地记录下日食和月球的交会，我们的天文科学家在验证他们的计算后，惊奇地发现，几乎所有的记录都真实可信。"❶另外，《春秋》中记载了鲁文公十四年（公元前 613

---

❶　［法］伏尔泰：《风俗论》，商务印书馆 1997 年版。

年)秋七月发生的"有星孛(即彗星)入于北斗",这是关于哈雷彗星的最早记载,比西方早 670 多年。《春秋·僖公十六年》有世界上关于陨石的最早记载。《左传·僖公十六年》更明确地记载了落于宋国境内的陨石。约公元前360—前 350 年,战国时楚国甘德的《天文星占》和魏国石申的《星占》(均已佚)各记载了数百颗恒星的方位,这是世界上最早的星表,比欧洲第一个星表——古希腊伊巴谷(Hipparchus)的星表约早 200 年。

我国古代天文学的各项要素在秦汉时期便大体均已具备,取得了令人惊叹的成就。长沙马王堆三号汉墓出土的公元前 170 年左右的帛书《五星占》中,载有公元前 246—前 177 年间木星、土星和金星的位置,还有 29 幅彗星的绘图,显示了详细的天文记录信息。我国古代共有关于哈雷彗星的记载 31 次。另外,《宋史·天文志》以及《宋会要辑稿·瑞异》中对 1054 年金牛座新超星的记载,成为当代天文学研究中非常重要的资料。两宋时期一共进行过 5 次恒星位置测量,分别在大中祥符三年、景祐年间、皇祐年间、元丰年间以及崇宁年间。其中,第 4 次观测结果即元丰年间的结果被绘制成星图,刻在石碑上得以保存下来,这就是著名的苏州石刻天文图。

我国天文记录起步早,持续时间长,资料完备,为我们留下了大量宝贵的原始资料,这些资料对于后世的天文研究起到了重要的作用。

(二)领先的观天仪器

我国古代的观天仪器长时间居于世界领先地位,有了先进的观测手段和仪器,在天体测量方面的成就斐然。

西周时我国已用二十八宿(我国古代把天上某些星的集合体称为宿)来划分周天。战国时,尸佼(约公元前 390—前 330 年)提出了朴素的地动思想,名家惠施(公元前 370—前 310 年)提出了朴素的地圆思想。东汉人张衡对天文学的贡献更是非常突出。他提出"浑天说",认为"浑天如鸡子,天体圆如弹丸,地如鸡子中黄,孤居于内"❶,即将宇宙比喻为鸡蛋,地球如同蛋黄浮在宇宙中;张衡还在前人发明的基础上,研制成功了水运浑天仪来演示他的学说,成为中国水运仪象系统的鼻祖,这种仪器也是世界上最早的机械计时器。南朝祖冲之之子祖暅继承父业,也精于天文。他发现过去人们当作北极星的"纽星"已去极 1 度有余,从而证明天球北极常在移动,古今极星不同。6 世纪时,北齐人张子信致力于天文观测三十多年,发现太阳和行星的运动也有快慢,这些发现导致隋唐时期天文学的飞速发展。吴国陈卓把战

---

❶ 张衡:《浑天仪图注》。

国秦汉以来石氏、甘氏、巫氏三家所命名的星官（相当于星座）总括成一个体系，共计283星官、1464星，并著录于图。

唐代贞观七年（633年），李淳风制成浑天黄道仪，在过去仪器的基础上，增加了三辰仪，在观测时可以从仪器上直接读出天体的赤道坐标、黄道坐标和白道坐标，大大提高了观测仪器的效能。开元十三年（725年），僧一行和梁令瓒将张衡的水运浑象进行了改进，叫"开元水运浑天俯视图"，能够显示天象运行的情况。他们还将浑象放在木柜中，半藏半露，在柜子上置两个小木人，通过复杂的齿轮系统，每隔两小时，按时自动，一个击鼓，一个敲钟，可以说是最早的自鸣钟。僧一行还派人分别到多处测量北极的地平线高度和春分、秋分、冬至、夏至正午时八尺圭表的日影长度，根据结果，不但测量出日影长度与北极高度，还能计算出地面两处的准确距离。通过观察与计算，僧一行还从方法论上批判了前人计算天体、宇宙大小的错误做法，他的这种科学的论证，对后人产生了深远影响。北宋人苏颂和韩公廉制造了一架浑天象，其天球直径大于人的身高，可以入内观看，他们在球面上按照恒星的位置穿孔，人在球内看到点点光芒，仿若星辰，它是现代天文馆中星空演示的雏形。同是北宋人的沈括，对天文学也有重要贡献。他简化了浑天仪的制造，校正了浑天仪极轴的安装方向，并且在《梦溪笔谈》中提出了十二气历的说法，实际上是一种阳历，虽然碍于传统未能实施，但在历法上却独树一帜。宋人对天体的运行以及形成问题有很多的探讨。其中的代表性人物是张载与朱熹。张载认为，一年中昼夜长短的变化源于阴阳二气的升降使大地升降所导致，他认为一日之中太阳的东升西落，是大地乘气左转的结果。并且，他指出空间和时间是物质的存在形式，宇宙中到处都充满了气。朱熹主张宇宙循环论，对天地具体的形成有较完整的见解。虽然错误很多，但比起以前的天体演化思想，却有一定的进步。

元朝建立伊始，在极短的时间内便取得了令人瞩目的成就，将中国古代天文学推向了顶峰。他们研制了多种新仪器，如简仪、仰仪、高表、景符和玲珑仪等。借助这些新的工具，天文学家们进行了一次规模庞大的观测工作，在全国设立27个观测点，测量夏至日影的长度和当天昼夜的长短。并且，他们还对天文数据进行订正，选用了最精确的数据。这些最新的观察成果很快便运用到实践中去，比如明代郑和的远洋航行中便采用"牵星术"来确定方向。清朝以后，欧洲的传教士来到中国，他们所介绍的天文知识与相关仪器受到进步人士的欢迎。其中，意大利人利玛窦的影响比较大，当时出版的一些著作有《浑盖通宪图说》、《简平仪说》、《天问略》等，多为一些天文仪器的介绍。除了天文知识的介绍,中国学者还学会了欧洲天文学的计算方法,并将其运用到实践中去,如徐光启用西式方法计算并成功预报了万历三十八年十一月朔日的日食。

总之,天象的观测带动了对天文观察器材的需求,各种天文仪器的不断演变与完善,又使我国古代人民对天象的观测与理解更加成熟、准确。

（三）天文历法的制定与完善

古人关注天文的最直接目的是为了满足农耕生产的需要。所以,历法的制定与不断完善便为历朝历代所关注。我国从殷代开始使用四分历,将每年分为365.25天,而与之相同的希腊的卡利巴斯历较之晚了千余年,殷历中所确立的19年置7闰的原则,也比西方早了近千年。商代制定的历法中已有闰月,我国的干支记日自殷商中叶起,一直使用到1911年,这是世界上迄今为止使用时间最长的记日方法。秦初全国颁行统一的历法是颛顼历,汉承秦制,一直将其延用到太初年间。到西汉武帝时,颁布了一种由邓平、落下闳等人创制的新的历法——太初历,同年武帝改年号为太初。太初历是我国第一部记载完整的历法,其中的很多内容都比此前实施的历法更为精确完备,使得月份与季节的配合更加合理。东汉末年,乾象历第一次使回归年的尾数精确到1/4以内,为365.2462日。三国时期魏国杨伟创制景初历,经过观察,他指出黄白交点并非一成不变,而是处于移动中。并且,他还提出了推算日、月食的亏起方位角和食分的方法。330年前后,西晋人虞喜发现岁差,定冬至点每50年在黄道上西移1度。南朝祖冲之编制《大明历》,把虞喜的成果引进历法,将恒星年与回归年区别开来,定一回归年为365.2428日,一交点月为27.21223日（现代数值分别为365.2422日和27.212222日）,是当时最精密的历法。祖冲之测定的一个交点月的日数同今测值只差十万分之一,非常精确。

隋唐时期,在历法的精确性方面,取得了很大突破。隋统一天下后,数次更改历法。首先使用的是张宾的开皇历,而后改用张胄玄的历法,经修改后,定名大业历。600年左右,刘焯制定皇极历,他利用等间距二次内插法计算日月的不均匀运行,并将岁差定为75年差1度,非常接近准确值（71.6年差1度）。由于皇帝的昏庸与保守派的反对,皇极历未被采用。唐高宗时期（665年）,李淳风在皇极历基础上制定麟德历并颁行。这种历法在计算日食、月食时不但考虑了日月运行不均匀的因素,而且在安排日历时也考虑了这个问题。同时,该历法还完全依靠观测与统计来计算回归年与朔望月等数据,废除了闰周,这是天文史上的巨大进步。此后,在大规模观测的基础上,僧一行于开元十五年著大衍历,发明了不等间距二次差内插法来解决太阳在一回归年内所行度数。大衍历把全部计算的内容归纳成"步中朔"七篇,堪称后代历法典范。唐代后期及五代时期的历法,以长庆二年(822年)徐昂的宣明历和建中年间流行于民间的符天历影响最大。其中,宣明历在计算日食方面提出了三项改正:时差、气差与刻差。符天历因为简化了历法的计算步骤,所以受到坊间百姓的欢迎。宋代较有创见的历法有两种:一为北宋姚舜辅的纪元历,一为南宋杨忠辅的统天历,前者首创利用金星来对太阳定位的方法;后者则确定回归年的数值为365.2425日,和现行的公历平均年数值相符。

元代以郭守敬为代表的天文学家编纂了新的历法授时历,并在全国范围内颁行,该历法一直沿用至明末。明清之际,我国天文学也迎来一次中西交流的机遇,外来传教士们还参与了历法的编纂,如《崇祯历书》虽未颁行,但后来的汤若望将此书删改后更名为《西洋新法历书》,进献清政府。当然,除了传教士,我国本土的一些天文学家在中西天文学的融合中也作出了应有的贡献。如其中的代表王锡阐便著有《晓庵新法》和《五星行度解》,另有薛凤祚、梅文鼎等人,都在天文学方面卓有建树。

另外,二十四节气也是我国古代人民将阴阳历相结合的产物。公元前137年的《淮南子》中便有完整的二十四节气的记载。二十四节气反映的是季节转换、天气变化的规律及特点,这些节气的设置对人民的生产生活产生了极大的影响,这也是我国天文学界所独有的现象。

二、医学成就

我国的医药事业起步非常早,传说中的神农尝百草便是先民最早的药物采集实践。周代便成立了由政府管理的专门医疗机构。成书于战国末期的《黄帝内经》,奠定了我国中医学的基础,很多后世的医学理念及诊断原则都起源于此。

秦汉时期是我国古代医学史上承上启下的关键时期。虽然有秦始皇的焚书政策,但仍然保留了具有实用价值的医书,组织编纂整理了先秦的医药书籍,并继承和发展了秦孝公时期的医事制度,在政府中设太医令、太医丞以掌管医药。秦汉之际,受神仙方术、佛教以及道教等诸多因素的影响,医学和保健的发展十分迅速。方士的访求长生不老之药,道教中的行气、服食、炼丹、房中术等都与医药学的发展有着密切的联系。此时出现了几位我国医学史上的名医,他们为我国的医药事业作出了巨大贡献。司马迁在《史记》中记载了西汉淳于意（仓公）。仓公在总结前人经验的同时，开创了病历的做法，要求记录病人必定要详细列出病人姓名、性别、籍贯、病名、病因、诊断、治疗方案等，这不但为医生诊断提供了历史事实依据，还为后世医生养成良好的职业习惯树立了标准。华佗被誉为中医外科的鼻祖，他的贡献是发明了一种名叫"麻沸散"的麻醉药，首创麻醉手术的先河。华佗的外科医术非常高超，《三国演义》中华佗为关羽刮骨疗伤的故事已家喻户晓。他还创了"五禽戏"，提倡体育疗法。东汉末期的名医张仲景著有《伤寒杂病论》，从民间收集了很多偏方，对中医临床治疗具有非常重要的参考价值。他以六经论伤寒、以内脏辨杂症，比较系统地总结了前人对疾病的处理方法，论述了病理、诊断、疗法、方剂等多方面的经验，确立了四诊、八纲、脏腑、经络、三因、八法等辨证治疗的基本理论。张仲景的这种辨证的诊疗方法，被后世的历代医家奉为圭臬，其中所载的方剂也被后世尊崇。当代的出土文物也反映了秦汉时期的高超医术，湖北江陵凤凰山汉墓和湖南长沙马王堆一号汉墓出土的西汉早期的尸体保存至今仍十分完整，皮下组织尚有弹性，内脏也保存完好，说明当时已有相当先进的尸体防腐技术。另外，马王堆三号汉墓出土的帛画《导引图》，是我国现存最早的医疗图解。

　　佛教自西汉末期传入中国，到南北朝时期得到了快速发展，整个社会中"招提栉比，佛塔骈罗"，"因果报应"，"灵魂不灭"，"三世轮回"等观念使处于水深火热中的劳动人民懈怠了与疾病的斗争，转而去求神拜佛来求得长生，给医学的发展带来消极的影响。我国的本土宗教道教此时也成为社会上颇有影响力的宗教势力，其终极目标是为了追求长生不老，这些思想对医学的发展也不利。但是，道教同时宣扬"清静无为"的观点，典籍中有很多与医药保健相关的养生学记载，其用黄金、朱砂、雄黄等原料炼丹的过程中也积累了丰富的医药学知识。作为当时一个非常重要的思想体系，玄学的流行也给医学的发展带来了影响，当时很多名士讲求服石、炼丹。在这一过程中，同样也积累了很多化学变化的规律与经验，从侧面推动了医学的发展。

　　由于长期连绵不断的战争，魏晋南北朝时期的人们不得不面对更多伤病痛苦的磨难，临床医学获得了飞速发展，诊断水平明显得到提高，治疗方法有很大程度的创新，这时期的医书在内科、外科、妇科、骨伤科以及各种急救处理等方面，都有很大进步。其中，诊断学与针灸的发展比较突出。3世纪，魏晋人王叔和所著的《脉经》是现存世界上最早的脉学专著。256年左右，晋代皇甫谧所著《黄帝三部针灸甲乙经》（简称《针灸甲乙经》），记载了人体全身经穴共649个，详述其部位、主治疾病、针刺分寸等，是世界上重要的针灸学专著。魏晋时期的药物学也得到了长足发展,本草著作很多,其中最有名的是南朝齐、梁年间陶弘景的《本草经集注》。陶弘景在这本书中将前代本草学成就进行了比较完善的总结,一共记载了730种药物的特性,不但药品种类增多,而且还开创了新的草本分类方法,对药物的用量、用法等有严格的规定,在医学史上影响深远。

隋唐时期,经济文化繁荣,中外交流频繁,医学得到了全面的发展。这一时期的医药学取得了以下成就:

首先,以往的医学经验和典籍得到了全面综合整理,局部或者个人的医学实践、著述活动的孤立局面被打破。既吸取当代以及前辈的经验,又与各少数民族及国外民族积极沟通交流,承前启后,兼收并蓄,为医学理论和实践的继续发展提供了很好的平台。隋代统治者曾组织人手编撰《四海类聚方》2600卷,掇其要300卷,颁行天下。610年,由巢元方等人集体编著的《诸病源候总论》中便记载了共计1720种疾病的病源和症候,这是世界上第一部详论疾病病源和症状的著作。该书中对相关病症及其诱因的记载体现了朴素的唯物主义观点,如对寄生虫和过敏性皮炎的记载等。659年,苏敬等20余人编成《新修本草》,由政府颁行,其中记载了850种药物。这是第一部由政府颁行的药典,比欧洲最早的佛罗伦萨药典早800多年。唐代先后还编有《广济方》《广利方》等医书颁行,对普及医药知识起到了良好的作用。

此时兄弟民族的医药学也得到了长足发展。藏族人民积累了丰富的医药学知识,形成了藏医药学体系。自唐玄宗年间部分藏医便开始着手编著藏医药学著作,经20多年的努力,于753年完成了藏医药学的重要文献《据悉》,该书共分为156章,有近1000张色彩鲜明、描绘细致的附图,包括人体解剖图、药物图、器械图、尿诊图、脉诊图和饮食卫生防病图等6个部分。《据悉》对后世藏医药学的发展起到了十分重要的作用。

其次,形成了较为完整的医学教育体系,兴办医学教育,注意医药学和防治知识的规范与普及,为医药学的发展培养了大批专业人才。唐朝建立之初,政府便设立了医校——太医署,这一机构比欧洲意大利9世纪建立的医校早200多年,分科也很细致。《新修本草》成为学校的固定教材,太医署中还有"药园"供学生实践。自629年开始,各州都相继设立了医学校,医学教育开始得到广泛的普及。从中央到地方,较为完整的医学教育体系已经颇见规模。另外,此时,医校还吸纳外国留学生,从而极大地促进了医学整体水平的提高。

再次,医药学术水平更加高超,临床治疗有了更深厚的积累。对每一类疾病与症候的病因、病理及临床表现、治疗有了更高认识,针对性加强,效果更明显。唐代孙思邈著的《备急千金要方》和《千金翼方》记载了800多种药物,并详细记载了200多种药物的采集和制作方法,收录药方5300多个,其中有许多民间药方,如用牛羊肝治夜盲症等,对药物学作出了很大贡献。唐代王焘成《外台秘要》,共载药方6000多个,总结了唐以前的医方,内容丰富,并十分注重民间验方的搜集,至今仍有参考价值。9世纪,唐代著名文学家刘禹锡非常重视民间疗法,著有《传信方》,收录了几十个药方,书中关于芒硝再结晶的精制工艺和用羊肝丸治青盲、白内障等都是现存最早的记载。唐代还有蔺道人著《仙授理伤续断秘方》,它详细叙述了骨折的处理步骤和治疗方法,为中医伤科用药奠定了理论基础,这也是我国现存最早的伤科专著。另外,唐代已发明用汞合金补牙的技术,这是世界上最早的补牙方法,至今仍然被采用。

　　宋代是中医发展的重要时期。历代帝王非常重视医药学事业的发展,通过颁布相关法令、设置专门机构、开展医学教育等,来促进医药学的发展。这一时期,由政府编纂、校正、颁行的医书大量刊行。北宋时编成的《太平圣惠方》共分1670门,载药方16834个,广泛收集了宋以前的方书及民间的验方,对病症、病理和方剂药物都有论述,至今仍有参考价值。后来在此书基础上编成的《圣济总录》200卷,共收集了2万多个药方。两宋时期,在清洁环境、消除蚊蝇、推广火葬、开办公共浴室等方面都有明显进步,宋儒养生流派的形成,使中国传统养生学的内容更加充实丰富。不少著名文人如欧阳修、苏东坡、黄庭坚、陆游等都通养生之道,其中以苏东坡为最。在《东坡志林》、《仇池笔记》、《苏沈良方》、《类说》等著作中,都保存了大量苏氏有关养生的言论。这一时期,解剖学了获得长足发展,《欧希范五脏图》是已知最早的人体解剖学图谱。医家杨济及画工后来所做的《存真图》直至清代还保存在部分书籍中,它对人体的描绘十分精确详尽。医学诊断学更加精确,经过前人长时间的努力探索及经验总结,两宋的诊断学也有所创新,出现了脉学或以脉学为主的专著,如南宋崔嘉彦的《脉诀》、其弟子刘开亦的《脉诀》等。宋代药物学也取得了一定的发展,药性理论得到深入,药物品种数量增加,鉴别方法更科学,药物采集和培育技术提高,炮制和制剂方法渐趋完善。

　　北宋校正医书局刊印医书后,对于各科临床及伤寒学研究的专著增多,反映了一定历史时期的背景和各自特点。宋代医学的发展还表现在疾病诊断水平的提高以及临床各科的进步等方面。北宋王唯一总结了历代针灸医家的实践经验,统一了针灸穴位,主持铸成了表明针灸穴位的两具铜人,以作为针灸教学之用,这是世界上最早的医学模型。北宋杨子建的《十产论》和南宋陈自明的《妇人大全良方》是著名的妇产科著作,北宋钱乙的《小儿药证直诀》是重要的儿科著作。南宋初,针灸医家窦材在《扁鹊心书》卷下中记载了用山前花(曼陀罗花)和大麻花作全身麻醉的药方"睡圣散",这是中药全身麻醉药方的最早记载。"睡圣散"也就是古代小说中常见的"蒙汗药"。南宋宋慈的《洗冤集录》中系统地论述了检验尸体的各种方法,是世界上第一部系统的法医学专著,比意大利人菲德里的法医学著作早 350 多年,被翻译成多种文字,对法医学的发展有很大影响。

到元明清时期,医学的发展更加完善。元代危亦林著《世医得效方》,第一次应用悬吊复位法治疗脊柱骨折,这在骨伤科是一个创举。元人忽思慧在《饮膳正要》中论述了食疗法,是我国古代第一部食疗营养学专著。明代医学受科技发展的影响,呈现出以下特点:医学开始有了比较重要的社会地位,"不为良相,便为良医",医生的文化素质和知识结构得到提升,社会地位也提高了。医学也成为继科举考试之外读书人安身立命之所在,所以,明代医家中世代相传者很多。因为有了高素质的从业者,所以明代的医学有了很多的突破。例如,在明代已采用接种牛痘的方法来预防天花,这是人工免疫法的开端,开辟了免疫学的历史。到 17 世纪,我国医学中的种痘技术已很成熟,并已在全国普及。明代在医学专著方面也卓有建树,李时珍的《本草纲目》和吴有性的《温疫论》便是其中最耀眼的两颗明珠。李时珍深入民间广泛调查,参与劳动实践,对于各种药物都亲自采摘与品尝,经过数十年的努力,搜集到了大量第一手的资料,著成 52 卷共 190 余万字的医学巨著《本草纲目》,其中共记载了 1892 种药物,还有上万种药方,为我国乃至世界医学史做出了杰出贡献。吴有性创立温病(传染病)学说,他在细菌学出现之前坚持唯物主义的病因论,对温病学的发展作出了很大贡献。清代前中期传统的中医无论是立论还是实践都经过长期的积累,此时已经趋向完善与成熟。此时的温病学说更加成熟,确立了温证的辨证治疗体系,提出了察舌、验齿、辨疹的独特诊断方法,且规定了温病的清热养阴治疗原则,清人叶天士的《温热论》、吴塘的《温病条辨》等就是在此基础上的经验总结。清人对医史资料的考证、纂辑以及辨证等方面有了较大的进步,如蒋廷锡等人编纂的《古今图书集成·医部全录》中搜集了清初及以前的著名医学家共计 1200 余家,其中的资料至今仍在参考使用。徐大椿的《医学源流论》言简意赅,评论中肯,反映出当时医学家对医学历史研究的兴趣与关注。此外,在医学实践中,清人也有很多医学专著流传下来,如《本草崇原》、《证治汇补》、《本草备要》、《目经大成》、《本草纲目拾遗》、《伤科补要》等,为我国的古代医学事业作出了贡献。

三、数学成就

数学在我国古代被称为"算学",它是伴随着人类生产生活的需要而产生的。据考证,我国是世界上最早使用十进制记数的国家之一,商代甲骨文和周代钟鼎文中,已有一、二、三、四、五、六、七、八、九、十、百、千、万等十三个数字计数,《尚书》中更有"兆民"、"亿兆"等计量文字出现,这种记数法与现行的阿拉伯数字除了符号不同外,没有其他差异。五千多年前的仰韶文化时期的彩陶器上,绘有多种几何图形,仰韶文化遗址中还出土了六角和九角形的陶环,说明我们的先民在当时已有一些简单的几何知识。

经过长时间的实践与思考,我国古代数学取得了令世人瞩目的成就。早在秦汉时期,数学便成为一门独立学科,并产生了代表性著作——《周髀算经》。《周髀算经》原名《周髀》,成书的时间是公元前1世纪左右,是我国古代的天文学著作,但其中涉及了很多的数学知识,包括:整数与分数四则运算,等差数列与一次内插法,勾股定理一般形式的明确表述及勾股测量,并用到了开平方法。《周髀算经》是我国古代数学发展史上的重要著作,它总结了我国古代天文学中所应用的数学知识。魏晋人赵爽是我国古代最早对数学定理和公式进行证明与推导的数学家之一,他对《周髀算经》进行了"勾股圆方图及注"和"日高图及注"等内容的补充,其工作是开创性的,在我国古代数学史上占有重要地位。

我国历朝历代都有重要的数学家和数学著作涌现。其中,约1世纪东汉时成书的《九章算术》堪称世界数学经典,它是对战国、秦、汉封建社会创立并巩固时期数学发展的总结,其内容包括分数四则运算、开平方与开立方、各种面积和体积公式、线性方程、正负数运算的加减法则、勾股形解法的功能等多个方面,涉及算数、初等几何、代数等。《九章算术》是古代劳动人民经过长时间的生产实践积累起来的数学知识的总结,非常重视应用,为我国古代数学的发展奠定了良好的基础。《九章算术》后来传到东南亚各国,并成为教科书。与赵爽同时代的魏人刘徽,为《九章算术》作了注释,不仅详细地阐释了《九章算术》中的方法、公式以及定理,而且他还在论述的过程中对之有所发展。刘徽用圆内接正多边形的方法计算出圆周率为157/50和3927/1250,他采用无穷分割的方法证明直角方锥与直角四面体的体积比为2∶1,为彻底解决球的体积指出了正确途径。

祖冲之父子在数学方面也取得了骄人的成就。首先,祖冲之是世界上最先算出圆周率在 3.1415926 到 3.1415927 之间的人,他在刘徽割圆术基础上,算出的圆周率在 22/7 和 355/113 之间,西方人 1000 年以后才达到如此精确的程度。其次,祖冲之之子祖暅也是在刘徽工作的基础上,提出了著名的祖暅定理,又叫"祖氏定理",推导出"幂势既同则积不容异",即等高的两立体,若其任意高处的水平截面积相等,则这两立体体积相等,解决了球体体积计算的公式。欧洲直到 17 世纪的意大利数学家卡瓦列利才提出同一定理。

现实生活的需要一直是促使我国古代数学发展前进的推动力。唐初王孝通所著《缉古算经》,为了解决土木工程中的计算土方、工程分工以及验收等问题,在不用数学符号的前提下,使用数字三次方程。筹算作为既简单又具体的计算工具,从产生开始就处于不断改革完善过程中,经济发展迅速的唐代对简便珠算的要求十分迫切。据《新唐书》的记载,当时无论筹算还是珠算,都可以使乘除法在一个横列中进行,可以说是一次比较成功的改革。中国古代计算方法改革的高潮自两宋开始,改革的主要内容是乘除法,此时期保存了大量施用算术书目,数量远远超过唐代,串珠算盘在北宋已经出现。14 世纪我国人民已使用算盘。在现代计算机出现之前,珠算盘是世界上简便而有效的计算工具。明初有儿童看图识字的读本《魁本对相四言杂字》和家庭必需用品《鲁班木经》,说明珠算已经十分流行。明人吴敬的《九章算法比类大全》中记载了珠算口诀。程大位的《直指算法统宗》是当时广泛流传的珠算术书籍。

两宋时期,我国古代数学呈现鼎盛局面,一大批著名数学家和经典数学著作先后涌现,在众多领域达到了当时世界数学的顶峰。

北宋人贾宪在其数学专著《黄帝九章算法细草》(已佚)中,阐释了从开平方、开立方到四次以上的开方方法,实现了认识上的飞跃。杨辉的《详解九章算法》中便记载了贾宪用增乘开方法开四次方的例子。据考证,可以确定的是贾宪已经发现二项系数表,创造了增乘开方表,这两项成就对整个数学史的发展作出了巨大贡献。南宋人秦九韶是高次方程解法的集大成者。他将《孙子算经》中"物不知数"的问题发展为一次同余式理论,并在《数书九章》中收集了 21 个用增乘开方法解高次方程的例子。在求根的第二位数时,秦九韶还提出以一次项系数除常数项为根的第二位数的试除法,这比西方最早提出该方法的霍纳早 500 多年。秦九韶还系统地研究了一次同余式理论。南宋人李冶所著《测圆海镜》是我国数学史上第一部系统论述"天元术"

（一元高次方程）的著作，这是一项杰出的成果。南宋人杨辉在《详解九章算法》中采用"垛积术"的方法，求几类高阶等差级数之和。另外，他在《乘除通变本末》中还记载了"九归捷法"，介绍了筹算乘除的各种运算法。

16 世纪末期，数学也经历了一个中西融会贯通的阶段。明代徐光启等与利玛窦合作翻译了欧几里得《几何原本》前六卷，这是中国第一部数学翻译著作，影响也是最大的。同时，李之藻翻译了《同文算指》，欧洲数学开始引入我国。清初学者研究中西数学的著述很多，如影响较大的王锡阐《图解》、梅文鼎的《梅氏丛书辑要》等，后者是集中西数学之大成者。清代梅毂成等人编成《数理精蕴》53 卷，介绍西方数学以及我国古代数学的一些成就，是当时的数学百科全书。1774 年出版的清代明安图著的《割圆密率捷法》，证明和扩充了用解析方法求圆周率的公式。明安图还用他自己独创的几何方法对三角函数展开式进行了研究。雍正以后，对外闭关自守，数学开始转向以考据与注释为主。18 世纪，清代唯物主义思想家戴震校勘《周髀算经》、《九章算术》以及阮元、李锐合著的《畴人传》等著作，对保存我国古代数学成就作出了贡献。

四、四大发明

造纸术、印刷术、指南针和火药是我国古代劳动人民奉献给世界的伟大技术成就。一定程度上，"四大发明"成为我国古代人民伟大创造力的典型代表。

造纸术 这一技术的发明为整个人类世界的文明传播提供了可能。上古时期，我们的祖先主要依靠结绳来记录日常发生的事情，后来发明了文字，并采用甲骨作为书写材料。甲骨后来又被更方便制作与书写的竹片、木片以及缣帛所取代。由于缣帛非常昂贵，而竹片、木简太过笨重，于是有了纸的发明。据考证，我国西汉时已开始了纸的制作，1957 年陕西省博物馆在西安东郊灞桥附近的一座西汉墓中，发掘出了一批称之为"灞桥纸"的实物，其制作年代应当不晚于西汉武帝时代。造纸术的发明者蔡伦，字敬仲，桂阳（今湖南郴州市）人，汉明帝时宫中宦官，他总结前人经验，开始用树皮、麻头、破布、旧渔网等原料经过挫、捣、抄、烘等工艺造纸，称"蔡侯纸"。纸的发明虽很早，但一开始并没有得到广泛应用，政府文书仍是用简牍、缣帛书写的。至献帝时，东莱人左伯又对造纸原料、工艺上作了改进，进一步提高了纸张质量。他造的纸洁白、细腻、柔软、匀密、色泽光亮，纸质尤佳，世称"左伯纸"。

随着纸张在社会中起到的作用日益显著,造纸术也得到了持续快速的发展。主要表现在以下几个方面:首先,造纸原材料不断扩大。汉代后,桑树皮、藤皮也成为造纸的原料,在北魏贾思勰的《齐民要术》中,便有用楮皮造纸的记载,这是目前已知的关于楮皮纸的最早记录。到宋代,造纸原料由原先的树皮、麻、破布以及旧渔网,增加到竹子、麦秆、稻草等。明代宋应星在《天工开物》中,详细地记载了以竹子为原料的复杂的纸加工技术。其次,造纸技艺逐步提升。魏晋时期我国人民已经有意识的加强了碱液蒸煮和春捣,以提高纸张质量,还发明了活动的帘床纸模,将一个活动的竹帘放在框架上,可以反复捞出很多张湿纸,提高了效率,减少了消耗。魏晋时还开始采用黄蘗汁浸染纸张,以防虫蛀,防蛀纸的应用对于长久保护书籍免遭损害起了重要的作用,这也是我国人民的首创。宋应星在《天工开物》中记载了造纸的关键性工序,如用石灰浆蒸煮纸浆,以加速纤维的分解,去除杂质,并起到漂白的作用,这种方法至今还有参考价值。最后,纸张的质量越来越好。魏晋时的纸质已经比较洁白光滑,质地均匀细腻。宋代,尤以澄心堂造出的纸为佳。当时著名的书画家都用这种纸。此外,苏州的"金栗山藏经纸"、浙江富阳的"小井纸"、江西抚州的"茶山子纸"等,都小有名气。安徽泾县的宣纸也开始制造。元明时起,宣纸的生产有了进一步的发展,到清代乾隆时期,宣纸的品种已近百种,宣纸的特点是洁白、柔韧、韵墨且吸墨,深受士人喜爱,泾县东乡所产的宣纸,号称"全球第一"。

在造纸术不断完善的同时,纸的利用率不断扩大。除了绘画、印刷、书法、货币外,同时,部分纸张还被用于制作衣服、帐子、枕头等日常用品,成为缣帛、纺织物的替代品,发挥着越来越重要的作用。

雕版印刷　印刷术作为我国古代四大发明之一,为世界文明的传播与承传作出了贡献。正如明代学者胡应麟所言:"雕本肇自隋时,行于唐世,扩于五代,精于宋人。"雕版印刷的发明没有确切记载年代,但学界普遍认为在7世纪左右,因为唐代佛教的兴盛及科举考试制度的推行都使快速复制图文的需求比以往任何时候都迫切,雕版印刷术便应运而生。雕版印刷是在版料上雕刻图文进行印刷的技术。收藏于大英博物馆的《金刚经》,雕刻精美,刀法纯熟,图文质朴凝重,着墨均匀鲜明,是现存最早的有纪年的雕版印刷品,说明至9世纪,雕版印刷术已经相当普及。

因隋唐时期的雕版印刷术费工又费时,新型印刷术便成为日益发展的社会生活的需要。1041—1048年间,北宋平民毕昇发明了活字印刷术,他用胶泥烧制成的活字排版印刷,其工序包括以下几个步骤:刻制反字、排版、印刷和拆版,既经济又省事。世界上现存最早木活字版印刷品是考古学家在宁夏发现的约 14 世纪初的西夏文佛经。15 世纪,欧洲才开始用活字印刷,比我国晚了 400 多年。

火药　在唐末五代时便有火药应用于战争的记载,但到了两宋才有了快速的发展。北宋时,兵部令史冯继升发明"火箭法",是世界上最早的喷射火器。后又有北宋人唐福献火箭、火球、火蒺藜等武器,火药在战场上的应用预示着军事武器的一系列变革。前面介绍的都是小型的武器,而北宋末年"霹雳炮"、"震天雷"的发明,是爆炸力比较大的武器。南宋时出现了管状的火药类武器,更有陈规发明了火枪,由长竹竿装入火药点燃喷向敌军,后来又有人制成突火枪,内部装有"子窠",类似原始的子弹。突火枪是管状火器发射弹丸的先驱,属于兵器史上的一大进步。

指南针　在长期的生产活动中,我国古代劳动人民发现了磁体的指极性,制成指示方向的机械装置,这就是指南针。北宋沈括在《梦溪笔谈》中,对当时指南针的发展作了详尽的论述。在航海事业的推动下,指南针成为一种需要,沈括总结了人民在实践中创造的四种指南装置:水浮法、指甲旋定法、碗唇旋定法、缕旋法,其中以第四种方法最为简便且稳定,易于操作。沈括还记载了人工制成磁体的方法。宋人还制成"指南鱼"、"旱针"、"水针",为指南针的基本结构打下了基础。《梦溪笔谈》中还提到地磁有偏角存在,"常微偏东,不全南也",这是对磁偏角的最早记载。指南针的迅速发展,对我国乃至世界航海事业的发展起到了很大的促进作用。

五、手工技艺

冶金　从现存的大量出土青铜器来看,商代的青铜冶铸技术已达到很高水平,许多青铜器造型复杂,制作方法精巧,规模宏大,河南安阳武官村出土的商代晚期的司母戊方鼎重达 875 千克。战国时的《考工记》中有六种不同成分的铜锡合金及其用途的记载,与现代应用的锡青铜大体相同,这是世界上最早的关于合金成分研究的记载。最晚在春秋时期,古人就已掌握了冶铁技术,那时已经出现了部分铁制的小农具。战国初发明的铸铁技术是古人对冶金技术的重大贡献,比外国同等技术要早 1800 年左右。

到秦汉时期,中国钢铁冶金技术得到完全普及。因为生铁产量大,成本低,能够连续生产,铸造成型。以生铁为原料炼钢,使钢制工具和兵器的广泛使用成为可能,也使整个社会生产力显著提高。此时钢铁的冶炼技术成熟表现在很多方面,如前面所提到的农业生产中广泛采用铁质农具,造船业用铁钉固定船体,兵器铸造业也得到了飞速发展,生产出了各式各样的兵器。

沈括在《梦溪笔谈》中有冷锻技术的记录,采用这种技术制成的铁甲"去之五十步,强弩射之不能入"❶。北宋李焘在《续资治通鉴长编》中也记载了羌族人民利用冷锻加工硬化锻造铁甲的技术。五代初轩辕述所著的《宝藏论》中有以"苦胆水"浸熬制"铁铜"的记载,表明五代时已应用胆水浸铜法制铜。宋初,胆水浸铜法大量用于生产,并有了关于浸铜技术的专著《浸铜要略》(张潜著,已佚)。北宋时胆铜年产量达 180 万斤左右。胆水浸铜法是世界上最早的湿法冶金技术,这是古人对世界冶金史的重要贡献。宋代冶矿业发展迅速,据记载,12 世纪初仅信州(今江西上饶)一地的铜铅矿就曾有十余万人昼夜开采冶炼。王安石变法后的元丰年间(1078—1085 年)每年铁的产量约为 550 万斤,铜的产量约为 1460 万斤,远远超过唐代。

现在北京西直门外觉生寺的大铜钟,是明代永乐年间铸造的,高 7 米,重40 多吨,是世界上著名的大钟之一,表现出了高超的铸造技术。明代中叶我国已大量生产金属锌,宋应星在《天工开物·五金》中有关于密封加热冶炼"倭铅"(即锌)的方法的记载,明代钱币"永乐通宝"中的含锌量高达 99%。《天工开物》中还记载了我国古代冶金技术的许多成就,如冶炼生铁和熟铁的连续生产工艺,退火、正火、淬火、化学热处理等钢铁热处理工艺和固体渗碳工艺等。

造船航海 早在新石器时代,古人便发明了筏及独木舟,作为水上运输工具。到了秦汉时期,我国的造船业也进入了第一个发展高峰。据史籍记载,秦始皇曾拥有一支能运输 50 万石粮食的巨大船队并曾派船队参加战争,始皇本人也经常乘船四处考察游览。汉代,我国的船舶制造技术得到进一步提高,帆船的发明便是其中的表现之一。广州博物馆收藏的汉墓中的出土文物中,有一只陶船上的小舵楼,李约瑟将它作为船尾舵是中国发明的明证。我国的造船从秦汉时期就开始采用铁钉连结船体,大大提高了此前竹钉、木钉船的安全系数,而且,铁钉的使用使造大船成为可能。我国木帆船的船壳板连结多采用平接方式,帆船不仅靠龙骨支撑,更依靠船舷两侧水线附近众多的纵向通条支撑,帆船的横向强度靠间距较短的横舱壁承担,在受力较大的地方设有粗大的面梁。因而,我国秦汉时期的造船工艺,远远超过同时期的欧洲。此时期的航海帆船平底,方头,四角帆,船头有板架,可以减

---

❶ 沈括:《梦溪笔谈》卷 19。

少逆风行驶和大风漂流时产生的阻力。更值得一提的是，我国帆船最早使用了分水舱和双层底的结构。

我国造船史上的第二个高峰出现在隋唐时期。隋朝造船业非常发达，工匠们开始广泛采用榫接结合、铁钉钉牢的先进方法制造特大的龙舟。到唐代，造船业更加发达，表现在以下几个方面：首先，船的载重不断加大，制造工艺也越来越好。据记载，内河中所行驶的船长度达 20 余丈，可以搭载数百名乘客，可见当时造船技艺的成熟。其次，当时出现了专门的造船基地。唐时的造船基地主要集中在东南部沿海城市，如登州（烟台）、润（镇江）、常（常州）、苏（苏州）、湖（湖州）、杭（杭州）以及福州、泉州、广州等地。这些造船基地都设有造船场，能够制造各种型号、各种用途的船只。史载唐太宗便以船舰近千艘从海上攻打过高丽，可见当时造船业的发达。因此，中国海船在唐代时便以安全可靠闻名于世。

商品经济发达的元明清时期，我国东南沿海地区的人已经积累了丰富的航海经验，能利用帆、舵配合，在逆风中沿"之"字形航路前进，这是当时世界先进的航海技术。明代郑和下西洋时建造的大型船只，大者长 44 丈，宽 18 丈，可容纳一两千名船员，船体宏伟而且制作精良，是当时世界上最大的远洋船舶。直到清中叶，我国的帆船仍是世界公认的优良的海上交通工具。南京玄武湖明代的龙江船厂遗址出土的当时宝船所用的舵杆，舵杆长达 11.7 米。

制瓷业　唐三彩成为我国古代制瓷业的一个里程碑，是瓷器中的精华。因为在此之前，只有单色釉，最多是双色釉，瓷器的颜色是单一的。经过不断探索，经过挑选矿土、春捣、淘洗、沉淀等工序后，用模具做成胎入窑烧制，经过 1000～1100 度的高温烧制后，二次加工时加入不同的金属氧化物焙烧后，形成浅黄、浅绿、深绿、天蓝、褐红、茄紫的多种色彩，但以黄、褐、绿三色为主，故称唐三彩。这种瓷器造型逼真，富有生活气息，一般以动物、生活器皿及人物为主。另外，唐三彩的花纹流畅，色泽艳丽，属于具有中国风格的传统工艺品，显示了独特的艺术魅力，但该瓷器属冥器，用于随葬，所以胎质松脆，实用性不如青瓷与白瓷。

宋代制瓷业继续蓬勃发展，在胎质、釉料和制作工艺等方面，有了新的提高，烧瓷技术达到了成熟。江西景德镇开始成为著名的瓷都，瓷器开始大量出口。在工艺上，有了较明确的分工，出现了很多名窑：汝窑、官窑、哥窑、钧窑以及定窑等。各个名窑烧制的产品都有其独特的风格：汝窑为宋代五大名窑之首，胎体较薄，釉层较厚，具有玉石板的质感，釉面有细小的开片，瓷器以清润的淡青色为主;官窑主要烧制青瓷,颜色以月白、粉青、大绿为主,胎体较厚,釉面开大纹片,传世很少,十分珍贵;哥窑的瓷器主要特征是釉面呈不规则的开裂纹片,胎体厚薄不一,釉色主要有粉青、月白、米黄数种,釉面光泽如肌肤上微汗者,为上品;钧窑生产的瓷器颜色为一绝,千变万化,艳若彩霞,以胭脂红最好,葱绿及墨色的瓷器次之;定窑生产的瓷器以白瓷为主,胎质细腻,质薄而光,色泽均匀,白釉似粉,所以又名粉定或白定。我国制瓷技术从 10 世纪开始相继传入一些亚洲国家,15 世纪开始传入欧洲。

将制瓷与中国绘画技艺更加娴熟地结合到一起的当属元代制瓷,由此我国古代瓷器制造开始进入了黄金时代。此时的产品出现了色彩亮丽、质地精美的青花与釉里红。成熟的青花瓷出现后,不仅迅速发展成为明清瓷器生产的主流,而且也成为行销海外的主要品种。蓝釉、红釉等高温颜色釉的烧制成功,是中国制瓷史上的一大突破。明清时期集四千余年来的陶瓷制作技艺于大成,是中国制瓷业的鼎盛时期,这一时期的瓷器外形巧夺天工,釉彩光鲜夺目,纹饰华丽多姿,堪称一代之奇。明清时期的釉下彩、釉上彩及各种形状颜色的釉瓷器,以它们精巧的设计以及多样的造型赢得了世界各国人民的喜爱。

六、农林生产

我国农业历史悠久,农林生产在四五千年以前便开始了。从最初的旧石器、新石器发展到商周时期,农具已经比较精细,人们掌握了很多农业生产知识,如水利灌溉、施肥灭虫等。战国时期,铁质农具代替青铜农具,大幅提高了农业生产力。秦汉时期,我国农业开始由刀耕火种向精耕细作转换。因为铁制农具如犁、耙、耧车、扬车等的广泛采用以及牛耕技术的大力推广。传统的农业操作技术得到进一步的完善,形成了灵活多样的旱地耕作体系,施肥整土受到重视,选种育种技术日益成熟。同时,也出现了许多专门记载农业生产技术及相关问题的农书,西汉时期的《氾胜之书》便是其中的代表作,它反映了当时我国的农业生产技术水平。书中总结了北方旱地的农业耕作制度,提出包括"趣时"、"和土"、"早收"在内的一系列先进的生产原则。西汉末年古人已经掌握了利用温室栽培蔬菜的技术。成书于西汉的《陶朱公养鱼法》是世界上最早的养鱼专著。另外,西汉的《尔雅》中有《释草》、《释木》、《释虫》、《释鱼》、《释鸟》、《释兽》等篇目,记载了共计 1000 多种动植物名称和 600 余种动植物的形状,并对这些动植物作了初步的分类。

　　魏晋南北朝时期,我国北方大部分地区受到长期战乱的破坏,农业发展被打断,而南方地区却因为大量中原人口的南迁而进入新的发展阶段。农业耕作、园林果树、畜牧业及其他农业生产活动都得到了发展。

　　南朝各代都比较重视水利工程,宋、齐、梁、陈各朝相继修建了一些水利工程,用来灌溉田地。随着钢铁冶炼技术的不断成熟与发展,这一时期的农具种类非常丰富,性能和功效都有了较大提高。《齐民要术》中记载的农具就不下 20 种,对农业生产起到了重要作用。农学理论也得到进一步的发展。人们已经掌握了部分提高农作物产量的方法,如除草、灭虫、合理轮作、施绿肥、选种育种等。《齐民要术》中记载的水稻有 24 个品种,粟的品种达到了86 种之多。因为战争及农业生产的需要,这一时期的畜牧业,尤其是养马技术得到了提高。相马术已经有了比较成熟的标准,为相牛等其他畜类也积累了经验。此时产生了骡子,北魏时生猪的阉割技术也逐渐成熟。

　　魏晋时期,南方的果树种植也有了很大进步。柚、枇杷、海枣、毛荔枝等果树得到广泛的培植,出现了一些面积很大的果园。南方的蚕丝业发展很快。人工养蜂开始出现并有了收取蜂蜜时间和方法的记载。此时的渔业虽然还主要靠捕捞,但已经进行了人工养鱼的实验,在《齐民要术》中便有对鱼的习性、鱼池的大小、鱼种的数量以及对水深的要求的纪录。

　　隋唐时期我国的农业生产重心开始由黄河流域逐渐南移,南方传统农业获得较快发展。农业生产工具得到改进:钢刃铁农具已经得到广泛普及,出现了筒车和曲辕犁。晚唐文学家陆龟蒙所著《耒耜经》是我国古代农技史上唯一的农具专志,以 600 余字的篇幅,介绍了犁、耙、礰礋、礰磋等 4 种农具,其中以曲辕犁的介绍最为详尽,为了解当时的农具保存了第一手资料。饮茶之风虽然早在西汉典籍中便有记载,但直至唐代才风靡全国,茶叶成为一种商品,并且茶叶生产成为江南农业的重要组成部分。唐代陆羽《茶经》是世界上第一部关于茶叶的专著。其中详细地记述了茶的历史、产地、功效、栽培、采制及饮用方法,是我国古代最完备的一部茶书。晚唐著名学者段成式的《酉阳杂俎》是一部涉及大量动植物的重要著作,所记植物近 200种,其中记载了许多动植物的异名、产地、源流、特征等。成书于唐末五代初韩鄂的《四时纂要》,是一部分四时按月记载应做事情的农书,其中事项大致分为五类:农业生产、农副产品加工与制造、器物修造、货殖经营以及医药卫生等。其中很多技术属于首创,如种木棉法、种菌法、枣树嫁接葡萄法、酱油酿造等,是对此前农书的总结与提升。此时的兽医学也有了全面发展,唐代的《司牧安骥集》是我国古代著名的医马专著,对马病的诊断治疗有着系统的记载。

宋代属于我国传统农业精耕细作的定型期,主要表现在以下几个方面:①农具的改进。江东犁(又名曲辕犁)的出现标志着我国传统犁的制作趋于完备,冶炼业"灌钢"技术的成熟与普及大大提高了铁制农具的质量,因此,耕作以及灌溉工具都有了很大的改进。②农业生产方式的改良。南方形成了耕、耙、耖、耘、耥的精耕体系,小型水利工程数量很多,形成了梯田、涂田、架田等土地利用方式。另外,复种到了宋代也有了较大发展,水稻和麦子等作物水旱轮作的生产方法逐渐得以推广。③各种农作物的完备。水稻跃居粮食作物第一位,小麦跃居第二位,麻的产量和地位上升,棉花也开始传入长江流域。另外,茶树、甘蔗等经济作物开始得到重视。④农业成就、经验得到总结。如北宋蔡襄《荔枝谱》中总结了栽种荔枝的经验,是世界上最早的果树栽培著作;秦观所著的《蚕书》记述了蚕的生活习性、饲养方法以及缫丝技术等,具有很强的实用价值。南宋陈旉的《农书》总结了南方农民的生产技术和经验。另外,北宋人刘蒙、范成大的《菊谱》,南宋王灼《糖霜谱》分别就菊花的种植与培育和蔗糖的制作工艺做了详细的记载,至今仍有实用价值。

元明清时期的农学呈现出三大特点:①传统的农业生产向商品化转变。由于纺织、酿造以及制烟制糖业的发展,对农产品的需求日渐增长,导致其商业化程度日增。如棉花、茶叶、香料、花卉、甘蔗等的种植更加兴旺,随着外贸的扩大,刺激了陕西、河南等地的蚕桑生产,形成了一些新的蚕业中心。②传统农业向纵深方向发展。快速增长的人口要求更多的耕地与更高的粮食产量,这使得农业生产主要围绕如何充分利用土地和提高土地产量而进行,农业开始朝着集约化方向发展。黄河流域的两年三熟或三年四熟制,长江流域的一年两熟制渐渐成为主导。耕作方式更加多样化、复杂化,促进了农业技术的发展。部分经济发达地区甚至创制出了集多种经营为一体的人工生态农业,如陕西关中地区的粮、草、畜的结合,太湖地区农、桑、渔、牧的互养等,使得各种生物都处于一种良好的循环中,取得了极好的生态和经济效益。新的农作物也得到了引进与推广,如玉米、花生、马铃薯、番茄、烟草等,这些新品种的引进为满足快速增长的人口需求作出了贡献。此外,畜牧业和果树栽培等也取得了很多成绩。如培育出了很多好的畜种如"伊犁马"、"秦川牛"、"陆川猪"等。植树造林广为提倡,一些经济林木的栽培技术更加成熟。③出现了很多农学方面的著作,对各领域的生产经验进行了全面的总结。元代王祯著的《农书》便记载了许多农业生产知识及农作物的栽培、家畜的饲养等生产经验,是我国古代重要的农书之一。明人俞宗本的《种树书》中汇总了唐以来的栽培经验,还记载了许多树木的嫁接方法,具有相当高的水平。明人黄省曾的《养鱼经》记载了淡水鱼的品种及养殖方法,是现存最早的淡水鱼养殖专著。至今还有实用价值的《元亨疗马疾》是明代喻仁、喻杰合著的兽医学专著,记载了对马、牛、骆驼等牲畜的治疗经验。徐光启的《农政全书》内容丰富,包括农事、水利、农具、蚕桑、畜牧等 12 个门类,涵盖面广泛,并有许多新创见,是全面总结我国古代农学经验的科学巨著。清人陈淏子著《花镜》专门讨论了花果树木栽培,是我国现存最早的园艺专著。清人吴其浚著《植物名实图考》中共收录植物 1714 种,记述了其形状、颜色、性状、产地、用途,并附有插图,是我国古代具有相当水平的重要植物学专著。

总之,元明清时期,虽然农业未能向近代农业过渡,而是沿着传统道路向纵深发展,精耕细作的生产方式日渐定型,但因其潜力已尽,要想取得更大突破,必须有新的农业革命。

七、建筑工程

在悠久的历史中,我们的先人也创造了辉煌的建筑文化。特别是秦始皇统一六国后,穷奢极欲,大肆修建宫殿,阿房宫便是其中的一座。从司马迁的《史记》及杜牧的《阿房宫赋》的描述中,我们不难想见其富丽堂皇。秦始皇为了安排自己的后事,长时间不遗余力的修建自己的陵墓——骊山陵。整个陵园东西走向,分内城和外城两重,占地近 8 平方公里。墓冢位于内城南半部,呈覆斗形,现高 76 米,底基为方形。在它的东面还发现了举世闻名的大型兵马陶俑坑,现已发掘出数量巨大的武士俑、驷马战车、战马,以及数千件各式兵器,被誉为"世界第八大奇迹"。从公元前 214 年开始,为抵御北方少数民族的侵扰,秦始皇下令将原来燕、赵、秦三国所建的城墙连接起来,加以修整与完善。续修的部分超过原来三国工程长度的总和,秦长城"起临洮(今甘肃岷县),至辽东,延袤万余里"❶,是世界上最伟大的工程之一。

两汉时期,建筑技术得到迅猛发展,是中国古代建筑史的第一个高峰,对后来我国民族建筑的发展造成了深远影响。木构楼阁的出现可谓中国木结构建筑体系成熟的标志之一。虽然现存的古迹中没有木构建筑,但史籍中留下了很多关于木制建筑的记载。考古发掘出的大量汉代画像砖、画像

---

❶ 《史记·蒙恬传》。

石和明器,对还原当时的建筑风格与形象都有着重要的参考作用。砖的发明与使用也是我国建筑史上的重要成就之一。据考证,至迟在秦代已有承重用砖,秦始皇陵东侧的俑坑中发现了质地坚硬的砖墙。到了汉代,砖作为一种建筑材料已经得到广泛的使用。

园林方面,汉武帝扩建了秦始皇的上林苑,"方三百里,苑中养百兽,天子秋冬射猎取之。其中离宫七十所,皆容千乘万骑"❶。广建园林别墅成为一种奢侈的流行趋势。

汉代陵墓承秦陵旧法,人工筑起巨大四棱锥形坟丘。坟丘上建寝殿供祭祀,城垣围绕四周,迁徙众多富贵人家居于附近,称陵邑。东汉时废陵邑,但坟前有立碑、神道、墓阙、墓表,加强了建筑的纪念性意义。从东汉中后期的墓中,出土了大量的炫耀地主庄园经济以及依附农民、奴婢的成套模型和画像砖、陶制楼阁等,具有非常明显的时代特征。

魏晋南北朝时期的建筑成就集中于佛寺、佛塔和石窟等。由于统治阶级的大力提倡,佛教获得了长足发展,特别是大量的寺院、佛塔和石窟的修建使得佛教建筑成为魏晋南北朝建筑的代表。梁武帝时,建康佛寺达500所,僧尼10万多人。十六国时期,后赵石勒大崇佛教,兴立寺塔。北魏统治者更是不遗余力地崇佛,建都平城(今大同)时大兴佛寺,开凿云冈石窟。迁都洛阳后,又在洛阳开凿龙门石窟。敦煌莫高窟、麦积山石窟也开凿于此时,与云冈石窟、龙门石窟一起,号称中国四大石窟。四大石窟经过历代的修建和补充,成为中国古代建筑史中独特的一面。

隋唐时期的建筑和雕塑也取得了很高的成就。隋代开始挖掘的大运河以河南洛阳为中心,北起涿郡(北京),南至杭州,长约2500公里,成为交通大动脉,大大加强了南北政治、经济和文化的沟通交流,促进了社会繁荣。由隋代李春设计建造的安济桥又名赵州桥,位于河北赵县洨河上,长50.8米,宽9.6米,这座石拱桥历经风霜,至今仍然十分坚固,在桥梁建筑史上具有重要意义。在隋代大兴城基础上建成的唐代都城长安城可谓匠心独具。这座城市,面积83平方公里,是明代西安城的8倍。整个城市由外郭城、宫城、皇城和各坊、市组成,城墙厚度达12米,城内有南北向大街11条,东西向大街14条,其中最宽的朱雀大街宽达150余米。长安城中共划为110个坊,布局合理,街坊纵横,宫苑相连,不但是我国的政治、经济、文化中心,而且也是当时世界上人口最多、最繁华的城市之一。

---

❶ 《汉旧仪》。

　　石窟寺发展到唐代,著名的有洛阳龙门石窟和敦煌的千佛洞。龙门石窟在河南洛阳市南 25 里的伊水两岸。龙门石窟最早开凿于北魏宣武帝年间,因为武则天信佛,且居于洛阳很长时间,所以,龙门石窟的雕塑,开凿于唐代的占到 60%,成为我国佛教界的瑰宝。敦煌千佛洞在河西走廊西端县城东南 20 公里的鸣沙山侧,又称莫高窟。其中最早的开凿在前秦苻坚在位之时,以后不断增加,至隋代增加了 95 窟,唐代又新增 213 窟,五代时期新增53 窟,成为佛教艺术宝库。与佛教艺术相关的,我国现在还保存不少这一时期的佛塔。如西安市兴教寺玄奘塔、香积寺塔、慈恩寺大雁塔、荐福寺小雁塔、河南嵩山法王寺塔、云南崇圣寺三塔等,这些塔寺虽然受到天竺风格影响,但也掺入了大量中国元素,使佛塔这种外来的建筑很快具有我们的民族特色。

　　隋唐时代的房屋,因为多为木结构的,所以罕有能保存至今的。山西五台山南台外有佛光寺大殿,建于唐宣宗年间,为我国现存最古老的木构造建筑。

　　由于文化的影响,宋代建筑缺乏唐代的大气磅礴,呈现出婉约柔丽的风格。宋代的建筑在结构方面也有了很大变化,突出的表现是各种楼阁亭台的复杂化。宋代的建筑更趋科学化,出现了我国古代最系统、最全面地反映广大劳动人民建筑经验的专著——《营造法式》,这也是世界上最早、最完备的建筑学著作。宋代东京汴梁面积达到周长四十余里,其间街道纵横,主轴分明,城内能容纳近百万人口,城外则有大规模的皇家园林及众多寺观等设施,其建筑风格对后代产生了很大影响。值得注意的是,随着城市经济的发展,宋代城市取消了唐代的集中市场制度,准许临街位置开设商店。张择端的《清明上河图》中便鲜明地为我们展示了当时城市浓厚的商业氛围。

　　宋代的佛寺建筑也呈现出自身特色。一般都富于变化,由四周较低的建筑簇拥高耸其间的宫殿,保留至今的有河北正定隆兴寺,它是宋代佛寺建筑的一个典型代表。建于北宋年间的河北定县开元寺塔,是我国现存最高的古塔。

　　宋王朝南渡后,园林建筑开始与南方的环境相结合,呈现出效法自然但又高于自然的特色。如当时首都临安的"柳浪闻莺"、"平湖秋月"等众多借鉴自然风景而加以改造的园林胜景,直至今天还是杭州的著名旅游景点。当时还出现了李格非《洛阳名园记》这样专门的园林评论性著作。

　　元代,在建筑方面各民族的融合带来了中国古代建筑的新风尚。汉族传统建筑的地位虽然并没有被动摇,但喇嘛教的建筑有了新发展。由于统治者的因素,元代宫殿非常奢华,采用大量昂贵的建筑材料,并出现了很多畏兀尔殿、棕毛殿等新的建筑方式。元代喇嘛教在内地开始传播,建了不少寺塔,北京妙应寺白塔是其中的代表性作品。

到了明清时期,中国古代建筑达到了最后一个顶峰时期。概括而言,其总体特色是外形简洁、细节细致。官式建筑已完全定型,清朝政府甚至颁布了《工部工程作法则例》,作为建筑的标准来执行。紫禁城的修建便是其中的代表性作品。由于制砖工艺的成熟,大量工程的建设都用砖作基本原料,大规模的建筑也出现了转建的"无梁殿"。此时,我国建筑的区域特色开始明显,现存的佛寺多为明清时所建或重修,一般多为典型的官式建筑,总体对称,布局规范划一。建在城外的佛寺则多因地制宜,布局比较灵活,虽然追求对称,但规整中有变化。如分布于四大名山的佛寺大多如此。园林艺术方面,清代的园林取得很高的造诣。如圆明园的建造,前后经历百余年的修建,不仅综合了国内诸多园林的特色,而且还吸纳了西欧园林的艺术成就,成为当时世界上最壮丽的园林之一。

第二节　中国古代科技的特点及其影响

显而易见,在 19 世纪中后期西方近代科学技术进入中国之前,中国传统科技在农业、数学、医学、天文学等方面都取得了杰出的成就,为中国传统文化的发展作出了突出的贡献。同时,中国古代科学技术也受到其他文化要素的影响,具备着鲜明的民族特征。具体说来,主要体现为以下四个方面。

一、天人合一的思维基础

与西方注重逻辑分析、强调归纳演绎的科学思维不同,中国古代的科学,有着一套富于民族特色的思维基础和研究方法,这就是注重从整体上把握事物及其结构、功能和联系。这种思维方式的基础,立足于"天人合一"的文化精神。所谓天人合一,就是在人与自然的关系上,注重人与自然的统一,它是相对于西方"天人二分"的文化精神而言的。"天人二分"的思维模式强调人与自然的对立关系,认为人要征服自然、改造自然,才能求得自己的生存和发展。在"天人合一"文化精神的支持下,中国古人不是把他们面对的事物作为一个与自己不同的对立物看待,而是采取"以己度人"的办法,将天下万物看作是一个有机构成的整体,人与万物具有同根同源的性质,众生平等。正因如此,中国古人不会对事物进行解剖学式的分析,把每一个具体的细节都搞得一清二楚,因为这样会破坏事物的整体性质。而在西方"天人二分"的文化精神下,人与事物对立,而且人是万物的精华,人类有先天的理性能力,将事物认识得一清二楚,万物都是为了满足人的需要而存在的,人是万物的主宰。在这种"天人合一"的文化精神的支配下,中国古代的科学精神呈现出了完全不同于西方的面貌。

宇宙来源问题,曾是哲学史中讨论的重点话题。许多古希腊的哲学家都对此进行过研究。如泰勒斯认为,世界产生自"水";阿那克西美尼认为,世界产生自"气";赫拉克里特认为,世界产生自"火";毕达哥拉斯学派认为,世界产生自"数",等等。显然,他们都是以具体的经验直观到的事物作为万物的本源。在中国古代哲学中,阴阳五行学说也同样将"金、木、水、火、土"作为万物形成和演变的基本元素。但不同的是,阴阳五行学说是将五种元素作为一个整体看待,也就是说,只有在五种元素同时具备的情况下,万物才真正得以形成,而不是产自某一种单独的元素。因此中国的宇宙形成论源自于一种整体式的思维模式,在这种思维模式的基础上,形成了中国独特的科学观。

如在天文历法中,中国古人认为天的运动法则在规范着人世间的一切变化,人的活动必须要符合于天的意志。因此,天文学家在关注天象变化的同时,又在观察人世间的一切异动。自然灾异、年成丰歉、社会动荡、人事沉浮,都与天象的变化有着极为密切的关系。中医学认为,人体自身像自然界一样,也是一个有机整体,具有各自不同生理功能的器官和组织,能通过经络系统的连结作用,并通过气、血、津液等循环不息地在周身运行,使人体的各个器官构成一个体系。同时这种系统又与外在的自然界自成一体,四时的变化与人体内部的阴阳结构有着对应关系,即使是同一种疾病,在不同的节令下调理的方法也是不同的。中医查病,讲究望、闻、问、切,研究病理变化的病因病机,着眼于局部病变引起的整体情况。中医能从脸色的变化看出内脏的异动,以脚底的按摩治疗解决身体上部的疾病,等等,这些都是西医觉得不可思议之处。也正是中医这种整体直观式的方法,在现代遭到了许多相信西医解剖式方法的人士的置疑,甚至有人呼吁取消中医,这些都是对中医的思维基础不了解,以西医的科学式思维妄断中医而导致的。

但是,我们也要注意到,这种整体式的以"天人合一"为基本精神的思维模式的局限也是明显的。由于太过强调整体,忽略了对个别物质实体及其内部深层结构的独立研究,往往不能深入事物内部,了解其主要构造,从而更加精细地了解事物的构成,只满足于以朴素的观念理解事物的法则,也导致了对事物认识的不足。因此,建立在微观研究基础上的西方近代科技突飞猛进之时,中国的自然科学技术迅速落伍了。

二、以经验直观为基本研究方法

所谓经验直观的研究方法,指的是在认识自然事物的过程中,不大在意于研究自然的本质,不太采用逻辑分析式的思维方法,而是关注现象,注重从自然现象以及对自然现象的直观感觉中把握自然事物的特性,而且更加强调自然现象与社会政治的联系。这种经验直观的研究方法也是建立在整体观的基础之上的。如上所述,阴阳五行学说在中国古代科学思维中占有重要地位。与古希腊自然哲学相同的是,中西文化都将某些个体的事物看作宇宙的本原,二者都是建立在经验直观的基础之上。但是西方哲学却把经验直观的思维模式演变成抽象的理性分析,形成了一套抽象而深奥的哲学体系;而中国的阴阳五行学说却广泛渗透进了古代的天文学、医学、物理学、医学等领域。金、木、水、火、土被当作构成世界的五种基本元素,水能润物而向下,火能燃烧而向上,木可曲可直,金可熔铸改造,土可耕种收获,它们之间既相生,又相克,在一定条件下能互相转化。它们也分别能给人以咸、苦、酸、辛、甜等味觉,也是形成五音宫、商、角、徵、羽之间互相变化的根本原理。在中医理论中,人体的五脏也分别归属于五行。木枝条柔和,曲直自如,肝通气血,喜畅达,故属木;火生热,皆向上,心推动气血运行,温暖全身,故属火;土化生万物,脾是气血生化之源,故属土;金质地沉重,有沉降、收敛的特性,肺主管沉降,喜清肃,故属金;水下行,滋润万物,肾藏精,主管水液,故属水。按照五行相生相克的道理,就可以推断中医治疗的基本方法,如肝阳太盛,就可以通过滋养肾阳来养肝阴,以此调节肝火,等等。这种现象一直持续到明清时期,如明代科学家宋应星的《天工开物》中,仍然以阴阳五行的理论解释事物的不同性质和相互关系。这种经验直观的研究方法,能使中国古代科技在重视整体把握的同时,又注重事物间的相互联系,这对当代的生态环境的保护以及人类的生存问题上,都有着很强的现实意义。但是,这种重视经验和直观的方法在实际应用中因为它的笼统和模糊,而难以操作,缺乏严密的定理和实证分析,使得中国古代科技如中医学在当代的推广也面临着一些实际的困难。

三、以实用为目的

注重实用不仅是中国人传统的行为取向,也是中国古代科学技术的鲜明特征。科学研究的主要动力不是为了对自然事物奥秘进行探寻,而是为了生活的实际需要,这主要表现在农业生产活动的需要和国家政治事务的需要。

中国自古以来就是一个农业社会,因为人口众多,自然条件多样,导致人口分布的不均。因此,吃饭问题一直以来都是关乎国计民生的大事,很多科学活动都与人的生存需要直接相关。例如虽然天文学在中国古代成就突出,但是其兴起的一个重要目的就是为了"观天象以授农时",即通过天文历法的制定,引导农业顺应气候、天象的周期变化,以指导农业生产。一部以二十四节气为主的历法,直到现在还在指导着农事,不能不说是古人伟大的发现。在数学领域,传统数学的奠基之作《九章算术》就是为了农业生产活动的需要而作的。它的主要内容分列方田、粟米、衰分、少广、商功、均输、盈不足、方程、勾股等九章,方田讲述的是求面积法以计算田亩的大小,粟米阐述的是粮食交易的计算办法,等等,都与农业生产直接相关。至于其他的技术发明,如青铜器、铁器等,都直接参与到了农业生产活动过程中。同时,一些影响较大的科学著作,如《天工开物》、《齐民要术》、《农政全书》等,也都是总结和指导农业生产活动的读物。

中国古代科学的实用性还表现在满足国家政治事务的需要上。阴阳五行学说作为中国式科学兴起的思维基础,不仅仅是一种自然哲学理论,同样也是解释社会历史演变的重要方法。战国末期著名的阴阳家邹衍就把历史上的朝代更替附会为五行相生相克,以金木水火土附会从黄帝、夏、商、周的演变规律,并预言取代周朝的必然是属火的朝代,这就是他的著名的"五德终始"理论。因此,秦汉统治者都认为自己是符合五行演变规律的,是顺应天意的。而汉代的董仲舒更是将五行相生相克的学说推广到国家的政治领域,认为"三纲五常"等符合五行学说,应当得到世人尊重,并以此推理出社会的秩序,大力倡导大一统的封建专制主张。中国古代天文学之所以高度发达,与历代帝王的高度重视有着密切关系。因为古代帝王认为,天象直接关系皇室的命运,"天垂象,见吉凶"❶。历法的准确与否,关系到一个王朝能否顺应天意,天象之变也被视作改朝换代的标志,因此朝代更替时常常需要颁行新的历法,称为"改正朔",以顺应天时,历法也被看做统治权力的象征。即便康熙皇帝时任用的几个西方天文学家,其任务也不过如此。因此,在政府的支持下,中国古代的天象记录非常完整,这是世界上罕见的。数学的兴

---

❶ 《易·系辞上》。

起也与天文计算有关,《周髀算经》的相当一部分内容就是解决天文学中的计算问题的。至于南宋秦九韶的数论、元代郭守敬的"招差法"等,也是为了解决天文历法的计算而产生的。地理学也是如此,中央政权为了有效管理国家,历来非常重视掌握地方的疆域沿革、山川形势、城邑关津等,官修的 26 史中 18 史都有《地理志》,不难看出地理在国家政治管理中的重要作用。

四、没有严格的科学分类

虽然本章内容重点在讲述中国古代的科学精神与成就,但将中国古代科学以农学、数学、天文学、医学等种类分别介绍,仍然是源自一种现代的科学分类方法。这是西方的科学分类方法,中国古代的学科体制中并没有如此严格的分类。

在中国古代的官办学校与私学中,只有经学被当作教育以及学术研究的主要内容,而科学技术只被当作旁门小道。如上所述,与国家政治事务无关的学科断难生存,农学、天文学、数学等这些比较发达的门类也都处于政府直接管辖之下,都是在浓厚的政治气氛中发展起来的。这就使科学技术难以获得独立的发展空间,缺乏独立的科学精神。相应的,也就缺乏一个能使各种自然科学分门别类的平台。从根本上说,中国古代科学是从属于政治体制,为封建专制统治服务的。在漫长的古代社会中,推崇政治、鄙薄技艺成为整个民族的倾向。重政治,轻学术;重人文,轻科学;重"道",轻"器"等传统观念都使得古代科学的发展举步维艰,许多学科的发展没有呈现出逐渐进步的态势,更未形成专业的研究团队,甚至许多重要的科学著作往往无人问津。如最早的数学专著《九章算术》,到北宋以后基本已失传,到了明代几乎已无人知晓。李时珍的医学巨著《本草纲目》献给朝廷后,明神宗也只是说"书留览,礼部知道"❶,草草了事。明末宋应星《天工开物》也未形成太大的社会影响,几近失传,直到 20 世纪才被重新发现。这样,古代科学研究的依附性质、传统的重道轻器观念、没有西方式的逻辑分析式的科学思维以及专业研究团队的缺乏等因素集合在一起,共同导致了中国古代科学缺乏体系化的学科分类,也造成了近代以后中国科学技术的迅速落后。

---

❶ 李时珍著,刘衡如校点:《本草纲目》(上册),人民卫生出版社 1982 年版。

第五章

艺术魅力

中国古代文化艺术植根于中华民族生活的土壤里,丰富多彩的古代艺术是中国五千年悠久文化和历史传统的缩影,与中国传统文化在许多方面显示出一致性。那什么是中国古代文化艺术的共同特性呢？为什么我们能够轻而易举地区分出中国绘画与西方绘画？它们的表现手法有什么根本区别？为什么我们能够轻而易举地区分出中国古代舞蹈与西方舞蹈？它们的独特魅力在哪里？为什么我们能够轻而易举地区分出中国古代音乐与西方音乐？它们的表现方式有何根本不同？为什么不少外国游客不远万里来到中国参观中国的古建筑,而不少中国人却远涉重洋到国外去欣赏西方的建筑,他们都为对方建筑的宏大奇特所震惊,那么中国建筑与西方建筑的本质差别在哪里呢？类似上面的问题我们可以提出很多很多,也许有人能对这些问题说出一两点自己的看法,但很少有人能够系统地回答这些问题。我们之所以学习中国的传统文化,就是想通过对中国古代文化艺术特征进行一个细致的分析与整理,从中归纳出中国古代文化艺术的独特魅力所在,从而能够以提纲挈领的方式来全面回答这些问题。

中国古代文化艺术蕴涵着深厚的中国传统文化精神,一般说来,其表现主要在追求圆融贯通、虚实结合、天人合一等几个方面。下面我们就分节叙述这几个方面。

第一节　圆融贯通

对中国古代文化艺术稍微有些了解的人都会发现,中国古代文化艺术的各种门类之间是相互影响和相互融合的,其艺术精神也是相互渗透的。比如说书法和绘画是分不开的,中国绘画熔诗、书、画、印于一炉。中国古代的各种戏曲也是融合了歌唱、对白、舞蹈、武打、服装、脸谱等多种艺术形式,而西方艺术里面歌剧就是歌剧,舞剧就是舞剧,虽然也有一定的融合性,但是很少达到中国古代文化艺术中这么广泛的境界。究其根源就是中国古代文化艺术中各个门类的艺术具有同源性和相通性。

一、书画同源

中国古代文化艺术中各个门类的艺术有同源性和相通性最明显的就体现在书法和绘画的关系上。俗话说"书画不分家",中国传统的绘画理论里面也有"书画同源"之说。我们目前所看到的中国传统绘画,几乎每幅画上面都有书法展示,或者是诗词或者是题款,同时一副好的书法作品也都如绘画一般给人以审美的享受,中国书法灵动飞舞的线条与和谐的布局本身就是一副优美的图画。这样一来绘画和书法两者就形成了一个有机的整体。

为什么会形成这样一种有趣的现象呢?首先是因为书法和绘画使用的工具都是毛笔,都是通过毛笔进行线条造型创造的。其次是书法以象形写意的汉字为表现对象的,这和中国传统绘画所表现的形象和意境是相通的。中国古代艺术家很早就论述了"书画同源"这个问题。唐张彦远《历代名画记》云:"陆探微亦作一笔画,连绵不断,故知书画用笔同法。陆探微精利润媚,新奇妙绝,名高宋代,时无等伦。"❶"张僧繇点曳斫拂,依卫夫人《笔阵图》,一点一画,别是一巧,钩戟利剑森森然,又知书画用笔同矣。"❷"吴道玄(子)古今独步,前不见顾、陆,后无来者,受笔法于张旭,此又知书画用笔同矣。"❸现代画家黄宾虹也曾说:"书画同源,贵在笔法,士夫隶体,有殊庸工(《古画微》)。"❹这些分析主要强调了绘画用笔与书法用笔的相通之处,同时也说明文人画家和书法家需具备广博的修养和丰富的艺术想象力,这样才能表达出书画所要传达的意境。

具体来讲,绘画是用色彩(如涂料、油彩等)或单色(如墨汁等)在纸、绢、布等平面上造型的一种艺术。由于绘画的这种局限性,所以需要用文字来作补充说明,绘画上往往还有署名及创作年月。世界上的绘画大多有画题,这画题就是一幅画的最简略说明。中国绘画与西方绘画有一点不同就是西方绘画的画题,往往题写在画幅之外,而中国绘画则往往题写在画幅之内。不仅在画幅中写上画题,而且还逐渐发展到题诗词、文跋以扩大画面的种种做法。此外为便于后人查考,中国绘画上都题上作者名字和作画年月,即所

---

❶ 张彦远著,俞剑华注:《历代名画记》,江苏美术出版社 2007 年版,第 3 页。
❷ 张彦远著,俞剑华注:《历代名画记》,江苏美术出版社 2007 年版,第 3 页。
❸ 张彦远著,俞剑华注:《历代名画记》,江苏美术出版社 2007 年版,第 3 页。
❹ 黄宾虹著:《黄宾虹自述》,文化艺术出版社 2006 年版,第 45 页。

谓的印章或者题款。

中国绘画的题款就是绘画中的书法作品,它们不仅能点明画题和说明画意,而且能够丰富画面的意趣,加深画的意境,启发观众的想象,增加画中的文学和历史的趣味性。尤其在唐宋以后,画家往往喜欢用长篇款、多处款,如倪云林、石涛和尚、吴昌硕等。这些题款或正楷,或大草,或汉隶,或古篆,随笔成致;或长行直下,使画面上充满了生机;或拦住画幅的边缘,使布局紧凑;或补充空虚,使画面平衡;或弥补散漫,增加交叉疏密的变化等。所以常常在不甚妥当的布局上,一经题款,便使布局产生无限巧妙的意味,从而形成一幅精彩之作。

印章作为一种独特的艺术形式,从开始只表示姓名的姓名印逐渐发展到表达自己心情旨趣的闲章。朱红色的中国印章,沉着、鲜明、热闹而有刺激力,能使画面更丰富,具有更独特的形式美,从而形成中国绘画民族风格中的又一特点。因此在画面题款下用一方或两方印章,往往能使整幅作品的精神提起,起到使画面上色彩变化呼应、破除平板以及稳正平衡等效用。

由此可见,中国的诗文、书法、印章都有极高的艺术成就,中国绘画熔诗、书、画、印于一炉,极大地增加了中国绘画的艺术性,与中国的传统戏剧融会音乐舞蹈一样,成为一种综合性的艺术。

二、曲艺杂化

中国传统的戏剧通常被人们称为"戏曲"。作为中国传统戏剧文化的戏曲,起源于上古乐舞与宗教仪式活动。在其发展历史上,中国的戏剧艺术曾演变为汉代百戏、唐代滑稽戏、歌舞戏之类,经过了不断的分化和杂化,最终在宋代瓦舍勾栏中,中国戏剧经历了大融合的过程。瓦舍勾栏中的演出艺术原本多种多样。据南宋孟元老《东京梦华录·京瓦伎艺》记载,汴京瓦肆曾演出"小唱、嘌唱、诸傀儡戏、小说、散乐、舞旋、影戏、诸宫调"❶等多种技艺。中国戏剧在瓦舍勾栏的众多技艺杂演中得到交流和融合,并且由于吸纳了多种演艺因素,戏剧艺术更显"杂化",这也助成了中国戏剧将各种艺术融会贯通这一特征的强化。

历史上曾出现的以及当今仍活跃于舞台的各种戏曲,其艺术风貌、审美情趣各不相同,但作为中国传统戏剧文化的戏曲,还是有一些共通的艺术特征的。首先是高度综合性,即中国戏曲保持着歌、舞、诗三位一体浑然不分

---

❶　张毅著:《宋代文学思想史》,中华书局 1995 年版,第 153 页。

的上古"总体艺术"的特色,而且有很强的吸收功能,能够自如地把其他各种艺术因素融进自己的演出之中。其二是虚拟性或写意性,即舞台演出形式倾向于和生活原型拉开距离,表演的声容造型经过精心设计,以一种经过艺术夸张变形的形式来表现现实生活。其三是剧场性,注重基于感性的现场情感陶醉,在剧场中借助演员的唱、念、做、打等各种表演手段,创造出一种诉之于视觉、听觉快感的剧场气氛。

京剧艺术比其他剧种更突出了戏曲集中、概括和夸张的特点,形成了唱、做、念、打一套完整的体系和统一风格,在舞台表演上富有鲜明的舞蹈性和强烈的节奏感。从京剧的演出中,我们可以看到京剧不像芭蕾舞只跳不说,也不像话剧只说不唱,更不像西洋歌剧只歌不舞。有些歌剧如《茶花女》虽然也有舞蹈,但是并不像京剧那样载歌载舞,把歌唱与舞蹈有机地融为一体。因此京剧充分体现了歌唱和舞蹈的融合。

京剧不仅具有诗一般的语言艺术,几乎每一句念白都讲究抑扬顿挫,平仄分明、朗朗上口;每一句唱词都注重诗词格律,或七言,或十言,而且讲究合辙押韵,讲究文理对仗,更要讲究中州韵的规范与湖广音的四声。在这里京剧又体现了语言与音乐的融合。

京剧把歌唱、音乐、舞蹈、美术、文学、雕塑和武打技艺融汇在一起,是"逢动必舞,有声必歌"的综合艺术。它不像歌剧、舞剧、话剧,用歌、舞、话一个字就可以囊括了。它是在数百年的形成过程中吸取了民间歌舞、说唱艺术和滑稽戏等各种形式的特色,再经过长期组合,把歌、舞、诗等熔为一炉并逐渐达到和谐统一的效果。这也就使我国戏曲在数百年的历史中形成了"以故事演歌舞"的表演特征。

在200年的发展历程中,京剧在唱词、念白及字韵上越来越北京化。京剧乐队主奏乐器是京胡,伴以其他管弦乐器和锣鼓。使用的二胡、京胡等乐器,也融合了多个民族的发明。这里体现了京剧与乐器的综合。

脸谱起源于上古时期的宗教和舞蹈面具,今天许多中国地方戏中都保留了这种传统。在人的脸上涂上某种颜色以象征这个人的性格和品质、角色和命运,是京剧的一大特点,也是理解剧情的关键。一般来说,红脸含有褒义,代表忠勇者;黑脸为中性,代表猛智者;蓝脸和绿脸也为中性,代表草莽英雄;黄脸和白脸含贬义,代表凶诈者;金脸和银脸是神秘,代表神妖。所以我们经常说的俗语里面有"一个唱红脸,一个唱白脸",就是从戏曲中演化出来的。除颜色之外,脸谱的勾画形式也具有类似的象征意义。例如象征凶狠毒辣的粉脸,有满脸都白的粉脸,有只涂鼻梁眼窝的粉脸,面积的大小和部位的不同,标志着阴险狡诈的程度不同。一般说来,面积越大就代表越狠毒。总之,颜色代表性格,而不同的勾画法则表示性格的程度。这里,京剧的脸谱是与绘画艺术的融合。

京剧的角色是根据男女老少、俊丑正邪分成生、旦、净、丑四大行当,以表演历史故事为主。它的富有装饰性和夸张性的人物造型——脸谱,与其艳丽的头饰、服装,都成为京剧独特的风格,同时也是戏曲与服饰艺术的结合。

历代戏剧学家曾经用各种说法谈到中国戏曲融合性的艺术特征。如明代王骥德《曲律》称戏剧为"并曲与白而歌舞登场";近人王国维《戏曲考原》则称:"戏曲者,谓以歌舞演故事也。"今人梅兰芳云:"(戏曲)不是一般地综合了音乐、舞蹈、美术、文学等因素的戏剧形式,而且是把歌唱、舞蹈、诗文、念白、武打、音乐伴奏以及人物造型(如扮相、穿着等)、砌末道具等紧密地、巧妙地综合在一起的特殊的戏剧形式。"欧阳予倩则云:"中国戏是歌(唱工)、舞(身段和武工)、表演(做工)、道白四者同时具备而又结合得很好的特殊的戏剧形式。"❶这些话的精神是一致的,都充分说明中国古代戏剧是各种艺术融会贯通的产物。

三、建筑综合

中国古代的建筑艺术具有融会贯通的特性。中国的传统建筑,无论是宫殿、寺庙、陵墓还是园林、住宅,它们的个体和群体形象都是某一时期政治、经济、文化、技术等诸多方面的综合产物。

首先,中国建筑是一些建筑物的综合体。中国传统建筑艺术不只是指一间房屋,而是由许多房间组成的一幢建筑,再由许多幢建筑加上室外的群雕、园林花木、亭台回廊等组成的建筑群。这就有了房屋与房屋之间、一组建筑和一组建筑之间、亭台楼阁之间以及所有这一切和大自然之间许许多多大小、远近、高低、动静、向背等等复杂的、全方位的、综合的、多元的空间关系。它除了要求每个房屋单体本身都是一件经得起鉴赏的艺术品外,还要求通过多种实体的排列组合、运动变化,来呈现出事物相互联系中的美。比如说对称的美、和谐的美等。所以中国建筑是综合性艺术的建筑。

其次,中国古代建筑融合了中国传统文化。比如在建筑中融合了"天人合一"、"大一统"等中国传统文化精神。有人说,建筑是凝固的音乐。其实,

---

❶ 叶长海著:《中国传统戏剧的艺术特征》,《戏剧艺术》1998 年版第 4 期。

建筑更是一种凝固的文化。说到古埃及文明,我们会首先想到金字塔;说到古罗马文明,我们就会想那些挺拔的廊柱。同样,说起长城,在外国人心中那是中华民族的象征,而长城在中国人的心中也绝不仅仅是一道军事防御工事,它是悠久文化的象征。

在建筑中还融合了哲学科技等技术文化。限于当时的科学认识水平,古人把建筑环境的太阳辐射、气温、湿度、气流、日照等诸要素以直观的感受进行体验,并用古代哲学来阐释。比如,以老庄为代表的道家思想把"天"当作"天人关系"的中心,提出"人法地,地法天,天法道,道法自然",甚至认为可以用人们对自然山水的认识去预测宇宙间的种种奥秘,去反观社会人生的纷繁现象。这样东方古老哲学与我国古代美学、心理、地质、地理、生态、景观等诸学科互相渗透、相互影响,导致一门独特的学问——风水学在中国诞生了。在古代,建造之前要查看风水,风水学作为中国古代建筑活动的指导原则和实用操作技术,它与营造学、造园学共同组成了中国古代建筑理论的三大支柱,表达出人们繁衍生息、安居乐业的愿望。

又如,建筑中又融合了书法、雕塑、壁画等许多艺术形式。许多古代建筑上都有绘画、雕刻作为装饰,中国古代雕塑中也蕴含着书法的特征。中国古代雕塑的纹理即是线的组合,造型的装饰性与书法中的篆隶保持着内在联系。中国古代建筑从布局到主体的梁柱结构,都遵循对称、均衡、主从关系等法则,园林建筑中的含蓄、借景以及亭、台、楼、榭追求的空灵、飞动等都与书法的结体、章法和节奏、气韵密切相关。这些都充分显示了中国传统建筑融汇贯通的特点。

除此之外,中国的许多传统艺术都具有融会贯通的特点。即使是古代教育也不单纯是我们印象中的摇头晃脑的吟诗作赋,而是各种方面教育的综合体。比如我国古代西周时期实施的"六艺"(礼、乐、射、御、书、数)教育,就是现今的思想品德、音乐、射箭和骑马等体育运动,书法、数学等方面教育的综合。在古代教育中充满了自然和谐的气氛,《论语》中就有在孔子的课堂上学生弹奏乐器的描写。现在的集体体操、自由体操、艺术体操、体育舞蹈、花样游泳和花样滑冰等都是在有节奏的乐曲配合下进行的。体育和音乐、舞蹈获得了充分的融合,充满了美的教育,这也可以看做是对古代教育传统的继承。

第二节　气韵生动

所谓气韵生动,就是用任何一种艺术形式再现生活、反映生活时,要有生气,有风韵,要与宇宙生气相一致。"气"有一个从哲学的宇宙生命本原之"气",到艺术本体之"气"的演变过程。"韵"也有一个从音乐和谐之"韵",到一切艺术内在情趣意味之"韵"的演变过程。气韵生动深刻概括了古代绘画艺术的审美特征和基本精神,"画有六法,……一气韵生动是也,二骨法用笔是也,三应物象形是也,四随类赋彩是也,五经营位置是也,六传移横写是也"。❶ 同时也反映着中国古典艺术的审美要求,"文章者,盖情性之风标,神明之律吕也,蕴思含毫,游心内运,放言落纸,气韵天成❷",从而成为中国古代文化艺术的基本精神。气韵生动要求艺术家以生动的艺术形象,使其蕴含无限情趣和勃勃生机,从而给欣赏者造成"形有尽而意无穷"的审美想象空间。气韵生动是自然艺术的统一、神似与形似的统一,也是主体与客体的审美统一。如建筑中的"借景"、书法中的"计白当黑"、音乐中的"目送归鸿,手拂五弦,俯仰自得,游心太玄"等主要是强调直观、生动、韵味与情趣。

一、绘画:写意传神

古人论"绘画六法"以"气韵生动"为第一,指人物的精神、气质、神态等有生气活泼之妙,这也可以作为整个中国艺术的根本概括,是属于传神的最高要求。我们现在很难看到谢赫时代的纸本或绢本绘画了,但我们仍能看到六法之一"气韵生动"在那个时代的样本,如魏晋南北朝若干墓室壁画、画像砖石等上边勾画草木及人物衣饰的用线,都是顺势而设计的,而且画面上一些同类物体的形状和勾画形状的线条,大致上是有变化和重复的。中国绘画是以墨线为基础的,基底墨线的回旋曲折、纵横交错、顺逆顿挫、驰骋飞舞等,对形成对象形体的气势作用非常大。例如汉代石刻中的飞仙在空中飞舞,不依靠云,也不依靠翅翼,而全靠墨线所表现的衣带飞舞的飘动感,与人的体态姿势,来表达飞的意态。

又如吴道子的《八十七神仙图》,全以人物的衣袖飘带、衣纹皱褶、旌旗流苏等的墨线交错回旋来表现动感,如和谐的音乐在空中飞扬。又例如画花鸟,枝干的欹斜交错、花叶的迎风摇曳、鸟的飞鸣跳动、相呼相斗等等,无不以线来表现它的动态。就以水来说,树的高低欹斜的排列、水的纵横曲折的流走、山的来龙去脉的配置以及山石皴法用笔的倾侧方向等等,也无处不表达线条上动的节奏。

---

❶ 谢赫著:《古画品录》,上海古籍出版社1991年版,第94页。
❷ 萧子显著:《南齐书》,中华书局2000年版,第65页。

八十七神仙图（局部三）　　　　　　　八十七神仙图（局部九）

中国画重视动的气趣,故不愿静对着对象慢慢地描摹,而全靠抓住刹那间的感觉、靠视觉记忆而表达出来的。因此中国画家必须极细致地体察对象形形色色的动态来表达山川人物的神情与意趣。明代画家董其昌感慨:"展读历代名迹,更觉其法如镜花水月,宛然有之,不可把捉;而其无法,如长天清水,茫宕无际。"❶因此认为:"气韵生动不可学,此生而知之,自有天授。"❷但气韵也不是绝对学不到,办法只有"读万卷书,行万里路",随手写生,才可补先天之不足。谢赫六法所论是作为表现帝王将相、文人士大夫的精神气韵,是为当时的人物画立论成说的。作为人物画家,应该仔细观察研究人物的社会属性和生理属性的特点,对不同人在社会生活中所形成的精神面貌、气质、生活动作和习惯进行了解观察,才能描绘出人物的性格特征。对此,晋代画家顾恺之称画像为传神,"传"是表达,"神"是神情。传神是中国现实主义绘画传统的一个发现,一切围绕为表现人物而采用的技法、色彩等,都应服从传达人物精神面貌,使之在画面上有最生动之体现。《历代名画记》中,有"神人物有生动之可状,须神韵而后全,苦气韵不周,空陈形似,笔力未遭,空善赋彩,调非妙也"❸的记载。俗话说"存形莫善于画",形又是传神的基础。绘画根据自然界之实象如实地画出其形状(包括轮廓、比例、人物解剖),在形体准确的基础上,才可进一步传达对象之神态。形和神是对立的统一。宋代黄庭坚指出"凡书画当观韵"。❹"气韵"不仅是作画的标

---

❶　梅墨生编著:《中国名画家集》,河北教育出版社 2000 年版,第 3 页。

❷　王先霈:《文学理论批评术语汇释》,高等教育出版社 2006 年版,第 70 页。

❸　张彦远著,俞剑华注释:《历代名画记》,江苏美术出版社 2007 年版,第 30 页。

❹　杨庆存著:《黄庭坚与宋代文化》,河南大学出版社 2002 年版,第 20 页。

准,而且也成为鉴赏评价的标准。"气韵生动"这条标准,决定了中国画重"神似",与西洋画重"形似"的风格不同。

气韵生动,本是对人物的画法准则,后来对山水画、花鸟画,也都以此为第一标准来衡量。即不仅应传人物之神,还要研究山水、花鸟之神。山水、花鸟如何传神?花鸟本身是具有鲜活的生命,栩栩如生的动态,画家借物抒情,作品才能动人。南宋李唐所画《万壑松风图》一画的意境就与王维诗中所咏的"泉声咽危石,日色冷青松"的境界很相近,不仅传递出山水之神,也表达了诗韵之美。一切自然界的事物都有丰富的形象,"雪要绘其清,月要绘其明,花要绘其馨,泉要绘其声"❶。画家应该凭借自然形象,创造出一个比现实更高的精神境界,从而传递出山水之神。水有千变万化之势,或是烟波浩瀚的江海,或是飞流直下的高山瀑布,或是无限生机的山间细流。画水的方法,也多种多样,有的用线条勾成,有的用石块挤出水口,有的用破笔被拂。如芥子园画法中介绍的不同水势的画法,或者是用影子表现水的澄澈,或者是用线条来表示水的流动,真是善传水波之神。如荆浩、关全的《溪山行旅》、《匡卢图》,董源的《洞天山堂图》,范宽的《溪山行旅》,李唐的《万壑松风图》等图中,所画的水泉、瀑布,都有很出色的表现。

中国画要求笔与墨合、情与景合,现实中无限丰富的景象,给画家以强烈的形象感染力。画家凭借着这种感受,激起描绘这些景象的激情,于是作品作为情景相生的复写而重现,使情景交融在一起。有诗一般的韵味,使观者神往无穷。如果没有表现出如此生动、如此韵味丰富的内涵,也就不能给予人这些感受,而达不到中国画引人入胜的意境。

用影表现水

---

❶ 王学仲著:《中国画学谱》,新世界出版社 2006 年版,第 35 页。

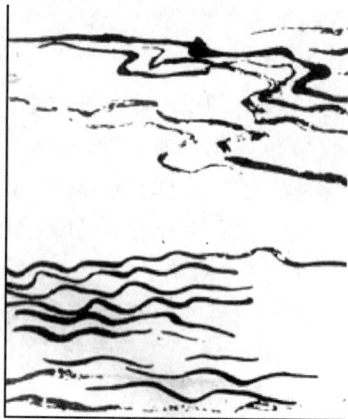

用线表现水

古人讲"缘物寄情"表现风景、山水、花鸟等,不是简单的再现,而是描写人的感情。因此,中国的山水画不叫风景画,中国的花鸟画与西方的花鸟画也不同,西方画追求形似,对着景物细细的描写,同时表现出来的静物写生等对象好像是没有生命的标本。而中国艺术家喜欢户外观赏目识心记,做到烂熟于心,然后一挥而就,主张以形写神,不似之似、得意忘形、意过于形,妙在似与不似之间。几点淡淡的墨团,可以画出毛茸茸的小鸡;几道阔笔,就可以让活生生的水牛浮现在水面上。在造型方式上,中国画强调线条,强调装饰味道。中国画家力主书画相通,讲究以书入画,注重线条的粗细、刚柔、断续、轻重等变化。在色彩运用上,中国画主张随类赋彩,不要求描写具体物象的绝对真实,也不注意物象在时间中光线的变化,有意加大了色彩与客观现实的距离。有时以墨代色,出现了只用水墨的"水墨画"。在构图安排上,中国画要求造境,主张"意主形从"、天人合一、物我两化、物我两忘、神与物游、物为我用。可以用尺幅之纸表现万里江河,也可以画万仞高山;可以画全景,也可以画边角小景;可以画全树,也可画折枝,随意取舍,极其自由。中国画讲究"计白当黑",讲究艺术的空间,讲究"无画处皆成图画"。在艺术观念上,中国艺术偏向于写意传神,而西方艺术偏重于造型写生。

二、书法:刚柔相济

中国文字的点画、结构和形体与外文不同。它变化微妙,形态不一,意趣迥异。"通过点画线条的强弱、浓淡、粗细等丰富变化,以书写的内容和思想感情的起伏变化,以字形字距和行间的分布,构成优美的章法布局。有的似玉龙琢雕，有的似奇峰突起，有的俊秀俏丽，有的气势豪放，这些都使书写文字带上了强烈的艺术色彩，由此产生了中国书法。中国书法是一门古老的艺术，从甲骨文、金文演变而为大篆、小篆、隶书，至定型于东汉、魏、晋的草书、楷书、行书诸体，书法一直散发着艺术的魅力。

　　"气韵生动"在书法中主要体现为"计白当黑"。中国画在画面留有许多留白空隙不画，这是画家有意的安排。空白部分和有画部分同样重要，空白的留多留少，都要在构图时与有画的部分一起考虑和安排。留白是画的一部分，与墨块对立统一。中国书画同源，因此书法的原理同绘画的原理是相通的。书法艺术中，一纸之上，着墨处为黑，无墨处为白；有墨处为实，无墨处为虚；有墨处为字，无墨处亦为字；有字处固要，无字处尤要。白为黑之凭，黑为白之藉，黑白之间，相辅相成；虚为实所参，实为虚所映，虚实之际，互为所系。对立统一思想·被书法艺术中计白当黑之实践体现得淋漓尽致。

　　在"黑之量度为分，白之虚净为布"❶，所以书法把"计白当黑"又简称作"布白"或"分布"，古人把这种布白的字称之为"雅正"。王羲之在书论中说："字贵平正安稳"❷，清代冯武在《书法正传》中也说"平者稳也"。因为这种布白使字平稳安详，在以后的篆、隶、楷、行中大量出现。但是字字都写得工稳平整，也不一定就是书法。王羲之在《题卫夫人〈笔阵图〉》中说："若平直相似状如算子，上下方整，前后平齐，便不是书，但得其点画耳。"❸清人包世臣在《艺舟双楫》上说："分行布白，非停匀之说也，若以端直如引绳为深于章法，此则史匠之能事耳。"❹可知写字如果笔划全都横平竖直、四平八稳，所分割的空间大小相等、左右一致、上下统一，这就成了现代的黑体字。因此书法只追求写得端正是不够的，还要追求其他的美学形式。美学有句名言："对比产生美。"整齐划一没有对比就会使人感到单调乏味。"正而无奇，虽庄严沉实，但朴厚而少文"❺，因此必须有意识地使线条所切割的空间产生大小、方圆等对立的几何图形。

---

　　❶　笪重光著：《书筏》，出自《历代书法论文选》，上海书画出版社 1979 年版，第 562 页。

　　❷　王羲之著：《书论》，出自《历代书法论文选》，上海书画出版社 1979 年版，第 29 页。

　　❸　王羲之著：《题卫夫人〈笔阵图〉》，出自《历代书法论文选》，上海书画出版社 1979 年版，第 26 页。

　　❹　包世臣著：《艺舟双楫》，出自《历代书法论文选》，上海书画出版社 1979 年版，第 652 页。

　　❺　项穆著：《书法雅言》，出自《历代书法论文选》，上海书画出版社 1979 年版，第 516 页。

书法与绘画不同的是用千变万化的线条来分割画面,构成图案,其所切割出来的空间部分(即空白)也是书法的主要部分。留白的运用使书法作品中黑白对比符合美学法则,使欣赏者得到审美愉悦。金文中的"用"、"井"、"且",笔划故意在脚部略微张开,空间的大小对比立即产生了。再如秦书中的"公"、"土"、"作",结构重心下移,条线所分割出来的空间上部分大,下部分扁,给人以天高气清、地厚气实的审美感觉。相反,泰山刻石的"昧"、"死"、"具",王莽诏版"黄"、"沛"、"崇",重心上提,竖划下伸,使下部空间加大。尤其是中山王壶中的"明"、"王"、"君"、"子"、"父"、"尚"等字,对比更加明显,这些字看起来就像长裙拖地的贵妇或蹁跹起舞的飞天。而隶书出现以后,其空间切割的变化更加明显。其结构的重心忽上忽下,忽左忽右,上下左右变幻莫测。如马王堆汉墓竹简中的"云"字,重心偏左,右边留白;"树"字则重心偏右,左边留白。王羲之的十七帖中"知"字,重心偏左,右边留下很大的空白。黄山谷的《寒食帖》中的"东"字,重心偏右,左边留下大片空白,对比强烈。这里空白是为了"多",为了"够",为了满足,反倒能给人以无尽的余味。

此外,中国书法非常讲究气势,这也是"气韵生动"的一种体现。书法中的气和势是两种不同的概念。每一种书体都讲究气,如布局中的行气等,而在行书、小草、大草中,特别是大草(狂草)则讲究"势",最有代表性的是怀素的《自叙帖》和张旭的《草书四帖》。

张旭的书法,始化于张芝、二王一路,以草书成就最高。其以继承"二王"传统而自豪,字字有法,另一方面又效法张芝草书之艺,创造出潇洒磊落、变幻莫测的狂草来,其状惊世骇俗。他把满腔情感倾注在点画之间,旁若无人,如醉如痴,如癫如狂。唐韩愈《送高闲上人序》中赞之:"喜怒、窘穷、忧悲、愉佚、怨恨、思慕、酣醉、无聊、不平,有动于心,必于草书焉发之。观于物,见山水崖谷、鸟兽虫鱼、草木之花实、日月列星、风雨水火、雷霆霹雳、歌舞战斗、天地事物之变,可喜可愕,一寓于书,故旭之书,变动犹鬼神,不可端倪,以此终其身而名后世。"[1]此外,戴明皋在《王铎草书诗卷跋》中说:"元章(米芾)狂草尤讲法,觉斯则全讲势,魏晋之风轨扫地矣,然风樯阵马,殊快人意,魄力之大,非赵、董辈所能及也。"[2]一般说来,"晋人尚韵,唐人尚法,宋人

---

❶ 蒋凡、郁源编:《中国古代文论教程》,中华书局出版 2005 年版,第 176 页。

❷ 王铎著:《王铎草书诗卷》,上海书画出版社 1984 年版,第 50 页。

尚意,元、明尚态"❶,中国书法以不同的风貌反映着时代的精神,书法的理想境界是和谐,但这种和谐不是简单的线条均衡分割,状如算子的等量排列,而是通过参差错落、救差补缺、调轻配重、浓淡相间等艺术手段的运用,达到一种总体平衡,即"中"、"和"意义上的平衡。笔画间的映带之势、顾盼之姿,在注重个体存在的同时,兼顾其他的功用。

张旭书法

　　因此,书法之美是气、韵的化合物,气偏重于直观的形体之美,韵则偏重于它所包容的意趣、情感、风神、格调等内在美。书法的气主要强调的是形式上变化的丰富性,韵则强调书法精神内涵的深广度。前者体现了作者的高超技艺和表现能力,后者体现了作者的艺术领悟力、想象力和创造力。❷

三、音乐:和静清远

　　中国传统音乐博大精深,有众多形式、流派、风格。中国传统音乐美学,除去与政治的紧密联系外,它的审美要求有着相当稳固的一贯性。明代项元汴的《蕉窗九录》中载有《冷仙琴声十六法》,文中把对琴声的要求总结为十六个字,即"轻、松、脆、滑、高、洁、清、虚、幽、奇、古、淡、中、和、疾"❸。同样,徐青山的《溪山琴况》虽然是琴学专著,但他总结的二十四况,可以视为中国传统音乐的全部审美要求。这二十四况是"和、静、清、远、古、淡、恬、

---

❶　宗白华:《中国美学史论集》,安徽教育出版社 2000 年版,第 151 页。

❷　陈廷祐:《中国书法》,五洲传播出版社 2003 年版,第 86 页。

❸　王耀华、杜亚雄著:《中国传统音乐概论》,福建教育出版社 1999 年版,第 96 页。

逸、雅、丽、亮、采、洁、润、圆、坚、宏、细、溜、健、轻、重、迟、速"。❶ 这二十四个字，除去几个古琴技法以外，几乎适用于中国宫廷音乐、宗教音乐、文人音乐中的绝大部分及民间音乐中的一部分。这种美学观的确立，是禅宗思想与儒家思想一致要求的结果。禅宗音乐与儒家音乐有着许多相似的地方，都把"中正"、"平和"、"淡雅"、"肃庄"作为基本原则。儒家的"乐"要为"礼"服务，音乐要服从政治。而禅师也把音乐视为弘扬佛法的舟楫，宣传法理的利器。

自然永远是艺术的第一主题。一般说来，《高山流水》可以代表中国古典音乐的最高境界。天地有大美而不言，《高山流水》蕴涵天地之气韵、山水之风流，乐曲从开始的"点点滴滴"到最后的"浩浩荡荡"，充满着生命的韵律，是中国古代"天人合一"文化精神在音乐中的最好体现。它凝结着千年的沧桑，承载着世事的轮回，而气脉依旧，风骨犹存。一曲《高山流水》，犹如东海之水，滔滔不绝；恰似空谷回音，渺远幽深，空灵、简约、悠远、澹泊、虚静、含蓄……中国古典音乐的韵味尽在其中。这是人与自然的对话，是宇宙与生命的律动。音乐的魅力和韵味在文学中也有表现。如唐代诗人常建在《江上琴兴》中写到："江上调玉琴，一弦清一心。冷冷七弦遍，外木澄幽阴。能使江月白，又令江水深。始知梧桐枝，可以徽黄金。"琴声之所以使江月更白，江水更深，并非江月真的变白，江水真的变深，而是听琴者以心感物的产物。苏东坡《琴诗》云："若言琴上有琴声，放在匣中何不鸣？若言声在指头上，何不于君指上听？"就引用了《楞严经》的"譬如琴瑟琵琶，虽有妙音，若无妙指、妙意，终不能发"的经语禅意。白居易的《船夜援琴》诗云："鸟栖鱼不动，月照夜江深。身外都无事，舟中只有琴。七弦为益友，两耳是知音。心静即声淡，其间无古今。"由于江夜景象澄清，诗人心神超脱，无世俗之念，悠扬清淡的袅袅琴声，打破了时空的界限，将诗人带入玄寂奥妙的艺术境界。可见中国古典音乐的韵味主要是因为融合了弹奏者和倾听者自己的情感才表达出一种空灵幽静的宁静感觉。宋人葛云方说："尝观《国史补》云：'人问璧弹五弦之术，璧曰：我之于五弦也，始则神遇之，终则天随之，眼如耳，耳如鼻，不知五弦为璧，璧为五弦'。"❷ 文中的璧是唐代弹奏五弦琵琶的高手赵璧。赵璧自己认为，弹奏的技巧不在指拨技术，而在心神之运。只有以神运

---

❶ 王耀华、杜亚雄著：《中国传统音乐概论》，福建教育出版社 1999 年版，第 96 页。

❷ 李昉著：《太平广记》，出自子部乐三(卷第二百五十)，上海古籍出版社 1990 年版，第 83 页。

技,才能达到"弦璧不分"的境界。由此可见,心中廓然无一物,真实的生命与宇宙自然真纯的元气淋漓混融,这是天人合一的境界,也是成熟的琴师作为一个艺术家精神上的完全解脱,只有人的本质与音乐的形式完全契合,才能达到如此妙境。

　　一般认为,中国古典音乐赋予人一种宁静、怡然、虚空的感觉,但是西方的音乐无论是柔和钢琴曲还是舒缓的小夜曲,为什么不能给人这样一种感觉呢? 这主要是因为中国古典音乐着重的是自我的表现,和对个人性情的陶冶,是用音乐表达对生活哲学的理解;而西方古典音乐则是表演式的,是为观众服务的,所以被大多数人所接受。它充分表达了音乐内涵中人性的东西,自由而富有想象力,这是两种不同的文化个性所造成的。此外,中国传统的古琴音乐最擅长用"虚"、"远"来制造出一种空灵的美感。其常用的虚音,是在左手实按之后移动手指所发出的延长变化音,这种滑行几个音位的长滑音往往造成琴乐若断若继、若有若无的音乐效果。另外,震音、吟、揉的运用若超过三次以上,其余音便会转弱或消失,只余手指在琴面上转动,这"无声之乐"便形成了音乐进行中的空间感,和那种飘逸、秀丽、禅境式的空灵。从虚、清、远的气韵直至"平淡天真"是一种"化境",平淡到极处,才有宇宙万象的涌动。天真显露,才有活泼生机往来的空灵和变化。

第三节　虚实相生

　　气韵生动是中国艺术的根本精神。由于中国文化的宇宙观是一个气化的宇宙,气即为道,故而它同样是艺术作品的根本。如李白《黄鹤楼送孟浩然之广陵》中的"孤帆远影碧空尽,惟见长江天际流"[1],这两句诗字面上是写景,但这景中却包含了诗人对朋友依依不舍的深情,是抒情。写景是实,抒情是虚。又如朱熹的《水口行舟》:"昨夜扁舟雨一蓑,满江风浪夜如何? 今朝试卷孤篷看,依旧青山绿树多。"[2]写舟行江上的见闻,是实景;诗人在绘景叙事中蕴含了人生的哲理,是虚。再如李忱的诗《瀑布》诗中描写了雄伟壮观、历尽坎坷而最终奔向大海的瀑布形象,这是客观的景物,是实;而诗人在诗中寄托了自己的人生理想,为言志,是虚。这些实际上都是运用了托物言志的写法,作者把主观上的情、志、理依托于客观的景物之上,"化景物为情

---

[1]　李白著,王琦注:《李太白全集》,中华书局 1977 年版,第 160 页。
[2]　张毅编:《宋代文学思想史》,中华书局 1995 年版,第 216 页。

思"。从表达的内容看,是情和景的关系;从表现手法看,是虚和实的关系。除了这些文学上的含蓄,虚实相生在中国古典艺术中有很多体现,尤其是对虚无的重视成为中国艺术的基本准则,如绘画上的飞白、建筑上的"透风漏目",等等。

一、绘画:计白当黑

虚实相生是一种艺术手法,通过在具体的物象的表达基础上进行适当的艺术空间的保留,从而达到意味流长的艺术效果。中国画中有"计白当黑"的论说,意思是说画面不要安排得太满,而应该留有适当的空白,给人们留下想象的余地。虚实相生,画面才更显空灵,景物才更有生气。比如我国国画大师齐白石所画的鱼或虾在水中自由自在的游弋,栩栩如生。他只画鱼或者虾,而不画水,完全通过鱼或者虾游水的神态使观赏者去想象水的存在。因此他所画的鱼虾是否和真实的鱼虾细节完全一致并不重要,重要的是鱼虾游水的神态。我们把这种画法叫做"写意",把西方的画法叫做"写实"。写意就是突出了对虚的重视,而不像写实画去追求透视、光影、色彩的真实。

由于虚实相生、以意境为主的理念,中国画家作画就根据人们的观看习惯来处理画面。对于人们注意力所在的物体,一定要看清楚,画清楚,注意力以外的物体,可以"视而不见"。画中的主体要力求清楚、明确、突出;次要的东西如同背景可以尽量减略舍弃,甚至代之以大片的空白。比如画梅花,"触目横斜千万朵,赏心只有两三枝",那就只画两三枝,梅花是梅花,空白是空白,既不要背景,也可不要颜色,更不要明暗光线。然而两三枝水墨画的梅花明白概括地显现在画面上,清清楚楚地印入观者的眼睛和脑中,这种就是绘画上的飞白。水墨画留白之法最妙,在上面为天空;在画面底下或为地面,或为雪地,或为河水溪流;在山石之间留白,则为泉水或瀑布,自古以来最为普遍。观五代山水大家荆浩、关仝、董源等之作品,在山石与岸边着水处,少许行笔或皴或染,意到即止,其他水处则留空白。瀑布、泉水之法亦然,以线条勾勒后留白。这种大刀阔斧的取舍方法,使得中国绘画在表现上有最大的灵活性,也使画家在作画过程中可发挥最大的主动性,同时又可以使所要表现的主体得到最突出、最集中、最明豁的视觉效果。

西方绘画讲究焦点透视,是建立在假定观者眼睛不动的基础上的,所以西方有很多人物肖像画、静物画。但是在大多数的场合,人是活动的,是边行动边看东西的。西方绘画忠于客观就无法把这种景象画下来,在一张画里画了这边就画不了那边,中国绘画则可以按照观众的欣赏要求来处理画面,打破焦点透视的限制,采取多种多样的形式。如《长江万里图》、《清明上河图》用长长的画卷,将几十里以至几百里山河画到一张画面上。如果要画故事性的题材,可用鸟瞰法,从门外画到门里,从大厅画到后院,一望在目,层次整齐。而里面的人物,如果仍用鸟瞰透视去画,则会缩短变形而变得很难看,故仍用平透视来画,不仅不妨碍人物形象动作的表达,而且使人看了还很舒服。如果是时间连续的故事性题材,如韩熙载《夜宴图》、故宫博物院所藏的《洛神赋图》,则将许多时间连续的情节巧妙地安排在一幅画面上,主体人物多次出现。中国传统绘画上处理构图透视的多样方法,展现了我们祖先的高度智慧,是中国传统绘画高度艺术性的风格特征之一。但是更主要的是对"虚实相生"理念的运用,这些都是建立在虚构的空间中的形象,并不一定要忠于客观事实。例如郑板桥曾说:"江馆清秋,晨起看竹,烟光、日影、露气,皆浮动于疏枝密叶之间。胸中勃勃,遂有画意。其实胸中之竹,并不是眼中之竹也。因而磨墨、展纸、落笔,倏作变相,手中之竹,又不是胸中之竹也。"❶只要能达到"立象以尽意"、"触景而生情"的目的,可以"得意"而"忘形",更强调"意在笔先","情为主,景为客"。

二、戏剧:含虚蓄实

中国传统艺术虚实相生特点的另一个很明显的例子是戏剧。明代戏剧家王骥德在《曲律》中指出:"戏剧之道,出之贵实,而用之贵虚。"❷戏剧的基础是生活经验,而表现手法则是艺术虚拟。中国戏剧在表演时具有虚拟性的特点。它是在基本没有景物造型的舞台上,运用演员的虚拟动作调动观众的想象,形成特定的戏剧情境和舞台形象。比如在戏剧《夫妻观灯》里,舞台上一盏花灯也没有出现,只有一男一女两个演员,通过一系列动作和演唱,把眼前遇见的一盏盏花灯在人物心中引起的反应,表现得淋漓尽致,使观众也仿佛身临其境,似乎看到了形形色色的花灯,置身于热闹拥挤的元宵街头。这里,演员对街头闹市的花灯景色,采取了虚写,而对观灯的感受、感情的交流,则采取了实写。虚实结合,启发了观众的想象,舞台上的"意境"就传达给了台下的观众。

中国戏曲的虚拟审美特征可以概括为"虚由实生,实仗虚行,以实为本,

---

❶　苗隶、张晶著:《探赜与发现》,文化艺术出版社 2004 年版,第 84 页。

❷　王国维著,马美信注:《宋元戏曲史疏证》,复旦大学出版社 2004 年版,第 5 页。

以虚为用"。以实为本,以虚为用,既可意会,又可言传;既能目睹,又能耳闻。它在传统戏曲中,可以说是无所不在的。戏剧中经常使用虚拟的手法使舞台上产生特殊的时间形态:一是时间的压缩,如唱做十几分钟就表示经历了很长的时间;二是时间的延伸,如几秒钟的思考和动作,却花费几倍、十几倍的舞台时间来细致刻画。例如描写战争,探子第一次来报,敌军离城尚有一百里,第二次来报,只有二十里了,前后不过相隔几分钟;在紧要关头,追兵在即,夫妻却要抒情话别,缠绵悱恻地唱上一二十分钟。这就是充分利用了"心理时间"和"心理空间"的艺术手法。

传统戏曲舞台上的布景很少,一般不设置逼真的布景,而是使用虚拟手法获得剧情地点转换变化的自由。有的老艺人说:"戏曲的布景在演员的身上。"舞台上的一桌二椅可以象征各种虚拟的物件。有时是金殿、衙门,有时是山坡,有时又是城楼、院墙、床铺。戏剧主要是通过演员的表演、服装、剧情所规定的情景和音乐的渲染来制造周围环境,取代真实的布景和实物。《梁祝》中的十八相送,舞台上虽然没有布景,却借助于演员的歌唱、舞蹈、对话、眼神,移步换景,边唱边舞,把梁山伯送别祝英台一路上的复杂心情、各种景致,细腻生动地表现出来了。十八相送的地点环境是虚写,两人依依惜别的深情则是实写,尽管两人走来走去都是在舞台上,但观众觉得梁山伯对祝英台的长途送别是真实可信的,只要能借景抒情,观众并不注意道具"桥"的构造。因此戏剧是通过主观意念来说明要表现的意境的。这种想象建立在对日常生活的体验和感受的基础上,再通过演员和观众的互相启发和想象共同完成。正如我们的戏剧大师焦菊隐先生所明确指出的那样:西方戏剧和传入我国的话剧是"从布景里面出表演",而我们的京剧是"从表演里面出布景"。❶

但是,对于戏曲时空处理的虚拟性,不应强调得过于绝对。"出之贵实"还是不容忽视。即使道具,也是有虚有实、虚实结合。元帅升帐,有"三军司命"的大帐;县官升堂,有"明镜高悬"的堂匾;《武松打店》有"十字坡"的幌子,以意味客店的存在;《秋江》老艄公划船,船是虚的,桨是实的;《走单骑》中关羽一刀杀八个是虚的,《武松打店》中武松手里那柄银光闪闪的匕首却是实的。有些道具,则是半虚半实、半真半假的,例如杯、笔、灯,都是在和整个舞台艺术风格统一的原则下不可缺少的道具。表现饮酒时,舞台上只放酒杯和酒壶,没有酒,更没有菜,完全是象征性的虚拟表演,只不过饮酒时要

---

❶ 邹红著:《焦菊隐戏剧理论研究》,北京师范大学出版社 1999 年版,第 145 页。

有真实的感觉,要使观众感到这酒杯中确实有酒。川剧《评雪辨踪》,一把椅子可以表示窑门,吕蒙正把身子一弯,朝里一钻,就算进了窑门;越剧《红楼梦》里布景堂皇,华丽精致,可是戏的风格却是写意的。这样虚中有实,实里透虚,同演员的表演互相映衬,产生了情景交融的艺术效果。

戏曲虚实相生的美学特征,最大的好处是避免了表演的自然主义弊病。戏剧并不要求把它的作品当作现实。因为舞台上的生活,不是现实生活的简单翻版。高尔基在《致沃·格罗斯曼的信》中说过:"自然主义只是机械地指出—记录事实;自然主义是照相师的手艺,而照相师只能——比方说——拍摄一副苦笑的脸,可是为了表现一副讥笑的或愉快的笑脸,他就必须照了又照。所以在这些照片中多少是'真实'的,然而这种'真实'只能在人的痛苦、愤怒或愉快的一刹那才有。但是,照相师和自然主义者对于描写人的错综复杂的真实是无能为力的。"戏曲的虚拟对于表现错综复杂的真实却是大有可为。一曲《牡丹亭》,忽生忽死,忽梦忽醒,奇趣迭出,惊心动魄;《大闹天宫》里的孙悟空,一个筋斗翻了十万八千里;《天仙配》中的织女,用碎细的台步、飘舞的水袖和腰身的摆动,给人以一种凌空踏虚、冉冉而去的感觉;《苏三起解》唱了几十分钟的戏,走了四百里路……虚拟的特征渗透到了戏曲的唱、做、念、打中间,具有无限的魅力。❶

三、建筑:计虚当实

我国古典园林也是虚实相生这一特点的生动例子。中国古代传统艺术中,不论在建筑、园林或舞蹈中,一切时空的构成配置变化,无不是为了渲染一种意境,引出一种氛围或情趣,激发情感。从中晚唐到宋,士大夫们要求身居市井也能闹处寻幽,于是在宅旁葺园地,在近郊置别业,蔚为风气。唐长安、洛阳和宋开封都建有大量宅第园池。从《洛阳名园记》一书中可知唐宋宅园大都是在面积不大的宅地里,因高就低,掇山理水,表现山壑溪池之胜,点景起亭,揽胜筑台,茂林蔽天,繁花覆地,小桥流水,曲径通幽,巧得自然之趣。根据造园者对山水的艺术认识和生活需求,因地制宜地在园中表现山水真情和诗情画意。或者是利用原有自然风致,去芜理乱,修整开发,开辟路径,布置园林建筑,不费人工就可形成的自然园林。唐代如宋之问的蓝田别墅、李德裕的平泉别墅、王维的辋川别墅,皆有竹洲花坞之胜,清流翠篠之趣,人工景物,仿佛天成。而白居易的草堂,尤能参合借景的方法利用

---

❶ 戴平著:《戏剧美》,湖北教育出版社 1992 年版,第 134 页。

自然。

在一定的地域范围内,为改善生态、美化环境、满足游憩和文化生活需要而创造的人工园林。例如中国古代许多园景中都有套房小院,各院中置不同形式的花坛,竹影花香,十分幽静。或者在园林中满植修竹,竹间放置参差的石笋,用一真一假的处理手法,展现春日山林的景象。假山的设计手法,是利用不同的地位、朝向、材料和山的形态,达到各具特色的目的。山间常常有古柏出石隙中,使坚挺的形态与山势取得调和,苍绿的枝叶又与褐黄的山石造成对比。古人在植物配置上,善于用陪衬以加深景色,是经过一番选择与推敲的。如每当夕阳西下,一抹红霞,映照在园林的假山上,不但山势显露,并且色彩倍觉醒目。山的本身拔地数丈,峻峭凌云,宛如一幅秋山图,假山山顶常常有亭,人在亭中见群峰皆置脚下,是秋日登高的理想去处。

一座园林的面积和空间是有限的,为了扩大景物的深度和广度,丰富游赏的内容,借景是中国园林艺术的常用手法。园林墙上列洞,引隔墙风景入院,有意识地把园外的景物"借"到园内视景范围中来,收无限于有限之中。如唐代所建的滕王阁,借赣江之景:"落霞与孤鹜齐飞,秋水共长天一色。"岳阳楼近借洞庭湖水,远借君山,构成气象万千的山水画面。杭州西湖,在"明湖一碧,青山四围,六桥锁烟水"的较大境域中,"西湖十景"互借,各个"景"又自成一体,形成一幅幅生动的画面。北京颐和园的"湖山真意"远借西山为背景,近借玉泉山,在夕阳西下、落霞满天的时候赏景,景象曼妙。承德避暑山庄,借磬锤峰一带山峦的景色。苏州园林更各有其独具匠心的借景手法。拙政园西部原为清末张氏补园,与拙政园中部分别为两座园林,西部假山上设宜两亭,邻借拙政园中部之景,一亭尽收两家春色。留园西部舒啸亭土山一带,近借西园,远借虎丘山景色。沧浪亭的看山楼,远借上方山的岚光塔影。山塘街的塔影园,近借虎丘塔,在池中可以清楚地看到虎丘塔的倒影。《红楼梦》小说里大观园采用"分景"的建筑手法,运用园门、假山、墙垣等,造成园中的曲折多变,境界层层深入,像音乐中不同的音符一样,使游人产生不同的感觉。建筑中无论是借景、对景,还是隔景、分景,都是通过使用布置空间、组织空间、创造空间,扩大空间的种种手法,丰富美的感受,创造艺术意境。

由此可见,古代园林中的布置虚实相间,实的是自然景物,虚的是人们想象之景色,充分体现了古代建筑中虚实相生的审美特点。

第四节　中和之美

中和是儒家对于礼和乐提出来的要求,也是一种伦理道德规范。《论语》:"乐而不淫,哀而不伤。"❶《礼记·中庸》:"喜怒哀乐之未发谓之中,发而皆中节谓之和,中也者,天下之大本也;和也者,天下之达道也,致中和,天地位焉,万物育焉。"❷《礼记·经解》:"温柔敦厚,《诗》教也……其为人也,温柔敦厚而不愚,则深于《诗》者也。"❸作为文艺创作的尺度,中和之美的一般含义是要求抒发感情而又要有所节制,和谐、适度地处理主体(艺术家的情意)与客体(物境、情境)的各种关系。它追求的是艺术作品中主体与客体契合而成的意境。儒家思想讲究刚柔并济,希望人的心灵永远保持一种超然脱俗的态度,不被事物的现象所迷惑,让自己的心灵轻松无忧地保持一种中庸态度。这种思想后来渐渐演变成中国传统文化精神之一的"中和"、"中正"。中国古代文化艺术的最高境界是"和"。"和"包括了宇宙人生的各个方面,如人本身内心的和、与社会的和、天人之和。"和"是两部分调和的结果。"气韵生动"的"气"又可分为阳刚之气与阴柔之气,阳刚阴柔两气又以中和之气相协调。在艺术的最高境界上,大俗即大雅。中国古代艺术的各个方面都体现了这种中和之美。

一、音乐:和合之美

以德治国是我们中华民族的传统。在我国古代政治生活中,渗透着浓厚的道德精神。以音乐来实现道德教化是乐教的重要功能。音乐教化就是封建统治者想通过行政或教育的手段,向全社会实施普遍的道德训练与情感陶冶,以便使全社会形成统一的道德认识和道德实践。孔子无疑是主张以乐教建立和谐社会的先行者。《史记·孔子世家》载:"孔子以诗书礼乐教。"❹孔子周游列国返鲁后说:"吾自卫反鲁,然后乐正,《雅》《颂》各得其所。"❺"《诗》三百五篇,孔子皆弦歌之,以求合于《韶》《武》《雅》《颂》,礼乐自

---

❶ 朱熹著:《论语集注》,山东友谊出版社1998年版,第35页。
❷ 杨天宇著:《礼记译注》,上海古籍出版社1997年版,第899页。
❸ 杨天宇著:《礼记译注》,上海古籍出版社1997年版,第978页。
❹ 司马迁著:《史记》,中华书局1982年版,第562页。
❺ 司马迁著:《史记》,中华书局1982年版,第562页。

此可得而述。"❶这些说明孔子不是一般地教授《乐》,他精通乐理,深谙音律,他想通过音乐来实现教化的功能。在孔子"兴于诗,立于礼,成于乐"❷的教育思想中,音乐修养是人生的主要方面。诗是修身之始,以礼为依据,由乐来完成。它们都是形成良好习惯的重要手段。通过它们达到"温柔敦厚而不愚"、"广博易良而不奢"、"思无邪"的品质,才能使人的性情柔和敦厚、善良朴实,这是具有"中和"之美的实现过程。荀子的《乐论》也说:"且乐也者,和之不可变者也;礼也者,理之不可易者也。乐合同,礼别异。礼、乐之统,管乎人心矣。"荀子认为,乐和礼是两个相辅相成的方面,乐的作用在于使群体和谐,礼的作用在于使等级分明,礼、乐相互结合,才能规范人们的心灵。汉代的董仲舒、扬雄,唐代的白居易,也都从不同角度继承了这种思想。如白居易的音乐思想认为,"序人伦,安国家,莫先于礼;和人神,移风俗,莫善于乐。二者所以并天地,参阴阳,废一不可也"❸。这种一脉相承的音乐观念在整个封建社会都占有十分重要的地位。朱熹则强调以音乐"养其中和之德,而救其气质之偏",进而"养君中和之正性,禁尔忿欲之邪心"❹。这既是对中和之美准则的继承,更是从理学家"革尽人欲,复尽天理"的要求出发提出的音乐主张。

受"天人合一"思想的影响,中国古代音乐从整体上来看是人文主义的。一方面,要求音乐同社会及伦理密切结合,与人际关系相联系;另一方面,音乐应当与自然和谐,与万物相通。所以中国古代一直强调的"中和"规范,提出"乐教"、"诗教",提倡"淡"、"和"的音乐观。这种"中和"音乐将人们的思想与情感糅合在优美的旋律中,再通过声音与旋律生动地再现出来,为人们开辟了一个崇高的精神境界。达到"中和之美"的目的就是实现社会的和谐。

中和之美突出体现在中国古代的音乐思想中。晏婴把音乐和道德紧密联系起来对"中和之美"进行阐释,他认为只有乐和,才能"平其心";心平才能"德和";只有德和,才能使行为趋于中正。《左传·襄公二十九年》记载吴国的季札对周乐《颂》的评价,完整地诠释了具有"中和之美"的音乐应该是"直而不倨,曲而不诎,近而不逼,远而不携,迁而不淫,复而不厌,哀而不愁,乐而不荒,用而不匮,广而不宣,施而不费,取而不贪,处而不底,行而不流。

---

❶ 司马迁著:《史记》,中华书局1982年版,第562页。

❷ 孔子著,张燕婴注:《论语》,中华书局2006年版,第25页。

❸ 孙明君:《汉魏文学与政治》,商务印书馆2003年版,第6页。

❹ 王耀华,林亚雄:《中国传统音乐概论》,福建教育出版社1999年版,第362页。

五声和,八风平,节有度,守有序,盛德之所同也"。❶ 基于这种和谐观念,《乐记》在谈到音乐艺术风格问题时,从各个角度明确体现了对阳刚阴柔众多艺术风格的兼收并蓄,同时强调了中和之美的时中精神。"礼乐之情同,故明王以相沿也。故事与时并,名与功僧"。"五帝殊时,不相沿乐;三王异世,不相袭礼,礼乐既有继承,又有发展"。其理想的音乐是:"奋至德之光,动四气之和,以著万物之理。"❷因此,音乐中的"中和之美"是一种以正确性原则为内在精神的普遍的艺术和谐观。

由上可知,中和之美是中国古典音乐创造和欣赏的追求目标和重要指导原则。在这一原则的指导下,中国古典音乐无论是创作还是演奏都非常"含蓄"、"蕴藉",讲究恰到好处,而不会像西方音乐那样张扬和直露,同时在主体精神上追求一种"和谐"的境界。

二、书法:和谐之美

"中"即适中、中正、不偏不倚,表现在书法上是外在形式的体式均和;"和"即和谐统一,主要表现在把对立、矛盾的因素融合到书法作品中,使之方圆兼备、刚柔相济。孙过庭首先将"中和"作为书法审美的一个完整概念提出来,他在《书谱》中论及王羲之晚年书法"多妙",归因于他"思虑通审,志气平和,不激不厉"。❸ 把对中和之美总结为"违而不犯,和而不同",即在对立中求统一,在统一中求变化。朱熹则从较高层面上指出了"妙在结合,神在能离"。

"中和之美"首先表现为书法中正平和,不偏不倚,符合形式美规范,强调书法形式美诸因素的和谐统一。书法艺术在笔法、结构、章法三个方面,无一不遵循体和势均、严正安稳的审美原则。在笔法上,强调对立双方的协调与平衡、肥瘦、露藏、上下、左右、多少,使矛盾的两方面均有各自的节制,超越对立与冲突,达到形式上的统一。在结构上,讲究疏密、黑白、主次、向背、奇正等的辩证统一,在章法上表现为气脉连贯以及动与静、连与断、均与乱、呼与应、起与承、并与和、首与尾、正文与题款、字距与行距等因素的对立统一。书法的理想境界也是和谐,不走极端,无论是字的形与神,还是线条的肥与瘦,都是和谐的、恰到好处的。但这种和谐不是简单的线条均衡分

---

❶ 左丘明著,李维琦注:《左传》,岳麓书社 2001 年版,第 302 页。

❷ 王耀华、杜亚雄著:《中国传统音乐概论》,福建教育出版社 1999 年版,第 359 页。

❸ 孙过庭著:《书谱》,出自《历代书法论文选》,上海书画出版社 1979 年版,第 129 页。

割,而是通过参差错落、救差补缺、调轻配重、浓淡相间等艺术手段的运用,达到的一种总体平衡,即"中"、"和"意义上的平衡。笔画间的映带之势、顾盼之姿,在注重个体存在的同时,兼顾其他的功用。如《兰亭序》的章法整体雅致均衡,也是通过对每一纵行的左偏右移不断调整、造险救险而实现的。黄庭坚《黄州寒食诗卷跋》的章法就是这方面的成功范例。可见,一点一画,互相牵制,互为生发,彼此衬托;一字一行,小大参错,彼此渲染,中国文化"和为贵"的价值观,通过书法艺术的中和之美得到了完美体现。

书法的中和之美还表现在书法的意境美上。中国古代美学强调人与自然、主体与对象、主观与客观、感性与理性、情感与理智的和谐统一。这种审美思想体现在书法美学之中便出现了情理结合、文质兼备的审美标准。书法是表达书法家思想感情的工具,"欲书先散怀抱,任情恣性,然后书之"❶。在初级阶段,书法家有意识通过写字,表达自己的思想感情;到了高级阶段,他们往往一任感情倾泻,进入"物我皆忘"的境界,这种境界美是书法家个人的审美同自然界相互印证的结果,是书法家个人情感与客观事物相契合而产生的中和之美。

纵观中国书法的历史,作为中国古典文化精髓的中和之美是书法艺术的灵魂。虽然在不同历史时期对中和之美的追求侧重点各不相同,但从整体上看,追求中和之美始终是中国书法的主流。

三、哲学:中庸之道

古代中国人认为世间的一切事物,无论有形无形,都是由阴、阳二气和木、火、土、金、水五行(即五种物质元素),通过阴阳的消长变化和五行间的彼此循环、相互作用(即所谓"相生"、"相克")衍生出来的。其中阴阳学说较形象地反映在由《周易》演化而来的太极图里。太极图是我国传统的中和之美的象征,它代表着我国审美文化的最大特色之一。太极图中,左边一半为黑(阴),右边一半为白(阳),《易·系辞上》曰"一阴一阳谓之道❷",意味着世间万物都由阴阳这两种相对相成的因素构成。但是,在一半黑中有一小白,白中有一小黑,这意味着阴阳的对立关系不是绝对的,是阴中有阳,阳中有阴,即双方有着内在的共同性,反映出"对立而不相抗"的中国式互补和谐原

---

❶ 蔡邕著:《笔论》,出自陈云君著《中国书法史论》,人民日报出版社 1987 年版,第100 页。

❷ 汪学群著:《清初易学》,商务印书馆 2004 年版,第 644 页。

则。五行说是阴阳观的进一步展开，从五行相互联系中可以看出，古代中国人把诸如颜色、味觉、声音、季节、方位、情志、礼仪、人的内脏、天体等等世间万物，分别归属到木、火、土、金、水这五个元素里，即人所感知的一切事物和活动都可被纳入到阴阳五行之中，体现出了中国哲学的中和之美。

　　阴阳、五行观念，它对传统审美模式的影响相当深刻，最突出的便是儒家的"中庸之道"。中庸精神是儒家思想的精华，中国传统文化可以说就是以中庸精神为核心的礼乐文化。这里"中"是适合，"庸"是按照适宜的方式做事，而按照适宜的方式做事就可以长久，就是"善"。所以"中庸精神"就是适度把握，按照适中方式做事，并力求保持在一个合情合理的范围之内。中庸思想对中国古典艺术精神也产生了重要影响，尤其在书法艺术的发展过程中，中庸思想具体物化为对"中和之美"的追求，从两汉、魏晋南北朝到宋元明清，一直发挥着或隐或显的作用。在处世哲学上，"中和"和"中庸"也是传统文化精神的核心，中国人感情含蓄，说话委婉，心胸宽大，注重大局，就是"中庸"思想的体现，所以中国人行为处事不会像外国人那样张扬自我，注重个人的权利和利益。

四、建筑：中正之美

　　中国古代的建筑思想集合了数千年中华民族文化的精粹，其中以北京故宫为代表。其中轴线布局，从商代就奠定了"前朝后寝"的基本结构。还有许多具有乡土风情的民居以及采用规模方正的对称布局的四合院、开一代民居之风的院落单位的群体组合等等。古代建筑中所反映的价值观、思维方式、行为方式、审美意识、文化心理等，一般都以一定的古代哲学为基础，建筑美学更是与哲学浑然一体，并与中华民族的伦理道德作用在一起，深刻地影响着中国古代建筑设计的理念。这种理念就是"中和"、"中正"思想。

　　"中和"在建筑上首先体现为中国古代建筑中的居中思想，以中为贵。《荀子·大略篇》曰"王者必居天下之中"，如都城的选址，就有"择天下之中以立国，择国之中以立宫"的说法，所以从建筑群到建筑物的选址，再到建筑形制结构都体现出了居中的思想。唐长安城就是这方面最显著的体现。都城的主干道朱雀大街是其中轴线，朱雀大街宽150米，处于都城东西居中位置。而自南向北，依次有都城正门明德门、朱雀门，承天门中轴线北端正对宫城南北排列的三大殿太极殿、两仪殿、甘泉殿。它不但突出了大朝正殿、宫城正门、皇城正门、郭城正门的地位，而且围绕中轴线，宫室、官府、宗庙、社稷、市场、里坊对称分布于中轴线东西。并且其每个里坊设计都体现了居中思想。市场为"井"字形,管理里坊的官方建筑就在市场中央。

中和思想还体现在中国古代建筑中建筑设计思想的"天人合一"理念。古代帝王号称"天子",意思是说他是代表上天来民间统治人民,所以在建筑规划中,做到"法天象地",政治中心都城要按照"天"的设计理念去建造。比如汉长安城皇宫未央宫又称"紫宫"或"紫微宫",紫宫本是星座,明清时代皇城叫紫禁城就是根源于紫宫,所以从各朝宫殿名称就可看到古代建筑是"天人合一"理念的体现。如祭天的天坛与地坛的圆形与方形平面,是天与地的再现。如北京天坛,其坛体平面是圆形,天坛主体建筑——祈年殿及屋顶均为圆形,天坛每层坛体直径均取一、三、五、七、九阳数数列,天坛四周栏板360块对应周天360度。凡此种种,都反映出设计者将祭天建筑的圜丘与"天"的最大限度对应。地坛是祭"地"的建筑,是相对天坛而建的,地坛的主体建筑是方泽坛,地坛平面是方形,为上、下两层,每层各八级台阶。地坛建筑均取偶数,与天坛比较,地坛以六、八之数为地,天坛以九之至尊之数代表天,天坛平面为圆,地坛平面为方,充分突出了中国古代"天圆地方"思想。古代天坛设于南郊,地坛设于北郊,宫城又在天坛与地坛南北之间,使人处于天地之间,使天地人成为一体,把天人合一发展到了最高境界。在同一建筑里,通过"天圆地方",也体现了"天人合一"思想,屋顶是圆的,喻"天";屋地面是方的,表"地",人居其中,从而表现了天人合一的哲学思想。

总之,中国古代建筑通过气势雄伟的外朝和严谨纤巧的内廷的对比,用物化的形式体现了阴阳学说的内容,并且通过宫殿布局和名称的巧妙结合,对阴阳学说中"从阴中求阳,从阳中求阴"的哲理进行了阐释。布局、数目、色彩等方面的变化,则体现了古人对于物质相生相克关系的认识,并以这种认识为指导,在紫禁城的建筑中体现了天子至尊、国泰民安等思想以及趋吉避凶的象征意义。

五、姓名:天赋之美

"和"是中国文化也是中国艺术的最高境界,包含着多样性的统一和相反性的和谐。由"和"又引发出"中",中在艺术上是把多样或相反的东西构成一个和谐的整体,表现为对中心的追求。这一思想在姓名中也有体现。

古代中国人的"姓名"有一个非常科学的系统,即由姓、名、字、号四个部分组成,如:王安石,姓王,名安石,字介甫,号半山。苏轼,姓苏,名轼,字子瞻,号东坡居士。在整体中有一个中心,整个名字才显得气韵生动,体现出和谐感和理性精神。中国人的"名"和"字"是非常有讲究的,两者互为表里,或者相辅相成、相得益彰;或者相反相成、互相补充,体现出阴阳合和之理,内外呼应之妙,具有天赋之美,耐人寻味。如:李白,字太白;杜甫,字子美;韩愈,字退之;柳宗元,字子厚;刘禹锡,字梦得;杜牧,字牧之。仔细斟酌"名"和"字"的关系,内涵丰富,意义深刻。国人忌讳直呼其名,那样会显得很不礼貌,这时候,称呼字就显得亲切、含蓄而又文雅。如:毛泽东,字润之。称呼"毛主席"是一种感觉,称呼"润之先生"又是一种感觉,这就能够适应不同的情况和需要。称呼字,往往表示敬重、爱护之意。

　　综上所述,中国传统艺术的魅力是深远的,其中的美学精神也远远超出了上文所论述的融合贯通、气韵生动、虚实相生、中和之美、天人合一等这几个方面,其他的还有很多。但是最根本的贯穿始终的是儒家的"中庸思想",强调在"礼"的制约下达到"中和"的规范。所以艺术作品无论民间的、宗教的、文人的还是宫廷都强调"中和"。与强调对比原则的西方艺术相比,强调渐变原则的中国传统艺术严守"中庸之道"的阵地。这种"中庸之道"甚至影响着中国人千百年来的为人处世。中和之美成为中国古代艺术创造与欣赏的一大追求目标和重要原则。

第六章

生活情趣

也许现代人认为,由于物质生产条件比较落后,所以古人的生活没有什么乐趣。其实今天我们读到古人留下来的文字记录,看到描述古人生活的画卷,我们可以感到古人的生活是非常有情趣的,无论是衣食住行各个方面都乐趣无穷。他们讲究如何选择食物,搭配食物的食性,调配出合理的饮食,或者是追求服饰的美感,或者是沉浸在节日礼俗的欢乐之中,或者是专注于骑马、射箭等各种体育运动,享受活的快乐和生的欢愉。

第一节　饮食享受

"民以食为天"。古老而悠久的中国饮食文化从形式到内容都是丰富多样的,在世界上独树一帜。传统饮食的形成过程,是一个民族或国家的历史文化长期积淀凝聚的过程,民族文化也正是在饮食文化这一特定的情景设置中得到传承与弘扬。

一、八大菜系

中国地大物博,气候多样,人们根据各个地区的物产,制作出了具有民族风味和地方风味的食品,渐渐形成了中国饮食文化的多样性。在中国饮食文化中,最具有代表性的是川菜、粤菜、闽菜、苏菜、鲁菜、京菜等,这些菜系都是在民间菜肴的基础上逐步发展和完善起来的,具有浓郁的地方特色。由于菜肴特色的表现是以物产为依据的,张华《博物志》指出了这种物产上的差异 ,"东南之人食水产,西北之人食陆畜","食水产者,龟蛤螺蚌以为珍味,不觉其腥臊也;食陆畜者,狸兔鼠雀以为珍味,不觉其膻也"[1]。这样各地饮食基本口味就有了差异。此外,烹调方法的不同,也是菜系形成的一个重

---

❶　徐文苑:《中国饮食文化概论》,清华大学出版社 2005 年版,第 67 页。

要原因。根据相关文献研究,中国菜系的起源可以上溯到商代初期。秦汉时代各地菜肴才有明显的风味特色,如北方重咸鲜、蜀地好辛香、荆吴喜甜酸等。明清时代,主要菜系大体都已形成,正如《清稗类钞·饮食类·各省特色之肴馔》所说"肴馔之有特色者,为京师、山东、四川、广东、福建、江宁、苏州、镇江、扬州、淮安"❶,这里已包纳了我们现在所说的几大菜系了。从此各大菜系交相辉映,成为中华民族珍贵的文化瑰宝。下面我们分别讲述各大菜系的特色。

(一)八大菜系之一:菜系之首——鲁菜

八大菜系之首当推鲁菜。鲁菜的形成和发展与山东地区的文化历史、地理环境和习俗有关。山东是我国古文化发祥地之一,境内山川纵横,河湖交错,沃野千里,物产丰富,交通便利,文化发达。其粮食产量居全国第三位,蔬菜种类繁多,品质优良,号称"世界三大菜园"之一。胶州大白菜、章邱大葱、苍山大蒜、莱芜生姜都久负盛名。另外,山东的水产品产量也非常丰富,其中名贵海产品鱼翅、海参、大对虾、加吉鱼、比目鱼、鲍鱼、天鹅蛋、西施舌、扇贝、红螺、紫菜等都享誉海内外。如此丰富的物产,为鲁菜的发展提供了取之不尽、用之不竭的原料资源。

鲁菜历史极其久远。山东位于渤海和黄海之滨,当地居民很早就用盐调味。《尚书·禹贡》中载有"青州贡盐",此外《诗经》中已有食用黄河鲂鱼和鲤鱼的记载,而今糖醋黄河鲤鱼仍是鲁菜中的代表菜,可见其源远流长。而胶东菜以海鲜见长,是承袭海滨先民食鱼的习俗。鲁菜的雏形可追溯到春秋战国时期。当时的鲁菜已经相当讲究刀工和调料的艺术性,已到日臻精美的地步。如"食不厌精,脍不厌细"的孔夫子,还有一系列"不食"的主张,如"鱼馁而肉败不食,色恶不食,臭恶不食,失饪不食,不时不食,割不正不食,不得其酱不食……"❷秦汉时期,山东的经济空前繁荣,根据画像石"诸城前凉台庖厨画像",可以看到厨房里面上面挂满猪头、猪腿、鸡、兔、鱼等各种畜类、禽类、野味,下面有汲水、烧灶、劈柴、宰羊、杀猪、杀鸡、屠狗、切鱼、切肉、洗涤、搅拌、烤饼、烤肉串等各种忙碌烹调操作的人们,显示了烹饪操作的全过程,场面壮观,分工精细,可想见当时的地主、富豪奢靡的饮食生活。在饮食理论方面,北魏的《齐民要术》不但详细阐述了煎、烧、炒、煮、烤、蒸、腌、腊、炖、糟等烹调方法,还记载了烤鸭、烤乳猪等名菜的制作方法,对

❶ 徐珂著:《清稗类钞》(第十三册),中华书局1986年版,第496页。

❷ 《论语》,岳麓书社2000年版,第32页。

黄河流域,主要是山东地区的烹调技术作了较为全面的总结。此书对鲁菜的形成、发展有深远的影响。历经隋、唐、宋、金各代的提高和锤炼,鲁菜逐渐成为北方菜的代表。明、清两代,鲁菜已成宫廷御膳主体,在京津、东北各地的影响较大。现今鲁菜是由济南和胶东两地的地方菜演化而成的。其特点以清香、鲜嫩、味纯而著名,十分讲究清汤和奶汤的调制,清汤色清而鲜,奶汤色白而醇。济南菜擅长爆、烧、炸、炒,其代表菜有"糖醋黄河鲤鱼"、"九转大肠"、"油爆双脆"、"烧海螺"、"烤大虾"等。胶东菜以烹制各种海鲜而驰名,口味以鲜为主、偏清淡,其代表菜有"干蒸加吉鱼"、"油爆海螺"、"扒原壳鲍鱼"、"奶汤核桃肉"等。

鲁菜香冠中华的原因固然很多,但根本原因是出了位孔圣人。孔子及其家族,是我国最特殊的贵族。历史上所有的贵族,都只是兴旺一时,如白驹过隙。只有孔府后裔,自汉元始元年(1年)封为"褒成侯"以来,历代王朝,都有封号,如"宗圣"、"奉圣"、"崇圣"、"恭圣",均为侯爵,享有极高的声誉。特别是唐开元二十七年孔子被追谥为"文宣王",封其后裔为"文宣公";北宋皇帝又封孔子嫡系后裔为世袭"衍圣公"以后,孔府就成了我国历史上最久而不间断的"公侯府第",誉为"天下第一家"。他们有权有势,有钱有物,又极讲究吃(他们还必须讲究吃,因为历代皇帝来此,必须以山东最美的菜肴招待)。因此,他们将山东各地的名厨请入府中,组织他们不断研究,提高鲁菜的烹饪技艺。这个得天独厚的历史条件,是其他菜系所没有的。尤其值得注意的是,历代帝王时常要带上大批官吏,到曲阜"祭孔"、"朝圣",仅清代的乾隆皇帝(高宗弘历)就曾五幸阙里,多次到孔府举行大祭。孔府要接待这些贵宾,自然会依"食不厌精,脍不厌细"的祖训办事。而这些封建帝王、将相公侯来"朝圣"又多带自己的厨师。于是,五湖四海风格各异、高超的烹调技艺,也就顺便传入了山东。还有历代的文人墨客,也多以朝圣为荣,他们又大都是美食家,又将遍及中华大地的烹调技艺带进了山东。本来就技艺高超的山东厨师,自然是如鱼得水,取彼之长,融为己有。这些无疑都是使得鲁菜持续不断升华的优越条件,从而使鲁菜不断发扬光大。

(二)八大菜系之二:巴蜀美味——川菜

川菜也是一个历史悠久的菜系,其发源地是古代的巴国和蜀国。据《华阳国志校补图注》记载,巴国"土植五谷,牲具六畜"❶,并出产鱼盐和茶蜜;蜀

---

❶ 常璩、任乃强:《华阳国志校补图注》,上海古籍出版社 1987 年版,第 94 页。

国则"山林泽鱼,园囿瓜果,四代节熟,靡不有焉"❶。秦始皇统一中国后,当时四川政治、经济、文化中心逐渐移向成都,无论烹饪原料的取材,还是调味品的使用以及刀工、火候和专业烹饪水平,均已粗具规模,已有菜系的雏形。张骞出使西域,引进胡瓜、胡豆、胡桃、大豆、大蒜等品种,又增加了川菜的烹饪原料和调料。西汉时国家统一,成都成为五大商业城市之一。三国时期,蜀国相对稳定,为商业和饮食业的发展创造了良好的条件。当时蜀中的专业食店、酒肆很多,"文君当垆,相如涤器"就是佐证。

更重要的是聚居于城市的达官显宦、豪商巨富、名流雅士越来越讲究吃喝享受。他们对菜的式样、口味要求更高,对川菜的形成和发展起了很大的推动作用。当时川菜特别重视鱼和肉的烹制。曹操在《四时食制》中,特别记有"郫县子鱼,黄鳞赤尾,出稻田,可以为酱❷",黄鱼"大数百斤,骨软可食,出江阳、犍为"。❸ 还提到"蒸鲇",可见当时已有清蒸鲶鱼的菜式。西晋文学家左思在《蜀都赋》中对 1500 多年前川菜的烹饪技艺和宴席盛况描绘为"若其旧俗,终冬始春,吉日良辰,置酒高堂,以御嘉宾"。❹ 唐代诗仙、诗圣都和川菜有不解之缘。诗仙李白幼年随父迁居锦州隆昌,即现在的四川江油青莲乡,直至 25 岁才离川。在四川近 20 年生活中,他很爱吃当地名菜焖蒸鸭子。天宝元年时,他入京供奉翰林,用百年陈酿花雕、枸杞子、三七等蒸肥鸭献给玄宗。皇帝非常高兴,将此菜命名为"太白鸭"。诗圣杜甫长期居住四川草堂,在他《观打鱼歌》中也曾赞美过"太白鸭"。宋代大文豪苏轼从小受川菜影响,他的诗歌中除了脍炙人口的《老饕赋》外,以蔬菜食物入诗的特别多,他还创制了"东坡肉"、"东坡羹"和"玉糁羹"等佳肴,为川菜做出了宝贵的贡献。

川菜在唐宋时发展迅速,明清已有名气,现今川菜馆遍布世界。正宗川菜以四川成都、重庆两地的菜肴为代表,重视选料,讲究规格、分色配菜,主次分明,鲜艳协调。其特点是酸、甜、麻、辣香、油重、味浓,注重调味,离不开三椒(即辣椒、胡椒、花椒)和鲜姜,以辣、酸、麻脍炙人口,为其他地方菜所少有,从而形成川菜的独特风味,享有"一菜一味,百菜百味"的美誉。烹调方法擅长于烤、烧、干煸、蒸。川菜善于综合用味,收汁较浓,在咸、甜、麻、辣、酸五味基础上,加上各种调料,相互配合,形成各种复合味,如家常味、咸鲜

---

❶　常璩、任乃强:《华阳国志校补图注》,上海古籍出版社 1987 年版,第 290 页。

❷　李昉:《太平御览》,上海古籍出版社 1994 年版,第 936 页。

❸　李昉:《太平御览》,上海古籍出版社 1994 年版,第 936 页。

❹　左思:《蜀都赋》,艺术中国网,第 11 页。

味、鱼香味、荔枝味怪味等 23 种。代表菜肴有"大煮干丝"、"黄焖鳗"、"怪味鸡块"、"麻婆豆腐"等。

（三）八大菜系之三：金斋玉脍——苏菜

江苏菜主要由淮（安）扬（州）、苏（州）锡（无锡）、徐（州）海（启）三个地方风味所组成，历史源远流长。江苏物产丰富、人杰地灵、名厨荟萃。这里有我国第一位在典籍留名的职业厨师彭铿（又名彭祖），制作野鸡羹供帝尧食用，封为大彭国，即今天的徐州，是中国第一座以厨师姓氏命名的城市。南北朝时南京"天厨"能用一个瓜做出几十种菜，一种菜又能做出几十种风味来。淮白鱼从夏禹时代至明清都是贡品，太湖的"韭菜花"在商代已经成为主要食材。专诸为刺吴王曾向太湖的大和公学习过"全鱼炙"，其中之一就是"松鼠鳜鱼"。汉武帝和南宋明帝都喜欢吃"鱼肠"，所谓"鱼肠"就是乌贼鱼的卵巢精白。

豆腐、面筋、笋、蕈号称素菜的"四大金刚"。这些美食的起源都与江苏有关。汉代淮南王刘安在八公山上发明了豆腐。梁武帝萧衍信佛，提倡素食，以面筋为肴。晋人葛洪有"五芝"之说，对江苏食用菌类影响颇大。南宋时吴僧赞宁作《笋谱》，总结食笋的经验。此外，腌制咸蛋、酱制黄瓜，在 1500 年前就已载入典籍。隋唐松江的"金齑玉脍"、糖姜蜜蟹；苏州的玲珑牡丹鲝，扬州的缕子脍，都是造型精美的花式菜肴。苏菜系的主食、点心在五代时即有"健康七妙"之称。其米饭粒粒分明，柔而不烂，可以擦台子；面条筋韧，可以穿结成带而不断；饼薄透明，可以映字；馄饨汤清，可注砚磨墨；馓子既香又脆，能够嚼得惊动十里人，足见技艺之高妙。原来南人菜咸而北方菜甜，江南进贡到长安、洛阳的鱼蟹要加糖加蜜。宋代以来，中原大批士大夫南下，使苏菜的口味发生了较大的变化，菜肴由咸转甜。金元以后，伊斯兰教徒到江苏者日多，苏菜系受到清真菜的影响，烹饪更为丰富多彩。明清以来，苏菜系又受到许多地方风味的影响，成为我国主要菜系之一。

如今江苏菜是由苏州、扬州、南京、镇江四大菜构成的。其特点是浓中带淡，鲜香酥烂，原汁原汤浓而不腻，口味平和，咸中带甜。其烹调技艺以擅长炖、焖、烧、煨、炒而著称。烹调时用料严谨，注重配色，讲究造型，四季有别。苏州菜口味偏甜，配色和谐；扬州菜清淡适口，主料突出，刀工精细，醇厚入味；南京、镇江菜口味和醇，玲珑细巧，尤以鸭为原料的菜肴负有盛名。著名代表菜有"清汤火方"、"鸭包鱼翅"、"松鼠鳜鱼"、"西瓜鸡"、"盐水鸭"等。

（四）八大菜系之四：清淡鲜活——粤菜

粤菜是我国八大菜系之一，其形成和发展与广东省的地理环境、经济条件和风俗习惯密切相关。广东地处亚热带,濒临南海,雨量充沛,四季常青,物产富饶。西汉《淮南子·精神篇》中载有粤菜选料的精细和广泛,可见千余年前的广东人已经能够用不同烹调方法烹制不同的美味。唐代诗人韩愈曾被贬至潮州,其诗中描述潮州人食鲨、蛇、蒲鱼、青蛙、章鱼、江瑶柱等数十种异物,觉得非常怪异,其实这正是粤菜取材广泛的一个体现。例如章鱼,在南宋的时候已经成为许多地方菜肴的上品佳肴。粤菜一开始在配料和口味方面喜欢采用生食的方法,如今生食猪、牛、羊、鹿的习惯已经消失,但是吃生鱼片、生鱼粥等的习惯保留下来,如正宗白切鸡是以鸡微熟、大腿骨微带血为标准,也带有生食的余韵。

　　粤菜能够发扬光大,是与它常学常新,善于取各家之长分不开的。历代王朝派来治粤和被贬的官吏都带来了北方的饮食文化,其间还有许多官厨高手或将他们的技艺传给当地的同行,或是在市肆上设店营生,将各地的饮食文化直接介绍给岭南人民,所以粤菜的饮食文化与中原各地一脉相通。其次广州自汉代起就是中西海路的交通枢纽,是外商聚集之地,所以粤菜能够结合广东原料广博、质地鲜嫩,人们喜欢清鲜的特点,把各地特色风味加以发展,触类旁通,从而创新出奇。如粤菜名厨借鉴苏菜系中的名菜"松鼠鳜鱼",运用娴熟的刀工将鱼改成小菊花型就做成粤菜"菊花鱼"。北方烹调方式中的"扒"是将原料调味后烤至酥烂,推芡打明油上碟,称为"清扒"。粤菜烹调将其移植过来把原料煲或蒸至腻,然后推阔芡扒上,称为"有料扒"。粤菜烹调方法诸如泡、扒、烤、余都是从北方菜的爆、扒、烤、余移植过来的,而煎、炸的方法则是吸取了西餐的某些特点改进而成。这样活学活用,进一步体现粤菜的刀工精巧、配料讲究、口味清而不淡的特点。这样渐渐粤菜饮誉大江南北,随着外贸粤菜也推向世界,仅美国纽约就有粤菜馆数千家。

　　如今粤菜是以广州、潮州、东江三地菜为代表的。菜的原料较广,花色繁多,形态新颖,善于变化,讲究鲜、嫩、爽、滑。一般夏秋力求清淡,冬春偏重浓醇。调味有所谓五滋(香、松、臭、肥、浓)、六味(酸、甜、苦、咸、辣、鲜)之别,其烹调擅长煎、炸、烩、炖、煸等。菜肴色彩浓重,滑而不腻,尤以烹制蛇、狸、猫、狗、猴、鼠等野生动物而负盛名,著名的菜肴有"三蛇龙虎凤大会"、"五蛇羹"、"盐焗鸡"、"蚝油牛肉"、"烤乳猪"等。

　　(五)八大菜系之五:香酥酸辣——湘菜

　　湘菜是以湘江流域、洞庭湖区和湘西山区三种地方风味为主形成的菜系。湖南省位于中南地区长江中游南岸,这里气候温暖,雨量充沛,阳光充足,四季分明,自然条件优厚,利于农、牧、副、渔的发展,是著名的鱼米之乡。

湘西多山,盛产笋、蕈和山珍野味。早在西汉时期,长沙地区就能用兽、禽、鱼等多种原料,以蒸、熬、煮、炙等烹调方法,制作各种款式的佳肴。

在长期的饮食文化和烹饪实践中,湖南人民创制了多种多样的菜肴,其特点是用料广泛,油重色浓,多以辣椒、熏腊为原料,口味注重香鲜、酸辣、软嫩。烹调方法擅长腊、熏、煨、蒸、炖、炸、炒。湘江流域的菜烹调上讲究微火烹调,煨则味透汁浓,炖则汤清如镜,善于用烟熏、卤制、叉烧等法制作腊味。著名的湖南腊肉可冷热皆食,鲜嫩香辣,闻名全国。洞庭湖区的菜,以烹制河鲜、家禽和家畜见长,炖菜常用火锅上桌,民间则用蒸钵置泥炉(俗称蒸钵炉子)上炖煮,往往是边煮边吃边下料,滚热鲜嫩,津津有味。当地有"不愿进朝当附马,只要蒸钵炉子咕咕嘎"的民谣,说明炖菜广受人民喜爱。湘西菜擅长制作山珍野味、烟熏腊肉和各种腌肉,口味侧重咸香酸辣。其著名菜肴有"腊味合蒸"、"东安子鸡"、"麻辣子鸡"、"红煨鱼翅"、"汤泡肚"、"冰糖湘莲"、"金钱鱼"等。

(六)八大菜系之六:古色古香——徽菜

徽菜由安徽省的沿江菜、沿淮菜和徽州地方菜构成。皖南的徽州菜是徽菜系的主要代表,起源于黄山麓下的歙县,即古代的徽州,后逐渐转移到屯溪。沿江菜以芜湖、安庆的地方菜为代表,以烹调河鲜、家禽见长。沿淮菜由蚌埠、宿县、阜阳等地方风味菜肴构成。徽菜选料朴实,讲究火功,在烹调技艺上擅长烧、炖、蒸,很少炒、爆,重油重色,味道醇厚,保持原汁原味。

徽菜以烹制山野海味而闻名。南宋时,宋高宗曾问歙味于学士汪藻,汪藻举梅圣俞诗对答"雪天牛尾狸,沙地马蹄鳖"❶,就是"牛尾狸"(即果子狸)和"清炖马蹄鳖"(又名"火腿炖甲鱼")两道徽菜中最古老的传统名菜。后者采用当地最著名的特产"沙地马蹄鳖"炖成。当时上至高宗下至地方百官,都品尝过此菜,此后历朝历代文人雅士都曾慕名前往徽州品尝"马蹄鳖"之美味。另外一个著名特产就是相传乾隆三十九年(1774年),无为县的厨师采用将鸡先熏后卤的独特制法,使鸡色泽金黄油亮,皮脂丰润,美味可口,独具一格,称为"无为熏鸡",享誉全国,成为安徽特有的传统名菜。20世纪德州管姓烧鸡师傅迁居符离集镇,带来德州五香脱骨扒鸡的制作技术。他改进红鸡选料并增加许多调味品,使鸡色泽金黄,鸡肉酥烂脱骨,滋味鲜美,符离集烧鸡逐渐成名,遂与德州扒鸡齐名,享誉中外。徽菜名菜有"火腿甲鱼"、"红烧果子狸"、"腌鲜鳜鱼"、"无为熏鸡"、"符离集烧鸡"、"问政笋"、"黄

---

❶ 卞利:《徽州民俗》,安徽人民出版社2005年版,第86页。

山炖鸽"等。

(七)八大菜系之七:南料北烹——浙菜

浙菜的历史也相当悠久。浙江地处东海之滨,东海深广的水域、适度的水温孕育了成千上万种海产品。浙江又是著名的风景旅游胜地,杭州水光山色,淡雅宜人,帝王将相、才子佳人游览风景者日益增多,饮食业应运而生。京师人南下开饭店,用北方的烹调方法将南方丰富的原料做得美味可口,"南料北烹"成为浙菜一大特色。如鲁菜中"糖醋黄河鲤鱼"到临安后,以西湖草鱼为原料烹成浙江名菜"西湖醋鱼"。浙江菜制作精细,变化多样,并喜欢以风景名胜来命名菜肴,如"杭州煨鸡"、"虎跑素火腿"、"西湖莼菜汤"等。许多名菜来自民间,如"冰糖甲鱼"、"叫化鸡"等,烹调方法以爆、炒、烩、炸为主,清鲜爽脆。宁波地处沿海,特点是"咸鲜合一",口味"咸、鲜、臭",以蒸、红烧、炖制海鲜见长,讲求鲜嫩软滑,注重大汤大水,保持原汁原味。绍兴菜擅长烹饪河鲜、家禽,入口香酥绵糯,富有乡村风味。

如今浙菜以杭州、宁波、绍兴、温州等地的菜肴为代表,其特点是清、香、脆、嫩、爽、鲜。烹调技法擅长于炒、炸、烩、溜、蒸、烧。著名菜肴有"西湖醋鱼"、"生爆鳝片"、"东坡肉"、"干炸响铃"、"叫化童鸡"、"清汤鱼圆"、"干菜焖肉"、"大汤黄鱼"、"爆墨鱼卷"、"锦绣鱼丝"等。

(八)八大菜系之八:清鲜和醇——闽菜

福建位于我国东南,依山傍海,地理条件优越,山珍海味富饶,为闽菜提供了得天独厚的烹饪资源。这里盛产稻米、蔬菜、瓜果,尤以龙眼、荔枝、柑橘等誉满中外。山林溪涧有闻名全国的茶叶、香菇、竹笋、莲子、薏苡仁,以及雉、鹧鸪、河鳗、石鳞等山珍美味;沿海地区则鱼、虾、螺、蚌等海产丰富,常年不绝。清代编纂的《福建通志》中有"茶笋山木之饶遍天下","鱼盐蜃蛤匹富青齐"❶的记载。

闽菜起源于福建闽侯县,由福州、闽南的厦门、闽西的泉州等地的地方菜发展而成,以福州菜为主要代表。闽菜一大特色是善用红糟作配料,讲究调汤,红糟具有防腐、去腥、增香、生味、调色的作用。烹调上有炝糟、拉糟、煎糟、醉糟、爆糟等十多种手法,以"淡糟炒香螺片"、"醉糟鸡"、"糟汁氽海蚌"等最为著名。第二大特色是讲究作料,口味甜辣。最常用的作料有辣椒酱、沙茶酱、芥末酱、橘汁等。其名菜有"沙茶焖鸭块"、"芥辣鸡丝"、"东壁龙珠"等。

---

❶　谢民、何喜刚:《餐厅服务与管理》,清华大学出版社2006年版,第152页。

如今闽菜以烹制山珍海味而著称,多以山区特有的奇珍为原料,如"油焖石鳞"、"爆炒地猴"等具有浓郁的山乡色彩。此外在兼顾色、香、味、形的基础上,闽菜以香、味见长。其菜清鲜、淡爽,偏甜酸、甜辣,在中国饮食文化中独树一帜。著名菜肴有"佛跳墙"、"菜干扣肉"、"沙茶鸡丁"、"全折爪"等。

二、中国传统饮食文化的内涵

中国饮食文化是中国文化的基础和源头,反映了中国文化的基本精神和独特性质。中国饮食深受儒家文化和道家文化影响的饮食文化,是科学性、艺术性和思想性的高度统一。"调和五味"是中国烹调技术的基本指导思想,中国饮食就是在平衡阴阳、调和五味、食不厌精的基础上追求一种自然和谐的意境。

首先,中国传统饮食追求饮食精美,追求一种自然古朴和典雅清逸的意境。古人选料精细,烹调用心,力图在原料美的基础上体现食物的自然形态美与意境美的结合。如"烤乳猪"、"神仙鸭子"、"凤凰同巢"等充分体现了形与美的结合。中国古人对食品形态美的追求不仅体现在菜肴上,也体现在主食上,即两者都非常讲究。如"二十四气馄饨"运用24种花形馅料,"八方寒食饼"则模拟蓬莱仙人,非常精美。中国传统饮食讲究形制精美的侧重点在热菜上,着重通过巧妙的烹调技艺再现原料的自然形态和天然美质,以达到一种特定意境和观赏美感,而不是脱离饮食本身过分追求形态美。与此原则相似,冷菜在中国发生发展比热菜要晚,也逊色得多。主要着重于质、味、色、香、形,力图在拼配上表现原料的自然本质,烹调与刀工的技巧,而非舍本逐末的刻镂雕饰。

其次,中国传统饮食文化饮食美不仅体现在饭菜的色、香、味、形等方面,还体现在饮食器具的精美上。"葡萄美酒夜光杯","美食还宜美器",美器成为古人美食的重要审鉴标准之一,甚至发展成为独立的工艺品种类,有独特的鉴赏标准。一般来说,陶瓷要名窑名款,其他材料质地也要贵质名工。《天水冰山录》中记载了许多工艺绝伦、奇巧无双的饮食器具,所用质料是金、银、古铜(青铜)、瓷、铜、铁,各式玉、玛瑙、水晶、犀角、牛角、象牙、龟筒、彩漆、玳瑁、珐琅、玻璃、海螺、檀乌诸木及斑竹、藤等,应有尽有。饮食器具除了肴馔盛器、茶酒饮器、箸匙等器具外,还包括专用的餐桌椅等配备使用的饮食用具。明中叶以后,中国传统家具的品种形式和制作工艺都进入了黄金时代,作为筵席配套器具的餐桌椅的质地、式样、工艺,也都伴随着中国饮食文化的鼎盛而形成了崭新的时代风格。许多器具使用乌柏、檀、楠、花梨等珍贵木质并且精工镂雕镶嵌,不仅极大地突出了这些器具的实用性和和观赏性,而且充分显示独特的美学价值,受到后代收藏家的青睐。

第三,中国传统饮食文化追求自然和谐的饮食科学。古代的中国人特别强调进食要与宇宙节律协调同步,因此春夏秋冬、朝夕晦明要食用不同性质的食物,加工烹调也要考虑到季节、气候等因素。早在西周初年"重食"的氛围下,周人讲究饮食蔚然成风,并且开始摸索科学饮食。周代为此设立了专门的食医来保证君王和贵族吃得科学。《周礼·天官》记载食医的工作职责是掌管调配君王及贵族食用的谷物、肉类、饮料及百余种美味食品和酱菜等,类似现代社会的营养师。他们主要是从保健的角度出发,掌握好食物的滋味与温凉,以及四季的调味和饭菜的搭配而非单纯的配餐。《礼记·内则》中记载了许多食物的搭配规则,对后世影响颇大。由于阴阳五行的影响,饮食烹调产生了五味、五谷、五肉、五菜、五果等餐饮习惯,古人认为五味应注意搭配,调配得当,可以健身益寿。《周礼·天官》中主张用"五味、五谷、五药养其病","以酸养骨,以辛养筋,以咸养脉,以苦养气,以甘养肉,以滑养窍"。❶ 这些都为后世药物医疗和营养调理的中医学治病理论奠定了基石。

最后,中国传统饮食文化重视饮食理论的整理和总结。中国传统饮食文化的不断发扬光大与古代文人的总结和推动是分不开的。首先,中国文化崇尚权威,许多菜肴经过有声望的文人的品尝、赞赏后就会身价百倍,名声远扬,如著名的东坡肉、太白鸭、四喜丸子等,所以上层文化对饮食文化的推动作用不容忽视。其次,中国从魏晋南北朝时期起就出现了很多文人记述的饮食烹调专著,总结记录了当时的饮食理论和菜谱,或多或少地保留了古代饮食文化,如唐代的《食谱》、宋代的《东京梦华录》、明代的《随园食单》等为我们了解古代饮食的发展和保持传统饮食文化作出了贡献。袁枚认为:"学问之道,先知而后行,饮食亦然。"❷只有掌握了必要的经验和知识之后才能制出一道好菜,只有具备了相当的美学修养才可能创造相应的美食生活。中国古代饮食文化的辉煌发展,正是历史上无数美食家、饮食理论家、美食制作者对"美"不懈追求、孜孜探索的结果,是他们在美食实践中把中国饮食生活、饮食文化推进到了辉煌的历史高度。

总之,中国传统文化的许多精神如"天人合一","阴阳五行","中和","重道轻器","重禅悟,轻实证"等都渗透在饮食文化里,体现在饮食心态、进

---

❶ 陈戌国:《周礼、仪礼、礼记》,湖南省新华书店出版社 1989 年版,第 12 页。

❷ 袁枚:《随园食单》(图文典藏版),云南人民出版社 2004 年版,第 3 页。

食习俗、烹调原则之中。品种多样的面食和炒菜以及丰富多样的汤、粥、羹、浆,极具中国特色的饺子和包子、元宵和馄饨,体现了中国饮食文化中丰富的思想性和艺术性,展现了中国古代哲学思想和美学艺术的独特魅力。

三、茶酒人生

(一)中国酒文化

酒是人类生活中的主要饮料之一。中国制酒的历史源远流长,品种繁多。酿造一宿即成的酒叫"醴",相当于今天的糯米酒,味甜;经多次酿制叫"酎";最烈性的酒叫"醇"。酒酿好后可以经过"醅"或"漉"的过滤程序,过滤的酒是清酒,不过滤而带有浮渣的叫浊酒。黄酒是世界上最古老的酒类之一,在商周时代就独创酒曲复式发酵法用于大量酿制黄酒。白酒是中国人饮用的主要酒类,宋代就有人发明了蒸馏法用于酿造白酒。随着酿酒业的普遍兴起,酒逐渐成为中国人日常饮品。酒事活动也随之广泛,并经人们思想文化意识的观照使之程式化,形成较为系统的中国酒文化。

首先,酒文化渗透于中华五千年的文明史中,从文学艺术创作、文化娱乐到饮食烹饪、养生保健等各方面在中国人生活中占有重要的位置。从汉字"尊"与酒的关系就可以知道酒在中国文化中的地位。在古代,酒被视为神圣的物质,酒的使用,更是庄严之事,非祀天地、祭宗庙、奉佳宾而不用,从而形成远古的酒文化与酒俗。诸如农事节庆、婚丧嫁娶、生期满日、庆功祭奠、奉迎宾客等民俗活动,酒都成为中心物质。农事节庆时的祭拜庆典若无酒,缅怀先祖、追求丰收富裕的情感就无以寄托;婚嫁无酒,白头偕老、忠贞不贰的爱情就无以明誓;丧葬无酒,后人忠孝之心就无以表述;生宴无酒,人生礼趣就无以显示;饯行洗尘若无酒,壮士一去不复返的悲壮情怀就无以倾诉。总之,体现礼仪,交流感情,祭祀、聚会都离不开酒,无酒不成礼,无酒不成俗,离开了酒,民俗社交活动便无所依托。

其次,酒文化与酒礼、酒德密不可分。中国素有"礼仪之邦"的美誉,礼是人们社会生活的总准则、总规范,饮酒行为自然也纳入了礼的轨道,这就产生了酒礼。酒礼是饮酒行为中的贵贱、尊卑、长幼乃至各种不同场合的礼仪规范。为了保证酒礼的执行,历代都设有酒官。周有酒正、汉有酒士、晋有酒丞、齐有酒吏、梁有酒库丞、隋有良酝署,唐宋因之。酒官严申禁止"群饮"、"崇饮",违者处以死刑。酒德即饮酒的道德,它是与酒礼互为表里的。首先,酒德的标准是饮酒要适度,《礼记》云:"君子之饮酒也,受一爵而色酒如也,二爵而言言斯,礼已三爵,而油油以退。"❶孔子曰:"唯酒无量,不及乱"❷,就是说各人饮酒的多少没有什么具体的数量限制,以饮酒之后神志清晰、形体稳健、气血安宁皆如其常为限度。第二,酒德与文明礼貌相联系。古人吴彬在《酒政》中提出饮酒要禁忌"华诞、连宵、苦劝、争执、避酒、恶谑、喷秽、佯醉"。秦汉以后《酒戒》、《酒警》、《酒箴》、《酒诰》、《酒箴》、《酒德》、《酒政》之类的文章比比皆是,随着礼乐文化的确立与巩固,酒文化中"礼"、"德"的色彩也愈来愈浓。第三,古今医学从保健的角度也极为提倡酒德。战国名医扁鹊就说:"久饮酒者溃髓蒸筋,伤神损寿。"唐朝药王孙思邈曰:"空腹饮酒多患呕逆。"明代李明珍也说:"过饮不节,杀人倾刻。"❸现代医家还总结了不少饮酒的科学方法。第四,酒德还反映在酒的酿造和经营行为上,酒德就是酒的酿造要严格地按工艺流程和质量标准,不能偷工减料,以次充好;酤酒必须货真价实,不缺斤少两。我国许多传统名酒之所以千百年盛誉不衰,一个根本的原因就是始终保持重质量、重信誉的酒德。

最后,中国酒文化防止国人酗酒,有益于社会的安定和谐。与西方国家不同,中国酒史长,国人尚酒之风普遍,但酗酒之害却并不严重。原因之一就是中国从周代就大力倡导"酒礼"与"酒德",并设有酒官,强制限酒,把禁止滥饮、防止酒祸法律化,从而保证了中国酒文化始终沿着正确的方向发展。原因之二就是中国历代"禁酒"主要是从"节粮"这个角度提出来的。大禹当年喝了甘美的酒后反倒提议禁酒,正是因为酒都是用粮食酿造的。如果都用粮食来造酒喝,势必会使天下因为缺粮而祸乱丛生,危及社稷。此后历史上大规模的真正的禁酒,都是为了备战积聚粮草或因天灾人祸"年荒谷贵"所使然,绝非仅仅因为酗酒造成社会问题所致,所以中国每次禁酒基本上令行禁止,收效显著。而西方社会的大规模禁酒运动只是从改善社会矛盾和保护人体健康的角度提出来,所以屡禁不止,造成了社会的不稳定。从这个角度上来说,中国酒文化对维护社会稳定功不可没。

(二)中国茶文化

从俗语"茶酒不分家"、"柴米油盐酱醋茶"中我们都可以看到茶在中国饮食中的重要地位。中国传统中,客人刚进门主人就要捧出一杯茶来待客,客人要走的时候也要喝了茶才走。中国茶文化有丰富的文化内涵,既有精

---

❶　徐文苑:《中国饮食文化概论》,清华大学出版社 2005 年版,第 238 页。

❷　徐文苑:《中国饮食文化概论》,清华大学出版社 2005 年版,第 238 页。

❸　徐文苑:《中国饮食文化概论》,清华大学出版社 2005 年版,第 238 页。

神文明的体现，又有意识形态的延伸。

第一，中国是茶的故乡。近代科学家通过考察，在云南、四川、贵州、广西等地都发现了不少野生古茶树，在云南镇源千家寨发现有古茶树群，其中一株野生茶树树龄约 2700 年，云南西双版纳巴达的一株野生茶树树龄约 1700 年。唐代陆羽《茶经》称：“茶者，南方之嘉木也，一尺、二尺，乃至数十尺，其巴山峡川有两人合抱者。”古今的考察发现与现代古生态和分子生物学的研究都证明，茶树原产于中国的西南部。

第二，中国饮茶的历史悠久。唐代陆羽《茶经》称：“茶之为饮，发乎神农氏。”❶上海博物馆珍藏着一套陶器的茶具，经测定，它至少有 3200 年的历史了，可见传言上古 3000 多年前的神农尝百草而发现茶一说不是没有依据的。中国茶文化在唐代陆羽《茶经》问世之后，开始兴起，到了宋代，达到全盛，及至明清，遍及中华。据史书载，自西汉元寿元年佛教传入中国后，到隋唐达到鼎盛。禅宗所推崇的“破睡见茶功”，就是晚上不睡觉，傍晚不吃饭，但是可以喝茶缓解困饿。所以几乎所有名山胜地众僧云集，普及种茶、制茶、饮茶的风尚。僧侣以茶供佛、以茶待客、以茶宴代酒宴，逐步形成一整套茶宴、茶礼的仪式，同时僧侣们把佛教教义融进了这些仪式，构成茶文化深厚的意蕴。

第三，中国茶文化的发扬传承是与茶树本身的品质分不开的。茶树靠茶籽繁殖，茶籽一经种下就不能移栽，一旦移栽不再发芽，所以中国古代把茶树称为“不移”、“不迁”。根据茶树的这个特性，自唐代以来，男方娶亲必在聘礼中附上茶叶，期望两人白头偕老，从一而终。女方接受聘礼也称作“受茶”。唐代文成公主嫁给松赞干布时也带去了茶叶，开创了西藏的饮茶之风。至今在中国江南水乡和一些少数民族地区，“吃茶”成了求爱的婉称，“一家女不吃两家茶”更是忠贞不渝爱情的写照。茶树对生它养它的那一块土地有一种深沉执著的爱，契合了中国人的个性，因此茶便成了“国饮”。

第四，茶淡泊沉静的品性符合了中国人传统的审美需求。中国茶分为绿茶、乌龙茶、红茶和花茶等几大类。具体品种则多种多样，龙井茶、铁观音、碧螺春……无论什么茶，入口都有点苦涩，回味却甘醇无比。因此人们赋予茶“节俭、淡泊、素朴、廉洁”的品德，寄托了思想、人格、精神。宋徽宗称饮茶可以“清和淡洁，韵高致静”。❷历代文人雅士咏茶作诗，不可胜数，同样贯穿了这种精神。唐韦应物称茶为“性洁不可污，为饮涤尘烦，此物信灵味，

---

❶ 余悦：《茶间况味/茶事小说辑录》，光明日报出版社 2002 年版，第 91 页。

❷ 余悦：《茶间况味/茶事小说辑录》，光明日报出版社 2002 年版，第 120 页。

本自出山原"，❶刘贞亮谓茶"利礼仁，表敬意，可行道，可雅志"。❷ 因此，"以茶代酒"和"客来敬茶"成为中华民族传统礼仪。

中国茶文化之一　　　　　　　　中国茶文化之二

　　第五，中国茶文化与日本茶道本质不同。日本茶道源于我国唐代的径山文化，经过几个世纪的发展，到明代中期，经绍鸥、利休等人总结和倡导，逐渐演变成为既具宗教哲理（所谓和、敬、清、寂），又有着严格繁琐程序的文化体系，被誉为"宗教的美学"。而中国茶文化并没有形成一定的茶道和仪式，除了中国茶文化发展的历史时代不同和茶的种类不同等客观原因外，主观上中国人品茶并不刻意追求繁文缛节，而是着意于品尝和发挥各种茶类的色香韵味，追求一种融洽宽松的气氛，达到"释躁平矜，怡情悦性"的精神境界。所以中国人饮茶是真正把茶的保健价值、养生价值和欣赏价值三者有机结合了起来，是一种精神和物质和谐结合的活动。这是中国茶文化兼有健身与养生功能的道理所在，又是中国茶文化不断传承的原因。

　　总之，中华茶文化源于民间，后又经过历代文人、僧侣、宫廷的不断总结和提高，不仅充分利用茶的自然属性，也认识了茶的精神属性，从而形成的各色各样的饮茶风气和礼仪，使品茶活动上升为一种融道德、美学和艺术创造于一体的活动，并成为中华民族独有的文化遗产。

---

❶　陈支平、曾荣华：《儒家文化现代透视》，厦门大学出版社 2002 年版，第 453 页。

❷　余悦：《茶间况味/茶事小说辑录》，光明日报出版社 2002 年版，第 138 页。

第二节　霓裳羽衣

穿衣以遮体避寒,是人的基本生存需要,这在古今中外都是一样的。而如何穿衣,穿什么样的衣,则因不同民族、不同时代、不同社会的生产状况及生活方式而各有不同。一个社会的人们在一定时期会形成一些具有一定共性的衣着方式,其中包含着特定的社会文化信息,也就是服饰文化。服饰文化在社会经济稳定时期往往具有较强的稳定性,甚至世代相传,鲜有改变,但在社会经济剧烈变动时期则也会随之发生较大的变动,出现一些新的衣着方式。在中国服饰的历史长河中,每个阶段都风格各异却又一脉相承,共同成就了服饰艺术之树的枝繁叶茂。

一、历代服饰的演变传承

(一)远古时代

远古时代,原始人为了御寒和保护皮肤,他们披树叶,裹兽皮,产生了原始服装的雏形。《礼记·王制》载"东方曰夷,被发文身,有不火食者矣;南方曰蛮,雕题交趾,有不火食者矣;西方曰戎,被发衣皮,有不粒食者矣;北方曰狄,衣羽毛穴居,有不粒食者矣"[1]。展示了各兄弟民族的早期服饰形象。到了旧石器晚期,原始人开始用骨针和动物韧带劈开的丝筋缝制兽皮衣服。新石器时期,先民已经能够用铁矿粉末和氧化锰将麻布染成不同颜色。考古人员发现了4700年前的丝织品,说明当时已有养蚕缫丝业。中国原始社会的服装在母系氏族阶段形成配套,包括冠帽、衣裳、套裤、护腿、鞋靴、发式、首饰、纹彩等,原始社会的陶器彩绘及雕塑人物形象是我们了解当时服装配套的珍贵资料。在我国的新石器时代,人们不仅能够织造麻织物、毛织物,还创造出世界古代史上特有的丝织品,中国服饰文化也因此更有魅力。

(二)夏商周时期

原始的宗教和巫术为祖先的服饰蒙上了一层神秘的色彩。原始的宗教信仰观念使得人们对天地、祖先、神灵等都非常尊崇,体现在服装上就是确定了上衣下裳的形制和玄衣黄裳的服色。人们从经验中得知,早晨天未亮时,天空是黑色,上衣如天,所以用玄色;而大地为黄色,下裳如地,即用黄色。衣裳的纹样也是由天地间万物的形态色彩概括提炼而成的。夏朝已经

---

[1]　杨天宇著:《礼记译注》,上海古籍出版社1997年版,第768页。

建立了一套以帝王的祭祀服饰冕服为中心的服饰制度,它的形式、色彩、纹样均源于对天地的尊崇和对乾坤秩序的追求。

　　商代,社会等级制度基本形成,其服饰除了仍具有前代实用美化的功能之外,更具有了阶级内涵,这在当时服装的质料和装饰上有明显的反映。贵族穿丝绸衣服,装饰讲究,有冠、蔽膝、纹饰、玉佩等标志性装饰物;平民穿粗布葛衣,装饰简陋;奴隶衣不蔽体,毫无装饰可言。商代服饰等级差别的出现为西周服饰制度的发展奠定了坚实的基础。

　　西周时期,鼎盛的青铜文化酝酿出了完备的衣冠制度和灿烂的服饰文明。西周服饰的最大特色是服饰成为礼仪的重要内容和表现形式,成了区分尊卑贵贱的工具。在不同的礼仪场合,不同等级的人必须穿着与其身份相适应的服饰。王室公卿为表示尊贵威严,在不同礼仪场合,顶冠既要冕弁有序,穿衣着裳也须采用不同形式、颜色和图案。在最隆重的

十二纹章

场合,帝王必须穿着十二纹章的冕服。《尚书·益稷》载曰:"日、月、星辰、山、龙、华虫作绘,宗彝、藻、火、粉米、黼、黻绣,以五彩彰施于五色作服。"❶十二纹章就是以十二种固定的文饰,或画或织或绣在天子及诸侯的官服上。一种文饰称为一章,并以饰章的多寡来表示等级,而且一章有一个含义。十二章纹遂成为历代帝王上衣下裳的服章制度,一直延用到清帝逊位、袁世凯复辟称帝。

　　(三)春秋战国

　　春秋战国时期织绣工艺取得了巨大进步,可以在细薄轻软的绢罗上用精巧的锁绣工艺绣出各种繁复多变的图案花纹,而且在反面很难看到针迹,工艺制作水平相当高超。同时服饰材料日益精细,品种名目日见繁多,河南襄邑的花锦,山东齐鲁的冰纨、绮、缟、文绣,风行全国。但这一时期服装上最明显的变化就是深衣的盛行和胡服的出现。

　　深衣不同于上衣下裳,是中国古代服装的又一形制,即上下连属制。其特点为方形领,圆形袖,续衽钩边,下摆不开衩。上衣和下裳相连,衣襟右

---

　　❶　钱宗武、杜纯梓:《尚书新笺与上古文明》,北京大学出版社 2004 年版,第 69 页。

掩,将衣襟接长成三角形,向后拥掩,以丝带系扎,长度垂及踝部。因其前后深长,故称深衣。深衣边缘通常镶以彩帛或绣绘滚边,其形制、规格皆有严格规定。上衣用布四幅,象征一年四季;下裳用布十二幅,象征一年十二月;袖口宽大,象征天道圆融;领口直角相交,象征地道方正;背后一条直缝贯通上下,象征人道正直;腰系大带,象征权衡。由于深衣裁制简便,穿着舒适,用途极广,不分男女阶层都可以穿用,所以很快流行开来,对后世服装有极大的影响。唐代的袍下加襕,元代的质孙服、腰线袄子,明代的曳散等都采用其上下连衣裳的形式,今之连衣裙、旗袍、藏袍也是古代深衣制的发展。

胡服是战国时期西北地区少数民族(历史上称北方民族为"胡")的服装,他们一般多穿短衣、长裤和革靴,戴皮帽。与当时中原地区宽大博带式的汉族服装,有较大差异。赵武灵王看到胡人在军事服饰方面有一些特别的长处,穿窄袖短袄,生活起居和狩猎作战都比较方便;作

胡服骑射

战时用骑兵、弓箭,与中原的兵车、长矛相比,具有更大的灵活机动性。因此他推行"胡服骑射",增强了赵国的军事战斗力,成为战国七雄之一。此举使我国的汉族服饰文化与少数民族服饰文化得以交流融合,在中国服装史上也是重大变革,为我国服饰向更实用、更丰富的方向发展作出了巨大的贡献。

(四)秦汉时期

秦汉时期官服制度包括冠冕、衣裳、鞋履、佩绶等,各有等序。随着舆服制度的建立,以皇权为中心的儒家服饰思想和封建服制法定化,服饰的官阶等级区别也更加严格。史书列有皇帝与群臣的礼服、朝服、常服等20余种。汉代的冠是区分等级地位的基本标志之一,主要有冠冕、长冠、高山冠、进贤冠等。古代男人到20岁,有身份的士加冠,没有身份的庶人裹巾,劳动者戴帽。冠服在因袭旧制的基础上发展成为区分等级的基本标识,佩绶制度为区分官阶的标识。

秦汉时期朝服仍旧采用深衣制。不论单、绵,多是上衣和下裳分裁后合缝连为一体,上下依旧不通缝、不通幅;外衣里面都有中衣及内衣,其领袖缘一并显露在外,成为定型化套装。下着紧口大裤,保持"褒衣大裙"风格。足下为歧头履,腰间束带。这一时期的衣料较春秋战国时期更为丰富,但是服

装面料仍重锦绣。绣纹多有山云鸟兽或藤蔓植物花样,织锦有各种复杂的几何菱纹以及文字的通幅花纹。

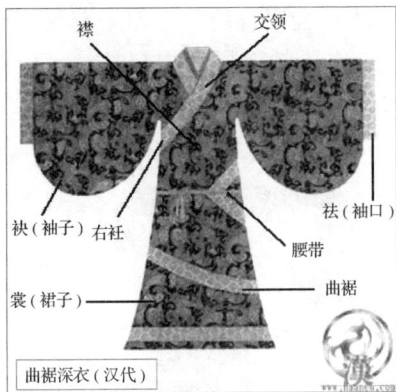

汉代的曲裾深衣　　　　　　帝王冠冕(汉服)

西汉建元三年(公元前 138 年)、元狩四年(公元前 119 年),张骞奉命两次出使西域,开辟了中国通向西方的陆路通道,成千上万匹丝绸源源外运,从此中国丝绸文明光耀世界,历魏晋隋唐,迄未中断,史称"丝绸之路"。中华服饰文化也自此传往世界。秦汉帝国以其政治上强大的向心力促使服饰文化在传承商周服制的基础上,形成了适应封建礼教思想的封建服饰制度,同时大一统的封建帝国促使华夏服饰向综合方向发展。

(五)魏晋南北朝时期

魏晋南北朝时期,由于战争和民族大迁徙,人民错居杂处,政治、经济、文化风俗相互渗透,促使汉族服饰和少数民族服饰互相融合。等级服饰有所变革,出现了两种不用性质和方向的转移。一方面,属于统治阶级的封建服饰文化基本遵循秦汉旧制,少数民族统治者也受到汉朝典章礼仪影响,穿起了宽松肥大的汉族服装,崇尚峨冠博带。另一方面,由于功能上紧身窄袖的胡服更实用,行动更方便,因此胡服向汉族劳动阶层转移,在广大劳动人民中推广。

这一时期北方民族短衣打扮的袴褶渐成主流,不分贵贱,男女都可穿用。袴褶服本来是北方游牧民族的一种窄腿裤,传入汉族地区后,演变为肥腿裤。为了行动方便,人们在膝盖处扎上带子,类似于今天的喇叭裤,成为一种时髦的服饰。女子衣着"上俭下丰",衣着为襦裙套装,上衣短小,下裙宽大,足穿笏头履、高齿履(一种漆画木屐),流行一时。

(六)隋唐五代时期

隋唐时期,中国由分裂而统一,由战乱而稳定,经济文化繁荣,服饰的发展无论衣料还是衣式,都呈现出空前灿烂的景象。彩锦,是五色具备织成种种花纹的丝绸,常用作半臂和衣领边缘服饰。特种宫锦,花纹有对雉、斗羊、翔凤、游鳞之状,章彩华丽。刺绣,有五色彩绣和金银线绣等。印染花纹,分多色套染和单色染。隋唐时期男子冠服特点主要是上层人物穿长袍,官员戴幞头,百姓着短衫。直到五代,变化不大。天子、百官的官服用颜色来区分等级,用花纹表示官阶。

隋唐男装之长袍、幞头

中晚唐女装之回鹘装

隋唐五代时期的女装是中国服装史上最为精彩的篇章之一,其冠服之华美,装饰之繁杂,令人目不暇接。其中襦服裙是这一时期的代表服饰。隋唐时期最时兴的女子衣着是襦裙,即短上衣加长裙,裙腰以绸带高系,几乎至腋下。从宫廷传开的"半臂",有对襟、套头、翻领或无领式样,袖长齐肘,身长及腰,以小带子当胸结住。因领口宽大,穿时袒露上胸。当时还流行长巾子,系用银花或金银粉绘花的薄纱罗制作,一端固定在半臂的胸带上,再披搭肩上,旋绕于手臂间,名曰披帛。唐代妇女的发饰多种多样,各有专名。女鞋一般是花鞋,多用锦绣织物、彩帛、皮革做成。隋唐女子好打扮,善于融合西北少数民族和天竺、波斯等外来服装而自创一格。时尚女装往往由争

唐《簪花仕女图》服饰
(辽宁博物馆藏)

唐仕女绢画服饰
(北纬吐峪沟出土)

奇斗艳的宫廷妇女服装传出,再到被民间仿效。唐贞观至开元年间十分流行胡服新装,它的特征是翻领、对襟、窄袖,在陕西等地的墓中壁画以及新疆吐鲁番阿斯塔那出土的绢画皆有反映。

（七）宋代

宋代是中国历史上十分软弱的朝代,整个民族精神风貌缺乏雄伟之气,相比于唐代服饰的华丽丰满、生气勃勃,宋代服装则表现得典雅、质朴、含蓄,服装样式变化也不多,色彩也不如唐代鲜艳,流露出清淡静远的美感。

宋代官服面料以罗为主,政府每年要赠送亲贵大臣锦缎袍料,分七等不同花色。官服服色形制都沿袭唐制,接近于晚唐的大袖长袍,宋代官服沿袭唐代章服的佩鱼制度。但冠帽是平翅乌纱帽,又名直脚幞头,君臣通服,成为定制。官员日常便服主要是小袖圆领衫和帽带下垂的软翅幞头和便鞋。民间男子流行幞头、幅巾。女装沿袭前代,以衣式的修长和颜色的浅淡体现了宋人所追求的典雅贤淑之美。妇女发式和花冠是当时对美追求的重点,最能表现宋代装束的变化。当时流行花冠和盖头,在唐五代的女子花冠已日趋精巧的基础上,宋代花冠再加以发展变化,通常以花鸟状簪钗梳篦插于发髻之上,无奇不有。

宋代妇女的花冠　　　　　　　　宋代褙子

宋代服饰的典型代表是褙子,又叫绰子或背子。宋代男子从皇帝,官吏、士人、商贾、仪卫等,妇女从后、妃、公主到一般妇女都穿。但男子一般把褙子当作便服或衬在礼服里面来穿。而妇女则当做常服及次于大礼服的常礼服来穿。宋代褙子的领型有直领对襟式、斜领交襟式、盘领交襟式三种,以直领式为多。斜领和盘领二式在男子只是穿在公服里面时所穿,妇女则穿直领对襟式。宋代女子所穿褙子初期短小,后来加长发展为袖大于衫、长与裙齐的标准格式。

（八）辽金元时期

辽金元时期，汉族服饰和少数民族的服饰进一步相互渗透转移，中国服饰文化进入更深层次的大融合。

辽代是契丹族建立的。契丹族服装式样比较单一，区别于汉族的右衽习惯，其袍都是左衽，男子一般穿窄袖圆领齐膝外衣，足下着长筒靴，宜于马上作战射猎；妇女穿窄袖交领袍衫，长齐足背。契丹人有髡发习俗，主要是剃去头颅顶部的头发，或留下周围部分头发，或下垂，或编成小辫。已发现的大量的辽代壁画资料证明契丹人男女皆髡发。

金代服装大体上承袭辽代，较为朴素，但是也显示出了其特定地理环境下的服装特色。由于北方天气寒冷，服装材料以皮毛为主，颜色喜欢白色，与环境颜色接近。发式上与辽代不同，金代男女都编发为辫子，男子辫发垂肩，女子辫发盘髻。

元代服饰原本俭朴，占据中原后受到汉族服饰的影响，风格日趋华丽。元代早期服饰沿用宋代制度，对上下官民服色等作了统一规定。汉官服式仍多为唐式圆领衣和幞头；蒙古族官员则穿合领衣，戴四方瓦楞帽；中下层为便于马上驰骋，最时兴圆领紧袖袍，宽下摆、折褶、有辫线围腰的辫线袄子，戴笠子帽。元英宗时候制定了"质孙服"制度，也叫"一色衣"。元代每年举行十余次大朝会，届时官员穿不同质地，但同一颜色、式样并加饰纳金银珠宝的高级礼服。元代继辽、金之后，在织物上用金更胜于前代，靡费为历朝少有。值得注意的是元代后妃及命妇的头饰不沿袭宋代，而是戴"顾姑冠"。冠体高而窄，一般在半米以上，以铁丝或桦木为骨，外包红罗，缀以珠翠，冠上珠翠随走动而摇摆，威仪堂皇。但是随着元代灭亡，这种独特的头饰也就消亡了。

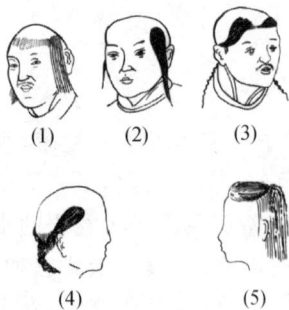

(1)　　(2)　　(3)

(4)　　　(5)

契丹人的髡发式样

元代的顾姑冠

元对襟绸上衣
（江苏无锡出土）

（九）明代

明代封建制度开始衰落，章服衣冠更趋向奢华，织绣技艺迈向顶峰，服饰的文化内涵更加丰富。明代立国后进行了一系列改革，有意识地恢复汉族礼仪和汉族文化传统，所以在服饰方面把唐宋时期幞头、圆领袍衫、玉带、皂靴等继承下来，确定了明代官服的基本风格。明代的服饰仪态端庄，气度宏伟，是华夏近古服饰艺术的典范，当今戏曲服饰的款式、纹彩多采自明代服饰。

自唐宋以降，龙袍和黄色就为王室所专用，百官公服自南北朝以来紫色为贵。明朝因皇帝姓朱，遂以朱为正色，又因《论语》有"恶紫之夺朱也"，[1]紫色自官服中废除不用。最有特色的是用"补子"表示品级。补子是一块约40～50厘米见方的绸料，织绣上不同纹样，再缝缀到官服上，胸背各一。文官的补子用鸟，武官用走兽，各分九等。平常穿的圆领袍衫，则凭衣服长短和袖子大小区分身份，长大者为尊。明代官员的主要首服，沿袭宋元幞头而稍有不同。皇帝戴乌纱折上巾，帽翅自后部向上竖起。官员朝服时候戴展翅漆纱幞头，常服时候戴乌纱帽。受到诰封的官员妻母，也有以纹饰区别等级的红色大袖礼服和各式凤冠霞帔。此外，上层妇女中已用高跟鞋，并有里高底、外高底之分。

明代官服

明圆领大袖衫
（江苏扬州出土）

明代普通男子一律蓄发挽髻，着宽松衣，穿长筒袜、浅面鞋，服装或长或短，或衫或裙，基本上承袭了旧传统，且品种十分丰富。服饰用色方面，平民妻女只能衣紫、绿、桃红等色，以免与官服正色相混，劳动大众只许用褐色。一般人的帽，除唐宋以来旧的样式依然流行外，朱元璋又亲自设计两种帽子。一种是方桶状黑漆纱帽，称四方平定巾，是官职儒士的便帽。一种是由六片合成的半球形小帽，用黑色绒、缎等制成，称六合一统帽，取意四海升平、天下归一之意，俗称瓜皮帽，为平民百姓日常所戴。后者留传下来直到

---

❶ 朱熹著：《论语集注》，山东友谊出版社 1998 年版，第 173 页。

今天仍有人戴用。

白色六合一统帽

（十）清朝

清代服饰形制前所未有的庞杂繁多,满汉服饰文化以特殊的方式交融,形成了满汉各异的着装特色。清王朝初时,以暴力手段推行剃发易服,按满族习俗统一男子服饰,所以男子的服饰大致相同,主要是官民服饰不同。一般平民男子都辫垂脑后,穿瘦削的马蹄袖箭衣、紧袜、深统靴。官员主要穿长袍马褂,马褂为加于袍的外褂,前后开衩,当胸钉一方形石青补子。亲王、郡王用圆形补子,补子的鸟兽纹样和等级顺序与明朝大同小异。四、五品以上官员还项挂朝珠,用各种贵重珠宝、香木制成,构成清代官服的又一特点。官民服饰的不同还体现在帽子上。清朝官员都戴一种似斗笠而小的纬帽,按冬夏季节有暖帽、凉帽之分,还视品级高低安上不同颜色、质料的"顶子",帽后拖一束孔雀翎。翎称花翎,高级的翎上有"眼"(羽毛上的圆斑),并有单眼、双眼、三眼之别,眼多者为贵,只有亲王或功勋卓著的大臣才被赏戴。

清代满人的马褂

凤冠霞帔

清代由于有"男从女不从"的规定,满汉两族的女装虽然有相互融合的一面,但是基本上保持了各自的服装形制。由于当时丝纺绣染及各种手工业的进步,为服饰品种的丰富创造了条件。汉族妇女服装基本上与明代服饰相同,到晚清时妇女已去裙着裤,衣上镶花边、滚牙子,一衣之贵大都花在这上面。满族妇女着"旗装",命妇服饰与官员朝服相同,唯独加上凤冠霞帔。满族女子梳旗髻,俗称两把头,汉族妇女梳发髻。汉族女子缠足,满族女子不缠足,穿"花盆底"旗鞋。此外长期主要用于宫廷和王室的旗袍,在清代后期也为汉族中的贵妇所仿用,一直流传到今天。

精琵琶襟马甲
(传世物)

刺绣五彩金龙朝褂
(故宫博物馆藏)

　　服饰作为精神和物质的产物,体现了社会的政治、经济和社会风尚。现代社会文化以西装革履为主流,我们渐渐遗忘了中国古代传统服饰的光彩夺目、雍容华贵、富丽堂皇、飘逸潇洒,而当它们再现在古代壁画和图书中,或者在现代古装戏剧电影中,或者在现代中国边远地区的少数民族服装中的时候,我们不得不再一次感到震惊感慨:无论款式和色彩,气度和风韵,中国古代传统服饰都是神奇迷人的。

二、传统服饰图案

　　中国自古便有"衣冠王国"之称,孔子说:"君子不可以不饰,不饰无貌,无貌不敬,不敬无礼,无礼不立。"❶可见中国服饰已不仅仅是裹体、御寒之物,而且成了中国等级尊卑、崇礼重教思想的一种物质载体。

　　中国传统服饰的第一个特色就是服饰具有社会身份的含义。服饰的不同主要表现在质料、颜色和式样上。传统社会中人们的衣着质料主要是毛皮、绸缎和土布三种,皮毛、绸缎经济价值较高,一般只有家境富裕有一定财

---

❶　朱熹著:《论语集注》,山东友谊出版社1998年版,第103页。

力的人家才买得起,比较贫穷的人家就无力购买,而只能穿用以低廉价格购买或自己纺织制作的土布。中国服饰文化的核心是服饰被附加上了社会地位和社会身份含义。历代统治者往往将这种服饰的社会身份区别标志予以人为的制度化,用法的形式规定一定社会身份的人只能穿用特定质料的衣着,形成服饰"礼制",使衣着质料的区别被赋予了浓厚的政治和伦理色彩。明清时代,这种服饰礼制尤严。历代皇帝还常对实际生活中人们衣饰的违礼逾制行为予以申诫,并重申和颁布关于服制禁忌的规定。例如清朝礼制对不同阶层的人衣着用料有详细的明确规定,官民士庶必须各依等级身份的定制穿用,不许逾制。一些高档绸缎只能亲贵、官员穿用,而一般士庶百姓则不能穿用,即使是富商有钱能买得起也不能购买穿用。如早在顺治初年就规定,士庶百姓只许穿用绸、绢、纺、丝、纱,而不准用大缎、彭缎、洋缎等,并不得用缎绣等。康熙初年又明令士庶百姓不能穿用蟒缎、妆缎、金花缎以及貂皮、狐皮、猞猁皮等。康熙三十九年又规定举人、生员等有功名的人准许穿平常缎纱,但不许穿用银鼠皮和狼皮,还规定百姓不能穿用狼、狐等皮,并禁止用貂皮做帽子。❶

其次,中国传统服饰由西周时期开始形成的交领束腰带深衣至清朝偏襟系扣的长袍,虽然式样不尽相同,但主要特点都为宽衣肥袖。劳动人民由于生活贫困,向来都是短衣窄裤。但不论款式有多少变化,它们之间都仍然存在着一个共同点,即在裁剪上都是无变化的连身平袖直腰身的裁法。这种裁剪方法与西方的突出人体曲线的立体裁剪方法形成了鲜明的对比。由于大部分中国服装使用的是丝织品,丝绸的柔软轻盈配上中国传统的宽袍大袖,使得服装的上端在肩膀或者腰部自然垂下,形成垂直的褶皱,在微风的吹拂下飘逸流动,充满了飘逸的神采。所以在这些宽衣博带长裙中,中国古人无论男女,行走时都蕴涵着难以言表的含蓄与雅洁,尤其是迎风走动时"飘若游云,矫若惊龙"的神韵,构成中国传统服饰独特的魅力。

第三,中国传统服饰在装饰手法上也有其独特性,这种独特性体现在服装的色彩、质料、刺绣、镶边、滚边和缝制工艺上。从平面的装饰意义上来说,中国传统服装所具有的华美、繁复细致的手工和线条流畅、想象力丰富的图案堪称世界之最。中国古人对衣服的审美情趣,多集中在色彩的搭配、图案的设计、刺绣的针法、镶边滚边的装饰上。服装在衣襟、袖、领、扣、边、

---

❶ 光绪《清会典事例》第 328 卷,第 9471、9469 页。《清史稿·舆服志二》上海古籍出版社、上海书店本,第 408 页。

褙的变化都极为讲究。这一方面是由于生产力的发展,织造技术的提高,但最主要的还是古代妇女由于活动范围狭小,长期赋闲在家,为做精致的女红提供了大量时间。所以中国传统民间服饰更加重视平面的章法铺陈,逐渐发展成为可以独立欣赏的工艺品。如今收藏绣衣的人越来越多,主要是因为其历史价值和审美价值所致。

第四,中国宽衣肥袖的服饰文化是受到儒家礼教深刻影响的结果。中国人追求悠闲清净的安祥生活,不喜欢搞激烈冒险的活动。宽衣大袖的长袍能够体现生活的富足、地位的显赫、形体的飘逸,对于观月赏花、吟诗作画、抚琴下棋的悠闲生活是非常合适的。在儒家礼教观念的影响下,中国人主张自尊,讲求含蓄中庸、"存天理灭人欲",因此无论是身体还是形体都不可显露出来,女装多以封闭的宽身长袖示人。清朝的旗袍直身不收腰,宽松肥大,就连露出脖子都被视为莫大的羞耻。此外中国男性可以借宽大的衣身来遮掩纤细的身体,并且能表现出一种独特的飘逸感;中国女性利用直腰身无省宽身的结构掩饰平胸、短腿,这样虽然身体曲线掩藏在宽松直身裁剪中,但是因此有了一种优雅、端庄、婉约、含蓄的传统形象。

最后,中国传统服饰上的图案艺术丰富多彩,源远流长,不仅能美化服饰,而且还具有深刻的含义。传统织物纹样多以写生手法为主,龙狮麒麟百兽、凤凰仙鹤百鸟、梅兰竹菊百花以及八宝、八仙、福禄寿喜等都是常用题材,色彩鲜艳复杂,对比度高,图案纤细繁褥。一般来说,都是运用"谐音"的手法暗示美好的愿望。如"金玉(鱼)满堂"是绣金鱼和金鱼缸,"平(瓶)安如意"是绣花瓶中插着玉如意,"三阳(羊)开泰"是绣三只羊仰望太阳,"六(鹿)合(鹤)同春"是绣鹿与鹤在一株常青树下。因为古时称天地四方为六合,鹿鹤与六合谐音,象征幸福长寿。此外一些传统服饰上的图案已经脱离现实生活的原形,通过文化传承形成一种集体的契约,成为约定俗成的符号系列。如:"虎"用于避邪和护生,"鹰"用于镇宅;"鸡"象征吉利,又吃五毒;"桃"寓意长寿,又能作避鬼之用等。

中国传统服饰图案除了写实外,还善于采用中国传统的线描式或近于线描式的以单线作纹样轮廓的手法,抓住形象的主要特征,在写实的基础上加以夸张、变形。同时,借助深浅不一的点、长短不齐的线、大小不等的面、似是非是的形,使之既富于变化而又和谐地组合在图案之中。例如方格图案象征农田,彩条图案象征江河,十字图案象征树林,这些都作为较固定的形式被保留下来。在色彩安排上,追求浓郁与厚重,对比强烈,常用细碎均匀的小面积对比,使色彩寓和谐于变化之中。在结构上,较多采用满地花的方式,讲求服饰的整体效果,显现出民族服饰图案独特的艺术魅力。总之,中国服饰文化包含着千百年来广大民众的艺术创造精华,具有极高的艺术价值和较深的文化内涵。

第三节　民俗雅趣

民俗是一个地方长期形成的风尚、习惯,以规律性的活动约束人们的行为与意识。在中国这个幅员辽阔的民族大家庭里面,"千里不同风,百里不同俗",民俗作为一种重要的社会文化现象,是人类社会产生、发展过程中的产物。它包含着民众物质生活和精神生活的诸多文化内涵,具有时代性、传承性、民族性和地域性的特点。

一、传统节日

中国的传统节日形式多样,内容丰富,是我们中华民族悠久的历史文化的组成部分。传统节日的起源和发展是一个逐渐形成,潜移默化地完善,慢慢渗入社会生活的过程。我国的传统节日有农事节日、祭祀节日、纪念节日、庆贺节日、社交游乐节日之分。具体可以分为春节(农历新年)、元宵节(农历正月十五)、端午节(农历五月初五)、中秋节(农历八月十五)等,此外还有腊八节、清明节、重阳节、祭灶节等。少数民族的传统节日有傣族的泼水节、蒙古族的那达慕、白族的三月街、壮族的歌圩、藏族的藏历年和望果节以及古尔邦节、开斋节、火把节、龙船节等。

在漫长的历史长河中,历代的文人雅士、诗人墨客,为一个个节日谱写了许多千古名篇。这些诗文脍炙人口,广为传诵,使我国的传统节日透露出深厚的文化底蕴,大俗中透着大雅,可谓是雅俗共赏。

(一)春节

春节是中华民族的第一大节日,是最为隆重的节日,其风俗波及日本等国及海外华人中,有着悠久的历史与丰富的文化内涵。春节凝结着中国人的伦理情感、生命意识、审美趣味,是民族文化传统的集中展示,人们在享受着春节文化的同时也表演着民族的节日文化。春节时,无论城市、乡村,皆贴春联、贴年画、整饬居室,合家团聚、互相拜访,燃放爆竹以示辞旧迎新,并伴以狮子舞、龙灯舞、划旱船、踩高跷等各种传统的文娱活动。

首先我们先来看一下春节的起源。春节也叫"过年",古人认为,年是谷穗沉沉下垂的形象,是收获的象征,所谓"五谷熟曰年"。又有传说,年是一只怪兽，一年四季都在深海里，只有除夕才爬上岸来。它一上岸，所到之处便是洪水泛滥。因此人们在家门口贴起红纸，院子里烧柴禾、拢旺火，用菜刀剁菜肉，发出雷鸣般的声音，这样就会把"年"吓得逃回海里去。于是就有了除夕贴对联、挂彩灯、穿新衣，还要剁肉馅包饺子，晚上还要拢旺火、烧柴禾的习俗。这些都是传说，比较可信的说法应该是源于我国原始社会时就有的"腊祭"之俗，主要是感谢百神上一年的赐予，祈求来年风调雨顺、五谷丰登，同时伴随着驱除瘟疫灾祸的活动。相传夏朝建立后，此风俗就一直流传下来，因此《尔雅》提到春节云："夏曰岁，商曰祀，周曰年。"

在春节千百年的历史发展中，形成了一些较为固定的风俗习惯，许多相传至今。首先是放爆竹。中国民间有"开门爆竹"一说，即在新的一年到来之际，家家户户开门的第一件事就是燃放爆竹，爆竹可以创造出喜庆热闹的气氛，以哔哔叭叭的爆竹声辞旧迎新。"爆竹声中一岁除，春风送暖入屠苏；千门万户曈曈日，总把新桃换旧符。"❶屠苏即屠苏酒，意为屠绝鬼气，苏醒人魂。据说于元日早上喝此酒，可保一年不生病，以后便将春节喝的酒统称"屠苏酒"。

其次是贴春联，贴福字，贴年画，贴窗花。春联也叫门对、春贴、对联、对子、桃符等，它以工整、对偶、简洁、精巧的文字描绘时代背景，抒发美好愿望，是我国特有的文学形式。春联的前身是桃符，又称"桃版"。古人认为桃木是五木之精，能制百鬼，故从汉代起即有用桃作厌胜之具的风俗，即以桃木做桃人、桃印、桃板、桃符等辟邪。桃符转化成春联据说缘于五代后蜀之主孟昶。据《宋史》记载：宋灭蜀的前一年（964年）除夕，后蜀主孟昶写下"新年纳余庆，嘉节号长春"，这是被人们公认的第一副春联。纸制的春联则是明、清时候才兴盛起来的。

在贴春联的同时，一些人家要在屋门上、墙壁上、门楣上贴上大大小小的"福"字。春节贴"福"字，是我国民间由来已久的风俗。"福"字指福气、福运，寄托了人们对幸福生活的向往，对美好未来的祝愿。为了更充分地体现这种向往和祝愿，有的人干脆将"福"字倒过来贴，表示"幸福已到"、"福气已到"。民间还有将"福"字精描细做成各种图案，图案有寿星、寿桃、鲤鱼跳龙门、五谷丰登、龙凤呈祥等。

年画是由古时的门神画演变而来的。门神画最初由人手工在门上绘出

---

❶　吴河清、李永贤：《诗说中国五千年》（宋辽夏金元卷），河南大学出版社2006年版，第34页。

神话传说中的神荼、郁垒,也有的在门上画虎或古代勇士像用以辟邪。到了宋代随着雕版印刷术的兴起,在门上作画演变为木版年画。年画的内容已不仅限于门神之类单调的主题,变得丰富多彩,诸如《福禄寿三星图》、《天官赐福》、《五谷丰登》、《六畜兴旺》、《迎春接福》等经典的彩色年画,都受到人们的喜爱。我国年画有许多流派并各具特色,其中苏州桃花坞年画细腻朴实博爱,天津杨柳青年画细巧典雅,山东潍坊年画粗壮泼辣,这三地是我国年画的重要产地。现今我国收藏最早的年画是南宋《随朝窈窕呈倾国之芳容》的木刻年画,画的是王昭君、赵飞燕、班姬和绿珠四位古代美人。民间流传最广的是一幅《老鼠娶亲》的年画。描绘了老鼠依照人间的风俗迎娶新娘的有趣场面。如今人们喜欢用挂历、年画和月份牌年画,精致美观又实用。此外人们还喜欢在窗户上贴上各种剪纸即窗花。窗花其实也是年画的一种,如岁寒三友、春到人间、五谷丰登的题材特别受欢迎。窗花以其特有的概括和夸张手法将吉事祥物、美好愿望表现得淋漓尽致,将节日装点得红火富丽,成为一种独特的民间艺术,很多窗花作品畅销世界各地。

第三是除夕守岁,吃饺子,给小孩压岁钱。我国农历年的最后一天晚上称为"除夕",源于先秦时期的"逐除"。根据《吕氏春秋》记载古人在新年的前一天,击鼓驱逐"疫病之鬼"。守岁之俗由来已久,自汉代以来,新旧年交替的时刻一般为夜半时分先是吃一餐"团年饭",饭后阖家团坐,团年饭后还要吃"消夜",一家人吃着点心,或嬉笑玩耍,或款言细语,静待天明,这便是守岁。民间春节吃饺子的习俗在明清时已相当盛行。一是饺子形如元宝,人们在春节吃饺子取"招财进宝"之音;二是饺子有馅,便于人们把各种吉祥的东西包到馅里,以寄托人们对新的一年的祈望。如把糖、花生、枣甚至硬币等包进馅里,代表着人们期待来年的日子更甜美,家人健康长寿,早生贵子和财运亨通。饺子一般要在年三十晚上12点以前包好,待到半夜子时吃,这时正是农历正月初一的伊始。吃饺子取"更岁交子"之意,"子"为"子时",交与"饺"谐音,有"喜庆团圆"和"吉祥如意"的意思。另外除夕夜还有给小孩压岁钱的习俗,祈愿新的一年小孩聪慧、万事如意。

最后是走亲访友拜年。拜年在汉代便已流行,群臣在正月初一这天进宫朝拜,君臣同乐。新年的初一早上,人们都穿上最漂亮的衣服,打扮得整整齐齐,出门去走亲访友,相互拜年,恭祝来年大吉大利。在宋代出现了赠送贺年片的习俗。初一到初四,是新年的狂欢日子,到了初五,才恢复平常的生活。初五也叫"破五",这天的习俗活动是"送穷",而对商家来说,初五这天商家开业。正月的活动一直到了十五,才渐渐平静。

（二）元宵节

正月为元月，古人称夜为"宵"，而十五日又是一年中第一个月圆之夜，所以称正月十五为元宵节，起源于汉朝。据说是汉文帝时为纪念"平吕"而设。每年正月十五日之夜，汉文帝都微服出宫，与民同乐以示纪念，并把正月十五日定为元宵节。按中国民间的传统，元宵节要吃元宵，象征家庭像月亮一样团圆，寄托了人们对未来生活的美好愿望。元宵在南方称"汤圆"，由糯米制成，或实心，或带馅。馅有豆沙、白糖、山楂等，煮、煎、蒸、炸皆可。

唐时对元宵节倍加重视，在元宵节燃灯成为一种习俗。唐朝大诗人卢照邻曾在《十五夜观灯》中这样描述元宵节燃灯的盛况"接汉疑星落，依楼似月悬"❶。元宵节燃灯的习俗，经过历朝历代的传承，节日的灯式越来越多，灯的名目也越来越多，有镜灯、凤灯、琉璃灯等等。"猜灯谜"又叫"打灯谜"，是元宵节后增的一项活动，出现在宋朝。南宋时，首都临安每逢元宵节时制灯谜，猜谜的人众多。开始时是好事者把谜语写在纸条上，贴在五光十色的彩灯上供人猜。因为谜语能启迪智慧又饶有兴趣，所以流传过程中深受社会各阶层的欢迎。随着时间的推移，元宵节的活动越来越多，不少地方增加了耍龙灯、耍狮子、踩高跷、划旱船、扭秧歌、打太平鼓等活动。

（三）端午节

农历五月初五为端午节，端午节是我国两千多年的传统习俗。古代在端午节，家家都以菖蒲、艾叶、榴花、蒜头、龙船花制成人形称为艾人。将艾叶悬于堂中，剪为虎形或剪彩为小虎，贴以艾叶，妇人争相佩戴，以僻邪驱瘴。用菖蒲作剑，插于门楣，用于驱魔祛鬼。

端午节吃粽子是最为广泛的庆祝活动。晋代，粽子被正式定为端午节食品。传说荆楚之人在五月五日煮糯米饭或蒸粽糕投入江中，以祭祀屈原。而如今每年五月初，中国百姓家家都要浸糯米，洗粽叶，包粽子，其花色品种更为繁多。从馅料看，北方多包小枣称为枣粽，取其"早中"金榜之意，南方则有豆沙、鲜肉、火腿、蛋黄等多种馅料，以浙江嘉兴粽子最为著名。千百年来吃粽子的风俗在中国盛行不衰，而且流传到朝鲜、日本及东南亚诸国。

赛龙舟也是端午节的主要习俗。早在战国时代就有"龙舟竞渡"。古人在急鼓声中划着刻成龙形的独木舟做竞渡游戏，用来娱乐神明和平民百姓，是一种半宗教性、半娱乐性的节目。竞渡的习俗在吴、越、楚比较盛行。相传是因为古时楚国人舍不得贤臣屈原投江死去，许多人划船追赶拯救。他

---

❶　卢照邻：《卢照邻全集》，艺术中国网，中国古籍全录，第21页。

们争先恐后,追至洞庭湖时不见踪迹,之后每年五月五日划龙舟以纪念之。

(四)中秋节

中秋节是我国的传统佳节。"中秋"一词最早出现在《周礼》中,魏晋时有"谕尚书镇牛渚,中秋夕与左右微服泛江"的记载。直到唐朝初年,中秋节才成为固定的节日,中秋节的盛行始于宋朝。中秋节月亮圆满,象征团圆,因而又叫"团圆节"。

中秋节最重要的活动是吃月饼和赏月。相传我国古代,帝王就有春天祭日、秋天祭月的礼制。在民间,每逢八月中秋,也有拜月或祭月的风俗。月饼最初是用来祭奉月神的祭品,我国大部分地区古人在中秋晚上有烙"团圆"的习俗,即烙一种象征团圆、类似月饼的小饼子用来祭祀月神。饼内包糖、芝麻、桂花和蔬菜等,外压月亮、桂树、兔子等图案。祭月之后,由家中长者将饼按人数分切成块,每人一块,如有人不在家即为其留下一份,表示合家团圆。关于"团圆节"的记载最早见于明代。《西湖游览志余》中说:"八月十五谓中秋,民间以月饼相送,取团圆之意。"❶《帝京景物略》中也说:"八月十五祭月,其饼必圆,分瓜必牙错,瓣刻如莲花……其有妇归宁者,是日必返夫家,曰团圆节也。"❷月饼发展到今日,品种更加繁多,风味因地各异。其中京式、苏式、广式、潮式等月饼深为我国南北各地的人们所喜食。

月饼

(五)重阳节

古人将天地万物归为阴、阳两类,阴代表黑暗,阳则代表光明、活力。奇数为阳,偶数为阴。九是奇数,因此属阳,九月初九,日月逢九,二阳相重,故称"重阳"。古人认为这是个值得庆贺的吉利日子,并且从很早就开始过此节日。庆祝重阳节的活动多彩浪漫,一般包括出游赏景,登高远眺,观赏菊花,遍插茱萸,吃重阳糕,饮菊花酒等活动。

登高之俗始于西汉,刘歆《西京杂记》记载云:"三月上巳,九月重阳,士女游戏,就此被禊登高。"❸中国历代许多文人雅士,每当此节登上高处,一面

---

❶ 沈德潜:《西湖文献集成》(第8册/清代史志西湖文献),杭州出版社2004年版,第549页。

❷ 刘侗:《帝京景物略》(明清小品丛刊),上海古籍出版社2001年版,第354页。

❸ 刘歆:《西京杂记》,上海古籍出版社1991年版,第203页。

饮菊花酒,一面吟诗取乐,留下无数诗篇。

重阳节插茱萸的风俗,在唐代就已经很普遍。古人认为在重阳节这一天插茱萸可以避难消灾。除了佩带茱萸,赏菊并饮菊花酒也是重阳节的重要习俗。该习俗起源于晋朝大诗人陶渊明。北宋京师开封,重阳赏菊之风盛行,当时的菊花就有很多品种,千姿百态。民间还把农历九月称为"菊月",在菊花傲霜怒放的重阳节里,观赏菊花成了节日的一项重要内容。人们也有头戴菊花的,或者是把菊花枝叶贴在门窗上,用来解除凶秽,以招吉祥。在宋代还有将彩缯剪成茱萸、菊花来相赠佩带的。

上面只是简单介绍一下汉族的一些传统节日,中国的传统节日和习俗不胜枚举,但是它们有许多共同的特点,那就是中华传统节日,是"天人合一"的传统文化的缩影。

中国传统节日在本质上是"天定节日"。在中国,二十四节气就是24个节日,其中的立春、立秋、夏至、冬至四个节气有特殊的意义,最为隆重的是正月初一的"春节"和八月十五的"中秋节"。古代生产力相对低下,春华秋实是一年最重要的事情,也是人生最重要的事情,所以中国古代没有纯粹人为的节日。即使特殊的纪念日,也与天文气候相关联,体现了"天人合一"的思想,如"二月二"的"龙抬头","五月五"是"端阳节","九月九"是"重阳节",天道循环,人生相应。和单纯人为的节日相比,传统特殊的节日传统具有极其丰富的文化内涵和艺术气氛,生命力更强。

二、婚姻礼仪

婚姻关系是人类社会的基本关系。婚姻关系的形成包含着许多内容,如婚姻的形式、程序、礼节等,这些活动不断发展演变,形成了许多固定的习俗。

(一)婚礼程序

古代的婚姻礼仪最常用的说法是"三书六礼"。三书指的是聘书、礼书和迎亲书。聘书是男女双方正式缔结婚约的定亲之书,在纳吉时用。礼书是过礼之书,也就是礼物清单,当中详列礼物种类及数量;纳征时用。迎亲书即迎娶新娘之书,结婚当日接新娘过门时用。六礼是指从议婚至完婚过程中的六种礼节,即:纳采、问名、纳吉、纳征、请期、亲迎。这一娶亲程式,周代即已确立,最早见于《礼记·昏义》。以后各代大多沿袭周

三书六礼

礼,但名目和内容有所变动。纳采,即男方家请媒人去女方家提亲,女方家答应议婚后,男方家备礼前去求婚。问名,即男方家请媒人问女方的名字和出生年月日。纳吉,男方家卜得吉兆后,备礼通知女方家,决定缔结婚姻。纳征,称纳币,即男方家以聘礼送给女方家。请期,男家择定婚期,备礼告知女方家,求其同意。亲迎,新郎亲至女家迎娶。六礼已毕,只意味着完成了成妻之礼,还须在次日完成"谒舅姑",即成妇之礼;若公婆已故,则于三月后至家庙参拜公婆神位,称"庙见"。古代富家子女结婚,一般都严格遵循六礼的步骤,而普通人家则大多从简。

(二)婚礼礼品

《仪礼·士昏礼》:"昏礼,下达纳采。用雁。"❶"宾执雁,请问名;主人许,宾入授。"❷"请期用雁,主人辞,宾许告期,如纳征礼。"❸为什么雁在古代聘娶礼品中有这么重要的地位呢？一是因为大雁是候鸟,每年秋分时节南去,春分时节北返,来往有时,从不失信。古人以雁为礼,喻男女婚前互守信约,婚后夫妻坚贞不渝。二是因为大雁是随阳之鸟,用来比喻妇人出嫁从夫。三是因为雁行有序,飞时成行,止时成列,迁徙中老壮雁率前引导,幼弱雁尾随跟紧,井然不紊,比喻嫁娶之礼,长幼有序,不相逾越。但是由于雁是飞禽,很难捕捉,后人经常以鹅代雁,谓之"雁鹅"。

(三)成亲趣俗

成亲是婚俗文化中最富民俗色彩的事项之一。在礼仪上一般分为"传代"、"盖头"、"交杯"、"撒帐"、"闹房"、"催妆"、"障车"、"赘婚"等,这一过程有许多有意思的民俗。比如古时候举行婚礼时,新娘头上都会蒙着一块别致的大红绸缎,被称为红盖头,这块盖头要在洞房时由新郎揭开。新娘为什么要蒙盖头呢？这个与传说有关,据唐朝李冗的《独异志》载,传说在宇宙初开的时候,天下只有女娲、伏羲兄妹两人。为了繁衍后代,兄妹俩要配为夫妻。但他俩又觉得害羞,为了遮盖羞颜,乃结草为扇以障其面,扇与苦同音,苦者,盖也。而以扇遮面,终不如丝织物轻柔、简便、美观。因此,执扇遮面就逐渐被盖头代替了。世界上许多民族关于人类起源的传说中,都有兄妹结婚的情节,而且都有用树叶、兽皮或编织物遮面避羞的描述。新娘蒙红盖头就是由其演变过来的。为了表示喜庆,新娘的盖头都选用红色。迎娶新

---

❶　陈戌国:《周礼、仪礼、礼记》,岳麓书社 1989 年版,第 141 页。

❷　陈戌国:《周礼、仪礼、礼记》,岳麓书社 1989 年版,第 141 页。

❸　陈戌国:《周礼、仪礼、礼记》,岳麓书社 1989 年版,第 141 页。

娘回到男家后,新郎、新娘共鼎而食,再将一瓠瓜剖为两半,夫妇各执其一,斟酒而饮,谓之"合卺",也就是后世交杯酒的源起。

（四）媒妁之言

中国传统婚姻习俗认为结婚须由媒人为男女双方撮合。在我国古代,媒人既有"私媒",也有"官媒"。而"官媒"则是代表政府行男女婚姻之事的机构,即官方的婚姻介绍所。官方的媒人,古代称作"媒官"、"媒氏"、"媒互人"等,最早出现在西周。全国未婚男女的花名册,统统掌握在官媒手中。官媒定婚律,制婚龄,安排婚嫁时令,处理婚恋纠纷,甚至还可以对不守婚嫁时令者予以处罚。到了春秋战国之时,"媒氏"机构进一步扩大。当时"掌媒"这个官方机构,除了为年轻人安排嫁娶,还为鳏寡重新组织家庭,并分配给他们田宅。自秦至清,"官媒"的权力仍然很大。如《晋书·武帝纪》载女子凡年满17岁,其父母尚未给她选择婆家的,一律交官媒,由官媒配给丈夫。太平天国时期,在其统治区域内也曾设立机构,为婚家主持婚礼,颁发婚姻证明书。婚姻由媒,不仅在整个封建社会时期被认为是婚姻必须遵守的规则与道德标准,甚至到今天还在一定程度上被沿袭。

（五）古代爱情与婚姻的关系

结婚对现代人而言是男女两情相悦、自由恋爱的结果,只要情投意合,"身高不是距离,年龄不是问题",男女都拥有婚姻的自主权。然而在古代,结婚的意义是在于为家族侍奉祖先,延续后代,男女当事人的感情、意愿并不重要。同时按照礼法的规定,婚姻必须由父母决定、媒人撮合而成,如果男女私订终身,就被视为伤风败俗、淫乱无耻,必使家族蒙羞,社会不容。父母为儿女选定亲事的标准,往往以门当户对、家族利益为衡量依据,媒人说亲也以赚取酬金为目的,常常婚姻便成了家长谋求政治、门第、财富等利益的工具。另外,以女性作为政治筹码的例子也层出不穷。东汉末年王允为除掉奸臣董卓,设计将义女貂蝉嫁到董家,借此离间了董卓、吕布,并造成两人相残,最后董卓死于吕布之手。唐太宗为了平定吐蕃,将文成公主下嫁到偏远的西藏地区。这些女性都是名留青史的伟大典范。但以现代的观点来看,这些都是没有自主权的婚姻。

（六）婚姻制度

我国古代的婚姻制度是一夫一妻多妾制,皇帝除了一个妻子即皇后外还有三宫六院,一般的达官贵人亦都妻妾成群。妻下面是妾,妾下面还有通房丫头。只有办了手续的通房丫头才能称妾。因此那个时候只要有条件,一个男人能娶多少女人不受限制,而这些女人在家庭中的地位也是不同的。

我国封建社会,妇女没有社会地位,夫为妻纲,妇女的一切只能服从和依赖于丈夫,即使丈夫死了也不准改嫁,从一而终。

我国古代社会实行许可离婚、专权离婚、限制离婚的制度。反映在离婚方式上,以"出妻"为主,以"义绝"、"和离"和一定条件下的"呈诉离婚"为补充。出妻是我国古代社会最主要的离婚方式,即男子强制休妻。我国古代的"礼"和"法"为男子休妻规定了七种理由,这就是所谓的"七出"。《大戴礼记·本命》记载:"妇有七去:不顺父母去,无子去,淫去,妒去,有恶疾去,多言去,窃盗去。"❶当然为维护封建道德,古代婚姻制度又规定了三种丈夫不得休妻的法定事由,客观上取得了保护女性权利的效果。这就是所谓的"三不去",即使妻子有"七出"的理由,丈夫也不得将其休弃。其内容,按照《大戴礼》所记载,为"有所取无所归"、"与更三年丧"、"前贫贱后富贵"❷。所谓和离,大多是一种协议休妻或"放妻",往往成为男方为掩盖"出妻"原因,以避免"家丑外扬"而采取的一种变通形式。所谓呈诉离婚,即发生特定事由时由官府处断的离婚。依封建法律规定,如果"妻背夫在逃"、"夫逃亡三年"、"夫逼妻为娼"、"翁欺奸男妇"等,男女双方都可以呈诉要求解除婚姻关系。但是在男尊女卑的封建社会里,妇女受着传统的"三从四德"和贞操观念的严重束缚,很难真正实现离婚的愿望。

第四节　传统游艺

近代学者林语堂曾这样说过:"若不知道人民日常的娱乐方法,便不能认识一个民族,好像对于个人,我们若不知道他怎样消遣闲暇的方法,我们便不算熟悉了这个人。"因此,游艺本身又是一种与人类关系非常密切的文化现象。中华民族自古就是一个热爱生活,善于创造生活的民族。古代游艺主要是指那些带有竞技特点的技巧娱乐性的活动形式,大致相当于中国古代体育活动,但是其主要精神是娱乐,与西方体育中的竞技精神截然不同。因此了解、研究中华古老的游艺文化是弘扬中华民族悠久灿烂文化所不可缺少的。

狩猎时期的舞蹈
(云南沧源的岩画)

---

❶　张建国:《中国法系的形成与发达》,北京大学出版社 1997 年版,第 58 页。
❷　王立民:《古代东方法研究》,北京大学出版社 2006 年版,第 241 页。

　　从云南沧源的身体活动岩画中我们也可以看到,远古先民由于生存的需要,投掷、游泳、奔跑、跳跃、攀登等已经成为他们日常生活中普遍的肢体活动。古代体育运动的雏形由此孕育而来。

　　此外,中华民族的务实精神体现在中国传统体育之中,便是有相当一部分体育项目是由于战争和军事训练的需要,从军事斗争中发展起来的。

一、骑马射箭

　　马术活动在中国古代是一项很重要的体育运动,包括赛马、马戏等等。自商代战车普遍用于战争后,骑马术在西周成为军事体育的重要项目。人们不仅以赛车的胜负来衡量驾驶技术的优劣,还从赛车活动中总结出竞赛的策略意识。在内蒙古乌拉特中旗的岩画里边就发现了史前的赛马术,在郑州也发现了有关画像砖上的《赛马图》。马戏是当时百戏活动的主要内容之一,大多数马戏的表演惊险绝伦,在汉画像石、画像砖以及壁画、漆画中都可以看到对马戏表演的精妙刻画。明清时期,马术表演除了民间娱乐还作为军队训练的内容,清宫画家郎世宁的

胡服骑射

《马术图》就记录了清军在马术训练当中的各种动作、方式,引人入胜。

　　射箭作为一种竞技运动,在周代就被列入教育的内容。"礼、乐、射、御、书、数"被列为《周礼》中的"六艺",也是周代统治者进行礼仪道德教育的形式。周代的"射礼"是一种礼仪化的射箭比赛,在祭祀典礼、诸侯朝拜、外交会盟等场合举行,并形成了一套严格的礼仪程序和等级规定,孔子、荀子以及墨子都是射箭爱好者。战国时期的赵武灵王提倡"胡服骑射"的军事改革把射箭运动推向了一个高潮。汉代对射箭运动在理论进行了总结,《汉书·艺文志》记载的射法就包括《李将军射法》、《魏氏射法》等8种69篇。魏晋南北朝时期,出现了射箭的专业比赛。唐代射箭活动在民间非常普及,根据有关文献记载,在当时的河北一带,民间组织的"弓箭社"就有600多个,参加的人员有3万多。唐代武则天设立了武举制,在武举制里规定了9项选拔和考核人才的标准,其中5项是射箭,包括长射、马射、步射、平射、筒射等。明清时期满族人入主中原,把少数民族的射箭活动也带入中原,射箭得到了更广泛的开展。清代中后期西方火器在中国普及后,射箭逐渐地从军事领域退出,演变为一种纯粹的比赛项目。

二、游泳滑雪

中国古人非常喜欢游泳。从军事意义上来讲,在东周时南方各国都提倡水战、舟战,所以游泳是水上兵士训练的一项重要内容。传世品《宴乐渔猎攻战纹铜壶》的壶壁上就有一幅雕刻在水中进行游泳的画面,画面上人与鱼共游是非常明显的,有的像自由泳,有的像蝶泳,跟现在的游泳姿势基本一致。

在民间,从魏晋南北朝一直到宋朝,整个游泳在南方是比较普及的,主要集中在端午节举行,有时还有一些比赛。特别到了宋代,民间流行弄潮,李益诗云:"嫁与瞿塘贾,朝朝误妾期;早知潮有汛,嫁与弄潮儿。"❶一定程度上说明弄潮游泳的健儿已经成为当时的"体育明星"了,受到人们的尊敬。当时钱塘江潮水非常有名,弄潮主要是以南方的浙江之潮为主。南宋词人辛弃疾曾经把当时在南方弄潮游泳的壮观景象用一首词来表达:"吴儿不怕蛟龙怒,风波平步。看红旗惊飞,跳鱼直上,蹴踏浪花舞。"❷游泳健儿在水上活动的场景跃然纸上。

跳水也是中国古代民间一种重要游艺活动,又叫"扎猛子"。隋唐时期,跳水技术随着游泳技术的改进得到了一定的发展。在宋代的跳水项目中出现了"水秋千"活动,就是在大海当中的船上竖两个很高的竹竿,竿上扎上秋千,当跳水运动员荡到跟秋千的横梁齐平的时候,突然一个跟斗从秋千上跳入水中。由于这种方式比较惊险,而且高度也比现在高,所以它要求运动员不仅要有高超的技艺,而且还要有一定的耐力和勇气。

冰雪运动在我国古代隋唐时期就已经存在了,最初是北方的少数民族掌握了这种游艺技巧。最早的一种滑冰方式是东北地区的女真族发明了一种竹马滑冰,人踏在竹马上,手执一根曲棍,向前滑行。《隋书》里也记载了大兴安岭的居民脚踏在两个滑板上"骑木而行"的滑雪活动。明朝冰上运动更为兴盛。明熹宗五年(1625 年)正月初二,东北建州女真首领努尔哈赤在太子河上举行了一次盛大的冰上运动会。其中的项目有冰球和花样滑冰表演,并且规定凡是冠军获得者赏银二十两,亚军十两,这在中国历史上是有文献记载的第一次冰上运动会。清代时期,朝廷每年从全国各地选拔近千名"善走冰"的人入宫进行训练,每年从冬至到三九在太液池(现在的北海和

---

❶ 郭伯勋:《宋词三百首详析》,中华书局 2005 年版,第 16 页。
❷ 徐汉明:《辛弃疾全集》,四川文艺出版社 1994 年版,第 206 页。

中南海）进行训练和表演。当时表演有花样滑冰的金鸡独立、哪吒闹海，杂技表演的弄幡、爬竿、冰上射箭、冰上踢足球等等，可见古代滑冰表演的各种项目比现在的花样滑冰还丰富。

三、武术摔跤

中华武术博大精深，在影视作品和文学作品中都有相应的展现，在世界上也闻名遐迩。中华武术一般来说包括拳术和器械演练两种方式。

拳术是武术当中一项重要内容，最早在《诗经·巧言》当中就有"无拳无勇，职为乱阶"的记载，说明当时的拳术已经萌芽。汉代出现了最早的有关拳类著作的记述，《汉书·艺文志》就收录《手搏》6篇。到隋唐，拳术在民间比较普及，尤其是成为宗教寺院的一种武术演练形式。经过长时间的发展，明清时期拳术和拳法得以总结，戚继光的《纪效新书》记载了宋太祖的"三十二式长拳"。此外，明代拳术已经出现了内、外家之分，内家是以少林武术为代表，外家是以张三丰创立的武当武术为代表。到了清代，几大拳系已经逐渐形成，当时文献记载的拳系有几十个，拳套路有几百多种。

武术器械最初是从生产工具和军事兵器发展演化过来的，在商周时期得到了很大的发展。商周时期的一些青铜兵器，像戈、戟、钺、矛、斧、刀、剑、铩、殳等都是最早的武术器械。中国古代的武术器械一般分五大类。第一是钩击类器械，有戈、钩形器、戟、吴勾等；第二是击刺类器械，有矛、剑、铩、殳、枪、叉等；第三是劈砍类器械，有刀、斧、钺等；第四是砸击类器械，有棍棒头、鞭锤等；第五是卫体类器械，有护臂、护甲以及盾等。武术器械随着器械的发展走向多元化，发展到人们常说的"十八般兵器，样样精通"，种类非常繁多。春秋战国时期，各诸侯国都很重视格斗技术在战场中的运用。商周时期就开始利用"武舞"来训练士兵，鼓舞士气。我国现代各个层次的学生中军训非常普及，就是由此而来的。

除了器械和拳术外，摔跤也是中华武术中一个重要部分。摔跤在古代又称为"角力"、"相扑"、"角抵"等，是古代军事训练的一个项目，最早起源于北方流行的一种民间的竞技活动"蚩尤戏"。考古人员在陕西发现了东周时期一件铜牌上面绘有两个人在摔跤角抵的画面。其由一开始的军事演练后来慢慢演变成一种表演性的竞赛，秦时正式定名"角抵"。《史记·李斯列传》里也曾经记载秦二世胡亥在甘泉宫观看角抵的情景，说明当时这种娱乐活动的流行。晋代时才又被称为"相扑"，宋代署名调露子的《角力记》把宋以前有关角抵的形式做了记录，是我国体育史上最早的一部著作。宋金元时期相扑发展为两种形式：一种是正式比赛打擂台，《水浒传》第74回的"燕青智扑擎天柱"就是对相扑正式比赛的描写。另一种相扑是在表演场合进行表演，宋许多地方都有这种表演，而且表演的服装基本延续前代。

武术

摔跤

明清时候才正式称为"摔跤"，我们现在所称的摔跤就是从这个体系发展而来的。清代摔跤在宫廷当中有了很大的发展，摔跤是满族传统的活动形式。当时的摔跤有"官跤"和"私跤"两种。摔"官跤"叫做"布库"，由专门机构"善扑营"管理，水平分为三等，每年按等领取钱粮，同时每年十二月二十三日在养心殿御前进行摔跤表演。少年康熙皇帝擒拿鳌拜就有他所训练的一帮布库们的功劳。此外，摔跤在军队当中也作为一种练兵的方式。在民间的摔跤活动就是"私跤"，当时在北京东四、西四、东单、西单、日坛、月坛、地安门等地都有摔跤的场所，即老百姓所说的"跤窝子"。每到有关节日、集会、休闲的时候，经常有几对大汉在跤窝子里进行摔跤娱乐。

明末清初，抗清失败后的陈元赟东渡日本后把中国的摔跤与中国的拳术进行糅合在日本授徒传艺，后发展成了日本现在的柔道和相扑。可见，中国现在的摔跤在很大程度上与古代摔跤有着密切的渊源，有着很深的文化底蕴。

四、跑步足球

跑、跳及投掷等活动是人类的基本生存技能，这些都属于现代田径运动的范围。但是在古代词汇中没有"田径"一词，而是有许多与田径有关的同义词，如跑的同义词"走"，投的同义词"掷"，跳的同义词"逾高"、"绝远"等，这些词经常见之于古代文献当中，如"夸父逐日"、"逾高绝远"等。

从战国到汉代，骑马驾车作战改为大规模的兵团作战，所以要训练士兵的走、跑能力。汉画《车马出行图》中可以看到战车前边往往有两个奔跑的武士，即"伍伯"。他们经常跟飞驰的奔马一起跑而练就了长途奔跑的能力，在传递信息或者重大战役当中，往往发挥着马拉松运动员的作用。因此具

《车马出行图》(局部)

有长跑能力的人就成为当时军队的重要人才。元代出现了一种专业的长跑比赛叫"贵由赤","贵由赤"是蒙古语"快行者"的意思。当时比赛是在相距180里的元大都和元上都之间进行的。这比1896年第一届奥运会创始现代马拉松的距离长两倍多,而且时间上要早600多年,因此中国古代"贵由赤"的长跑赛在体育史上比马拉松的意义还要重大。

足球在中国古代称为"蹴鞠",最初是战国时代用来训练士兵的腿部力量,后来在民间流行,成为一种娱乐活动。司马迁《史记》曾经记载齐国首都临淄的繁荣景象。当时临淄的居民生活富裕欢乐,经常斗鸡、走狗、蹴鞠,说明了蹴鞠在市民当中是一种很典型的游戏活动。汉代的蹴鞠有两种形式,一种是以音乐伴奏为主的蹴鞠,带有表演性质;一种是带球门的蹴鞠比赛,带有竞技性质。汉代李尤的《鞠城铭》把蹴鞠的规则以及裁判、比赛当中遵守的一些规范记录下来。由诗中可知比赛双方各设六个球门,而且各有六个守门员,还有正、副裁判。著名大将霍去病在塞外征战的时候,就在战争之余以蹴鞠来训练士兵,当时的球场叫做"鞠城",球门叫做"鞠室",是在地下挖的球门,只不过是单个球门。唐代发明了充气的球,中间芯用动物的尿胞,冲上气,周围用八片皮子缝起来作为足球,跟现在的足球基本一样。值得一提的是,蹴鞠在唐宋以后随着文化的交流也传入日本,虽然到清代以后古代蹴鞠逐渐消亡了,但是到日本却一直流传着。

五、民俗活动

中国古代还有许多依据民俗节令的变化而兴起来的、带有规律性的体育活动。这些活动形式在节日期间、在民俗节会期间举行,而且每当节日期间必须举行这类活动,具有一定的依附性。如龙舟竞渡据考古发现最早在春秋时候就出现了。浙江鄞县出土的一件青铜钺表面的纹饰就是龙舟竞渡。划船的人戴着羽饰,动作整齐划一,展现了生动的竞赛场面。另外在西南地区发现的一个战国中期到东汉的石寨山式铜鼓上面也有表现竞渡赛的画面。但是隋唐以后其竞赛时间通常在每年的端午节期间举行。此外像春节、七夕、清明等期间都有民俗体育活动举行。这些游艺活动能使人们在劳动之余得到放松,增进健康,如拔河、秋千、踏青、登高、高跷、放风筝、元宵观灯、跑旱船、龙舟竞渡、放风筝、舞龙以及踢毽子等。这些通过民俗节令而发展起来的体育活动形式,由于形成的历史背景和环境的影响,具有较强的生命力。经过历史的锤炼而流传下来,今天仍拥有众多的参与者,成为全民健身的重要活动形式。

第七章

耕读传家

在传统文化中，"读书"不仅意味着通常意义上的阅读、浏览书本或著作，而且它也代表着接受教育，是知识传承的一个重要手段。同样，"读书"对中国人的文化品位、个人前途等也有着很大的影响，更影响到中国人的价值选择与精神祈求。以"书"为中心，我们可以看到使中国文化得以维系几千年的精神支柱；在与"书"有关的一系列活动中，更能让我们清晰地看到一个普通中国人的精神世界。

第一节　读书之体与用

一、"万般皆下品，唯有读书高"——读书之用

"读书"一词，含义丰富，不仅有阅读之意，更有受教育之意。在传统社会中，读书人更是被作为一种职业或者社会身份，成为与文化知识传播密切相关的一类人。在"学而优则仕"的文化机制中，读书更多地被赋予了鲜明的功利化特征，即视读书为一种工具。古人之读书，大抵可分为三种：为功名利禄、家族繁荣而读书，为增长知识、修身养性而读书，为休闲消遣而读书。翻检文化史可以发现，对于普通中国人来说，为功名利禄、为家族荣耀而读书是最重要的目的。孔子早就说过："耕地，馁在其中矣；学也，禄在其中矣。"❶可见，一人读书为学，带来的不仅仅是知识的增长与气质修养的提高，更有现实的利禄可图。

如果说在春秋战国时期读书多属于个人选择的话，那么自汉代以后，读书活动就不仅仅是个人选择的行为，同样也是政府努力加以引导的结果。汉武帝以后，朝廷采纳董仲舒的建议，"罢黜百家，独尊儒术"，开办学校，大

---

❶ 《论语·卫灵公》。

力推崇儒家经典。同时,开辟察举选官的途径,多选拔研习儒家经典之士入朝为官。在社会价值取向上,大力提倡读书重文的风气。这种以仕途鼓励读书的策略得到历代统治者的效仿,形成了富有特色的中国古代读书文化。自此以后,中国古代文化中刻苦治学、发奋读书的事例源源不断。特别是隋唐实施科举制度之后,儒家经典及其注疏更是成为科举考试的教材,它不仅强调了士人以读书为职业的观念,同时也为贫寒之士提供了改变自身命运的机会。许多出身低微之人从小立志读书,成为一代名臣,如宋代欧阳修等人。宋真宗更是亲自做了一首劝学诗以激励世人:"富家不用买良田,书中自有千钟粟;安居不用架高堂,书中自有黄金屋;出门莫恨无人随,书中车马多如簇;娶妻莫恨无良媒,书中自有颜如玉;男儿若遂平生志,五经勤向窗前读。"❶可见这种以仕途功利为目的的读书文化,渗透进了中国人的生活细节当中。林语堂曾在《中国人》一书里对中状元者所受的欢呼和拥戴作了如下描述:"你看他骑着高头大马,由皇帝亲自装饰,作为全国第一也是最聪明的学者在街上走过,真正是一个名副其实的迷人王子。作为头名状元,他应该是很漂亮的。这就是作为一名卓越的学者所得到的荣耀,一个中国官员所得到的荣耀。他每次出行,都有人为之鸣锣,宣告他驾到。衙役们在前面开道,将过路人逐向两边,像推垃圾一样……"❷有如此风光,难怪唐代诗人孟郊会兴奋地写道:"昔日龌龊不足夸,今朝放荡思无涯。春风得意马蹄疾,一日看尽长安花。"❸中举前后判若两人,读书给人带来的荣华富贵实在具有极大的诱惑性。

这种以功名利禄为诱导的读书文化直接影响到了中国古代家族文化的传承,特别是在古代的家训中表现极为明显。我们经常可以看到古人对子孙后代勤勉读书的谆谆教导。南北朝人颜之推在《颜氏家训》中如此说道:"自古明王圣帝,犹须勤学,况凡庶乎!此事遍于经史,吾亦不能郑重,聊举近世切要,以启寤汝耳。……不晓书记者,莫不耕田养马。以此观之,安可不自勉耶?若能常保数百卷书,千载终不为小人也。夫明《六经》之指,涉百家之书,纵不能增益德行,敦历风俗,犹为一艺,得以自资。父兄不可常依,乡国不可常保,一旦流离,无人庇荫,当自求诸身耳。谚曰:'积财千万,不如薄技在身。'技之易习而可贵者,无过读书也。"此段话充满了利禄的诱导和

---

❶ 赵恒:《劝学诗》。

❷ 林语堂著,郝志东、沈益洪译:《中国人》,学林出版社 1994 年版,第 192 页。

❸ 孟郊:《登科后》。

生存的忧患,不仅苦心劝导子弟以读书为业方为正道,而且对应读之书也作了清晰的导引,晓之以理,动之以情,使得诗书传家成为中国古代家族文化中的独特之处。宋代袁采在其《袁氏世范》中也对子弟说:"士大夫子弟苟无世禄可夺,无常产可依,而欲为仰事俯育之计,莫若为儒。其能习儒业者,命运亨通,可以取科第置富贵;次可以训导,受束修之俸。否则事笔札代笺之役,次可以习读为童蒙之训。"看来,读书之于古人,已是一种基本技能,一种工作。读书的最高目的,是为了仕途通畅,官运亨通。即便不济,也可以代人作文,传道授业,不至于饥饿至死,既体面,又无衣食之忧。读书,已然成为古代中国人谋取生活的首选。

二、书卷多情似故人——读书之乐

　　读书既为谋生之首选,自然也就成为古人生活中不可或缺的一部分。但读书作为一种技能,与其他技能有着本质不同。它是一生不能穷尽的事业,而非一门技术的掌握那般容易。"三更灯火五更鸡,正是男儿读书时"(颜真卿),形象地说明了读书之苦。因此,古人常有皓首穷经而无所得之叹,其间的酸甜苦辣颇多。但总的来说,大部分人还是乐在其中的。读书对他们来说,不仅是一种谋生的方式,也是一种生活的方式。

　　古人给予读书很高的地位,因为读书会给人带来一种精神的享受。如同故友一般,读书就是一次次的情感交流活动。宋代文人黄庭坚说的好:"人不读书,则尘欲生其间,照镜则面目可憎,对人则言语无味!"看来,读书是可以提升人生境界的,更为重要的是,读书还可以与千年前的先哲对话,与千里外的故人对话。明代的著名文人于谦曾有《观书》一诗讲到了读书于他的意义:"书卷多情似故人,晨昏忧乐每相亲。眼前直下三千字,胸次全无一点尘。活水源流随处满,东风花柳逐时新。金鞍玉勒寻芳客,未信我庐别有春。"读书能给人带来美的精神享受,也是古人远离现实尘嚣的良师益友。宋代诗人尤袤对读书之乐有更形象的比喻:"饥读之以当肉,寒读之以当裘。孤寂读之而当友朋,幽忧而读之以当金石琴瑟也。"❶显然,读书于古人是难得的精神交流的机会,对于崇尚清静、以精神之美为上的他们来说,读书就是最大的享受,至于能否真正做到以书当肉、当衣服、当友朋、当琴瑟,还要看个人境界高低了。明代陈继儒即是把读书当作人生至高境界的首选:"心

---

❶ 尤袤:《遂初堂书目·序》。

无机事,案有好书,饱食晏眠,时清体健,此是上界真人。"❶看来,人生理想的至境,就是以书为伴了。元代有一个叫翁森的诗人更是苦中作乐,以春夏秋冬为题,写了一首《四时读书乐》,抒发一年四季读书的感受,可谓读书与自然合而为一,其乐无穷,现录于下:

《春》:山光照槛水绕廊,舞雩归咏春风香。好鸟枝头亦朋友,落花水面皆文章。蹉跎莫遣韶光老,人生唯有读书好。读书之乐乐何如? 绿满窗前草不除。

《夏》:新竹压檐桑四围,小径幽敞明朱曦。昼长吟罢蝉鸣树,夜深烬落萤入帷。北窗高卧羲皇侣,只因素稔读书趣。读书之乐乐无穷,瑶琴一曲来熏风。

《秋》:昨夜庭前叶有声,篱豆花开蟋蟀鸣。不觉商意满林薄,萧然万籁涵虚清。近床赖有短檠在,对此读书功更倍。读书之乐乐陶陶,起弄明月霜天高。

《冬》:木落水尽千崖枯,迥然吾亦见真吾。坐对韦编灯动壁,高歌夜半雪压庐。地炉茶鼎烹活火,四壁图书中有我。读书之乐何处寻,数点梅花天地心。

三、不朽之盛事——读书之业

读书作为一种基本技能,有人把它当作敲门砖,完成科场举业之后,弃之再也不问,专作刀笔之吏或专职政客。但在大部分的读书人眼中,累世经学的家族、学富五车的人以及那些将读书视作终生事业的人永远都是世人仰慕的对象。他们是中国古代真正的读书之人,饱读终生,不务仕宦,将读书著书作为不朽的事业。

三国时期的魏明帝曹丕不仅是一个政客,也是建安文学的代表性人物。至于为何读书、著书立说,曹丕在《典论·论文》中曾说:"文章者,经国之大业,不朽之盛事。年寿有时而尽,荣乐止乎其身,二者必至之常期,未若文章之无穷。是以古之作者,寄身于翰墨,见意于篇籍,不假良史之辞,不托飞驰之势,而声名自传于后。"对于古人来说,生命的短暂是人生极为遗憾的事情,因此,如何让生命不朽一直是古人追求的目标。"太上有立德,其次有立功,有立言,虽久不废,此之谓不朽",❷"立功、立言、立德"被当作"三不朽"成

---

❶ 陈继儒:《小窗幽记》卷8。
❷ 《左传·襄公二十四年》。

为古代文人的人格典范。"立言"即为著书立说,读书就能与古人对话,著书即能与后人对话,使自己不朽于世。千百年来以读书而致富贵之人不可胜数,但被历史记载的能有几人?那些拥有经典之作的文人墨客们却不朽于后人的记忆当中。这样,许多古人以读书为业,执著于著书立说就不难理解了。

西汉时的董仲舒,为汉景帝时期的讲经博士,专门讲学经典,弟子对他的评价,有"三年目不窥园"的传说,说其读书专心致志,心无旁骛,不问家事。东汉时王充少年聪颖,博学多闻,喜好读书,曾游学于洛阳,因家贫无书可读,因此常常于书坊中翻阅,默记于心,精通百家学说,回乡后传经立说,著成《论衡》,终成一家之言。北宋著名理学家二程兄弟程颐、程颢也是以著书立说名重天下。《宋史·道学传》说:"程颢自十五六时,与弟颐闻汝南周敦颐论学,遂厌科举之习,慨然有求道之志。泛滥于诸家,出入于老释者几十年,反求诸六经而后得之,秦汉以来,未有臻斯学者。"后来,兄弟两人终于成一代儒学大师,受到各地士人的尊崇,纷纷拜师于其门下。两人不仅竭尽全力传道授业,并开创了自己的学派——洛学。明末张履祥在《初学备忘》中曾说:"须知此身除却学问,更无一事可为。此生自少至老,忧乐穷达,无非学问之日,委心矢志,以求无负此'读书人'三字。久久自能身上,小有小成就,大有大成就。"由此可知,"读书人"一词,在传统文化中有着丰富的底蕴,它不仅仅被视为一种职业,更被许多人视为人生理想的寄托,也是文化传承的中坚力量。

四、唯有源头活水来——读书之法

读书文化是中国古代传统文化中的一个不可或缺的部分,读书生活也是颇受古人重视的一种生活方式。如上所述,读书活动中既包含着现实的功利因素,也含有一定的审美因素,因为它也是一种消遣休闲活动,读书目的不同,读书之法也各有所异。总观古人总结的各种读书方法,可以分为以下几类。

(一)勤学苦读型

读书方法的确是因人而异,因目的而异的。对于大部分默默无闻的读书人来说,用心专一、埋头苦读一直是他们的读书信条。此种读书之法使人在长期的读书活动中培养了耐心与毅力,让人用心专一,心无旁骛,安心做事。对于学有所成志在读书的人来说读书是一种乐趣,但对于很多以读书做敲门砖的人来说,读书难免就是一种痛苦的活动。因此,传统文化中流传着许多这样的谚语:"书山有路勤为径,学海无涯苦作舟。"读书既为苦差事,如何激励弟子努力读书也是古代教育方法的一个重要部分。战国时期苏秦的"锥刺骨",汉代孙敬的"头悬梁",匡衡的"凿壁偷光",晋代的车胤、孙康的"囊萤映雪"等勤学苦读的故事一直是中国人用来教育后代读书学习的典范。这种读书法在某种程度上影响到了中国人的文化性格,中国人关注现实、积极入世的心态与这种长期灌输的读书理念有着不可分割的联系。

除了埋头苦读以外,抄书也是古人经常运用的读书方法之一。在印刷术发明之前,抄书是书籍传播的一种重要形式。对于有些读书人来说,抄书背书却是一种独到的读书方法,谚语有云:好记性不如烂笔头。南齐有个叫沈麟士的人,他一生抄了许多古书。谁知在他八十多岁时,家里遭遇火灾,所抄之书毁于一旦。可是他毫不灰心,发奋重抄,又抄了两三千卷。宋代文豪欧阳修创造了"计字日诵"读书法,他根据自己的需要,精选了《孝经》、《论语》、《诗经》等10部书总字数为455865个字,然后规定每天熟读300字,用三年半时间全部熟读完毕。每天背诵150字,如此坚持7年,则经籍也会烂熟于心。明代的张溥每读一篇文章,必先抄录一遍,背诵下来,然后烧掉。随后重抄一遍,再背诵,再烧,如此反复七次。因此,他的书房叫"七录斋",他的文集也被命名为《七录斋集》。清代的蒲松龄提出了读书"五要":要天天读,要夜夜读,要老年读,要抄书读,要分类读等等,都是在提倡一种勤学苦读的读书精神。

(二)精读重点型

古代经籍浩繁,有人毕其一生不能穷读一经。因此,许多人提倡读书要抓取重点,精读细读精华之书。唐代著名文人韩愈就提出,读书要能"提要钩玄",即"记事者为提其要,纂言者必钩其玄",抓重点,明主旨。然后对书中的精华部分,必须反复涵咏,不断温习,才能把文章的妙义转化为己有。

苏轼提出了"一意求之"的读书法,即阅读经典著作,每读一遍,只围绕一个中心,侧重一项内容,抓住一条线索,解决一个问题。这样的读书做学问,好像打仗一样,把敌人化整为零,各个击破。为了避免精力分散,在阅读中凡与"求一"、"主攻"对象无关的,一概不加涉及。

清代著名经学家戴震也针对这种情况提出了读精、精读的观点,就是要在深度上用功夫,要把书读懂读通而能有收获,要得到切实的知识。要做点学问,就得专攻一项,认真而深入地钻下去。

(三)循序渐进型

中国古代书籍,多为经籍著作。对于后代子弟的教育来说,儒家经典更是必读书目。而这些对经典的注解又如汗牛充栋,名目繁多。因此,年龄阅历不到一定阶段是难以理解儒家经典中的深奥大义的。特别是对于少年儿童来说,中国古代缺乏神话传说或童话式的阅读文本,少年所读之书与成人所读之书无异,这就造成了接受水平的差异。因此,许多古人主张,读书必须循序渐进,不可着急冒进。首先,应当按年龄阅历把能读之书区分开来。明代文人张潮在其《幽梦影》中曾说:"少年读书,如隙中窥月;中年读书,如庭中望月;老年读书,如台上玩月。皆以阅历之浅深,为所得之浅深耳。"年龄不同,对书之体悟差异迥然。因此,南宋大思想家、教育家朱熹就非常强调循序渐进的重要性:"凡读书,须有次序,且如一章三句,先理会上一句,待通透,次理会第二句、第三句。"朱熹强调,读书要一步一步来,"譬如登山,人多要至高处,不知自低处不理会,终无至高处之理"❶。他在论述《论语》与《孟子》的读书顺序时说:"以二书言之,则先《论》而后《孟》,通一书而后及一书;以一书言之,则其篇章之句,首尾次第,亦各有序而不可乱也。"又说:"量力所至,约其课程而谨守之。字求其训,句索其结旨,未得乎前,则不敢求其后,未通于此,则不敢志于彼。"❷就是说,要按照读者的接受能力和书的实际水平合理安排读书顺序,不可全篇通览。其次,要分清读书的种类,处理好精与博的关系。清代的唐彪就把书分为"五类":"有当读之书,有当看之书,有当熟读之书,有当再三细读之书,有当备以资考之书。"❸区分出读书的种类,制订好计划,就十分有利于提高读书的效率了。但问题是,如何区分读书的种类呢?这可以从两个方面来看,一是精读那些千百年来已被公认的经典著作。但凡经典,已经受了时间的考验,读此类书只会增益而无害。二是按照个人兴趣,在一定范围内精读,这样读书就有很强的目的性,而不会泛泛而读了。

(四)勇于实践型

读书既是一种可以坚持一生的事业,又可作为一种谋生的技能,与一个人的一生息息相关。但如果只是为了读书而读书,而不知读书为何,那就是书呆子了。因此,读书人中的成功人士,大多提倡读书要与社会实践结合起来,要为解决问题而读书,否则就只能是穷酸秀才一个了。

读书而能用,贵在勤思好问。不读死书,必要善于思考,疑问在心。这

---

❶　朱熹:《朱子语类》卷 11《读书法下》。

❷　朱熹:《朱子大全·读书之要》。

❸　唐彪:《读书作文谱》。

就是孔子所教导的"学而不思则罔,思而不学则殆"。如果处理不好思与学的关系,那大可不读不学。朱熹曾提出读书"三到":眼到,口到,心到。意即要勤思善问。他还说:"大抵观书须先熟读,使其言皆若出于吾之口;继以精思,使其意皆若出于吾之心。然后可以得尔。"又说:"读了又思,思了又读,自然有意。若读而不思,又不知其味;思而不读,纵使晓得,终是杌陧不安。……若读得熟而又思得精,自然心与理一,永远不忘。"❶此话也可做如下理解:如果一本书读了不能启人心智,当然不必再读。当然,如果不保持勤于思考的习惯,再好的书也是读之如嚼蜡,自然无味。明代张潮在其《幽梦影》中即说:"善读书者无之而非书;山水亦书也,棋酒亦书也,花月亦书也。善游山水者无之而非山水;书史亦山水也,诗酒亦山水也,花月亦山水也。"读书是为了修心养性、增长见识的。善于读书之人,不仅读"书",更加会读"人生",生活中所遇到的一切,都是难得的可读之资。因此,读书效果的好坏,关键在于你从中学到了多少,在生活中用到了多少。

(五)反复涵咏型

所谓涵咏,就是玩味、体会,是古人常用的一种读书之法。读书贵在精细,贵在博中取精,而不是走马观花,匆匆掠过。读书如不仔细玩味体会其中意旨,其结果只能是如浮云流水,随风云烟。读书既不可以先入为主的观念强加于作者文意之上,也不可顽固不化,拒不接受新观点。读书必须虚怀若谷,静心思虑,悉心体会作者本意。这就要求读书之人要具备虚心涵咏的耐心与毅力。古人对涵咏的读书之法要求甚多。最大要求便是能细心体会,既将一己的体验与作者的感情思想融为一体,又能善于发现别人未发现之处。陆九渊曾这样劝说:"读书切戒在慌忙,涵咏工夫兴味长。未晓不妨全放过,切身需要急思量。"❷所谓涵咏工夫,无非是要求读书者能屏心静气,结合自己的心灵,切身感受作者所思,如不能体味,则可暂时放过。而朱熹则对涵咏说得更是语重心长:"为学读书,须是耐烦细心去体会,切不可粗心,……去尽皮,方见肉;去尽肉,方见骨;去尽骨,方见髓。"又说:"读书不可只专就纸上求义理,须反来就自家身上推究。"❸

综上所述,只有理解了读书之用、读书之乐、读书之业、读书之法,我们才可以理解读书生活是中国传统文化的一个重要部分。它不仅是大部分人的一

---

❶ 朱熹:《朱子大全·读书之要》。

❷ 陆九渊:《读书》。

❸ 朱熹:《朱子语类》卷11《读书法下》。

种极为重要的生活方式,而且也使得诗书传家成为中国家族文化中的核心价值,更让中国传统文化人文意识浓厚的特点倍加彰显。从这个层面来说,读书活动在古代文化中的地位更能从古人对藏书事业的重视上得到体现。

第二节　藏书与传书

一、拥书者必自雄——藏书

读书既然为中国人之一大乐事,也是古人生活中必不可少的一部分,但奇怪的是,中国古代并没有形成现代意义上的公共图书馆。而大量的阅读行为是怎样发生的,图书的保存与传承又是如何进行的呢?这就涉及了中国古代悠久的藏书文化了。与读书活动密切相关,藏书同样是中国古代读书文化长河中的一个重要环节,历来受到官府和藏书家的重视。

从殷商时代的藏甲骨"龟室"算起,藏书在中国迄今已有 3400 余年历史。中国的藏书文化经由官府藏书、私人藏书、寺观藏书、书院藏书,随历史的进程而不断发展壮大,并于近现代圆满地完成了向现代化公共图书馆的转变。正是历史悠久的藏书文化的形成,才使得传统文化中的精华部分得以有效保存,为后人理解传统文化的精髓提供了坚实的保障。

从收藏机构来看,我国古代的藏书机构可分为四个部分,即:官府藏书、私家藏书、书院藏书与寺观藏书。

（一）官府藏书

官府藏书是中国古代最早出现的藏书形式。据现今的考古发现,在河南安阳与陕西岐山出土的甲骨都是大批聚集在一起出现的,说明早在殷商时期,国家图书馆的形式已粗具雏形,这些甲骨已是当时之人有意收藏。到了西周时期,官府藏书已相当成熟,藏书处所先后有天府、盟府、策府、周府、公府、府库、室、秘室等称呼。掌管藏书的史官也细分为大史、小史、内史、外史、左史、右史等不同职务,反映了周朝官府藏书管理机构的规模和分工细化。先秦时期道家思想的创始人老子据说就是周朝的守藏室之史,应当是史载的第一个图书馆馆长了。不仅如此,后来许多诸侯国也都设立了藏书之府,各置史官书事记言,其目的是为了在诸侯列国中提高自己的政治地位以争夺霸权,在古代藏书事业上打破了以往只有中央朝廷一统天下的单一官府藏书形式,在地方上也有了间府、册府等官藏。地方官藏的出现,促进了春秋战国之际的学术下移、私人著述的繁荣,也促进了百家争鸣局面的形成,同样,与私家藏书的出现也有着直接关系。

先秦时期,虽然从中央到地方的官府藏书的处所较多,但没有专门的藏书机构,且管理人员也是由史官兼任,而自汉代以后,中国古代的官府藏书真正走向了制度化。汉代建立了专门的藏书处所和设置管理人员,汉高祖刘邦在皇宫北面修建了"石渠阁"与"天禄阁",汉武帝在未央宫中另修了"麒麟阁",作为藏书之楼。而"石渠"与"天禄"在后代也成了皇家藏书的别称。由于皇家注重对图书的收集与整理,致使图书量迅速增加。到汉成帝时,藏书之所已是"外则有太常、太史、博士之藏,内则有延阁、广内、秘室之府"[1],形成宫内与宫外同时藏书的局面,藏书量达到三万之巨。刘向、刘歆父子编写的《别录》和《七略》,是我国最早的图书分类目录,成为后世图书分类的蓝本。东汉时期的图书一般都藏在"东观"、"兰台"、"仁寿阁"、"宣明殿"等处,藏书量巨大。到了汉桓帝时,专设"秘书监"一职,负责图书的收集与管理。秘书监沿袭至明代初年,是我国古代典籍管理制度的代表。为了防火防潮,汉代还把藏书室用石块砌为"石室",把书柜用铜皮包为"金匮",这就是史书中常说的"石室金匮"。以上这些都对后代的官府藏书文化影响巨大,形成了独特的官府藏书制度。

魏晋南北朝时期,虽有些帝王也喜好诗书,但终因时局不定,官府藏书也是时聚时散,极不稳定。到了隋唐时期,国家统一,政局稳定,朝廷对图书的收集和管理更加重视。如隋代炀帝时期按图书内容进行分库管理,令在东都洛阳观文殿东西厢建造书屋,"东屋藏甲乙,西屋藏丙丁",在观文殿后设立二台典藏魏晋以来的古迹名画,"东曰妙楷台,藏古迹;西曰宝迹台,藏古画"。[2] 此外还在东都内道设立了佛道典籍专藏。西京长安嘉则殿藏书 37 万卷,这个数字及上述设立专藏的做法都是空前的。唐太宗时,虞世南、魏征、颜师古等人相继出任秘书监,搜集天下图书。唐玄宗时期甚至令天下人献奇异之书,由朝廷组织专人抄写后收藏,并在东都设置了"丽正书院",后改为集贤殿书院,作为校正书籍的机构,并由秘书监负责分类编目,在收藏的数量和质量上都十分可观。

宋代以文治国,相比前朝,重视藏书更是有过之而无不及。朝廷不仅大力搜集民间异书,更不惜钱财重金赏赐献书之人,还加上了封官之举,大大激发了献书的积极性。宋代官藏以崇文院规模最大,此外还有太清楼及龙

---

[1] 刘歆:《七略》。

[2] 《隋书·经籍志》。

图阁、天章阁、宝文阁、显谟阁、徽猷阁、敷文阁等六阁。馆阁职位是优秀的贤俊方可充任,六阁大学士是荣誉极高的头衔,颇受时人推崇。另外,宋代的刻书业较为发达,中央与地方都设有刻书机构,不仅有利于图书的传播,更加有利于图书的保存。这些措施都大大丰富了两宋的官府藏书。虽然靖康之难中曾遭劫难,但经后世之努力,使藏书文化得以延续。

明代官府藏书以内藏为主,文渊阁、大本堂、武英殿、东阁等就是藏书的主要场所。特别是文渊阁,分为南京和北京两处。南京的文渊阁是编纂《永乐大典》的主要机构,而北京的文渊阁则建于永乐十九年,是我国有史以来藏书最丰富的机构。

清代的官府藏书不但是前代官藏的延续,更深受私藏的影响。如乾隆三十八年,诏令搜集天下珍贵典籍,编纂规模巨大的《四库全书》。宁波天一阁的主人范懋柱以家藏异书献之,乾隆皇帝非常高兴,并派人到天一阁视察,依照天一阁建筑式样在承德避暑山庄建"文津阁",又在北京紫禁城内建"文渊阁"、在圆明园内建"文源阁"、在沈阳旧宫建"文溯阁",合称"内廷四阁"或"北四阁"。考虑到江浙地区文化发达,藏书文化成熟,特在扬州建"文汇阁"、在镇江建"文宗阁"、在杭州建"文澜阁",合称"宫外三阁",或"南三阁"。《四库全书》编成后,共七部,分别藏于七阁。七阁中,扬州文汇阁、镇江文宗阁咸丰年间毁于战火,圆明园的文源阁被英法联军焚毁,现只余四阁,因此《四库全书》尚存四部,以承德文津阁最为完整。《四库全书》的编纂和保存,对中国古代典籍的保存和传播是无可估量的,也是清代官府藏书最大的贡献。

（二）私家藏书

私家藏书是中国古代藏书史上另外一种重要的藏书形式。虽没有文献直接记载私家藏书起源于何时,但毫无疑问它的出现与春秋战国以后学术下移、教育知识普及有关。比如孔子讲学,家里没有一定的私人藏书是说不过去的。西汉时期,就是从孔子家中的墙壁中发现了一些隐藏的书籍,可算作是私家藏书有确证的开始。据说墨子也有很多藏书,而名家的代表人物惠施"有书五车",成为后世"学富五车"的典故,也可视作私家藏书中比较早的一个例子了。

私家藏书的兴起有着多种原因,或因为政治需要,或因为个人爱好,或为了典籍整理,等等。先秦时期,私家藏书并不多见,这与当时的书都是竹木简牍有关。竹简并不容易生产和保存,也不易于流通,而且当时有文化之人并不多见,特别是秦代禁止私人藏书,更是打击甚大。两汉时,私家藏书获得了长足发展,拥有藏书数量的多少也成为一个人文化身份的标志。特别是东汉的蔡邕,史书记载他的藏书已达万卷。他的藏书后来全部赠给了当时只有 14 岁,后来成为"建安七子"之首的王粲,成为千古佳话。魏晋南北朝时期的私家藏书达数千卷至万卷的藏书家多达数十人,如沈约、孔休源等人皆是当时著名藏书家。到了唐代,魏征、颜师古、李泌等人均以藏书数量巨大而著称。特别是李泌,据说藏书量达 3 万卷,堪比皇家藏书了。雕版印刷术出现以后的宋元时期,由于书籍的数量增加,加之战乱使得许多皇家藏书流向民间,朝廷又以文治国,致使收藏典籍成为官僚士大夫争相效仿的时尚。著名的藏书家,如北宋的王溥、宋敏求、司马光,南宋的叶梦得、晁公武等人,他们不仅是政客,同时也是学者。收藏典籍不仅是一种爱好,更是一种阅读的需要,也是文化身份的象征。

明、清两代是我国私家藏书最为鼎盛的时期。由于印刷业发达,读书人数量众多,在明清时期出现了许多著名的藏书家和藏书楼阁。藏书家多达四五百人,不胜枚举。江浙一带成为明清时期私家藏书最集中的地区,这一方面是因为江浙一带经济发达,很多家庭有收藏书籍的经济条件;另一方面因为江浙地区文化发达,老百姓对读书有浓厚的热情。明清两代著名的藏书楼有:浙江宁波的"天一阁",建于明嘉靖年间(1561—1566 年),由当时的兵部侍郎范钦所建。"天一阁"三字取《易经》中"天一生水"之意,意图以水制火。其藏书量达 7 万余卷,内容十分丰富,是我国保存最古的私人藏书楼。此外,江苏常熟的"汲古阁"(主人毛晋)、"绛云楼"(主人钱谦益)、"铁琴铜剑楼"(主人瞿镛),山东聊城的"海源阁"(主人杨以增),等等,皆为此时有名的藏书楼,创造了私家藏书的极盛时期。

(三)书院藏书

所谓书院,即为古时的学校或专门的学术研究机构。在古代,许多书院同样也是藏书的机构,为我国的典籍收藏作出过不小的贡献。书院藏书当然是随着书院的出现而出现,并随其发展而发展的。书院源于唐,盛于宋,亡于清末,因此,书院藏书的发展历史也呈现出了相似的特征。

唐代开元年间所设立的丽正书院(后改为集贤殿书院),是官办的最早的书院,其主要职责不仅是征集遗书、辨明典章等,也负责掌管校刊经籍等图书管理的事务。许多民办的书院也收藏典籍。宋代以后,随着书院的大规模发展,书院藏书也渐渐丰富。北宋时期知名的四大书院:白鹿洞书院、应天府书院、岳麓书院、嵩阳书院不仅是当时著名的教育科研机构,也是当时颇为著名的藏书处所,如应天府书院成立时就有书数千卷,而鹤山书院藏书更是多达 10 万卷,比皇家藏书量还要大。书院藏书的来源,主要以朝廷赐书与创办人的家藏典籍两种形式为主。宋代以后,随着官办学校的大量增加,书院制度起伏不定,因此书院藏书也一起沉浮,虽然有明初的大力发展,但到明代后期,由于受到东林案的牵制,书院藏书也就此萧条。进入清代乾隆、嘉庆年间,书院制度才又在朝廷的支持下重现光辉,这使得清代的书院藏书超过以往的任何一个朝代。因清代的学术重朴学、考据,需要广搜异本,比勘众家,对文献的需求量极大,更有朝廷赐书和官员赐书,再加上自行刻书的越来越多,书院藏书一时蔚为大观。后来随着封建制度的迅速崩溃,书院制度也慢慢解体。光绪二十七年(1901 年),将书院改设为学堂,省城设大学堂,各府和直隶州改设中学堂,各州县改设小学堂,并多设蒙养学堂。所有书院藏书便陆续为各地图书馆所接收。只有极个别的书院(如沈阳的萃升书院)延续到 20 世纪 20 年代,至此书院藏书才真正完成了它的历史使命。应当说,书院藏书是一种介于官藏和私藏之间的藏书形式,它有效缓解了普通人对书籍的需求与官藏垄断之间的矛盾,也为文化知识的传播作出了很大贡献。另外,书院对藏书的收集、入藏、借阅等,都有较为完善的管理条例,为古代的藏书事业向现代图书馆的转变积累了非常多的经验,值得重视。

(四)寺观藏书

寺乃佛教活动的场所,观乃道教活动的场所。寺观为宣传宗教教义而进行的典籍收藏,也是我国古代藏书文化中不可忽略的一部分。与上述三者一起,共同形成了我国古代富有特色的藏书文化。

寺观藏书的传统始于汉代。汉明帝时期,派人西域求佛取经,使者回来后,在洛阳城外建白马寺,作为收藏和翻译佛经的专门场所。白马寺也是佛教传入后我国建立的第一座寺庙。最早收藏典籍的道观,是南朝宋明帝于太始三年(467 年)在建康(今南京)北郊所建的崇虚观,观内专设了道藏阁收藏道教典籍,派陆静修等人于其中专门整理,所藏典籍达 1000 余卷。

六朝至隋唐时期,由于佛道两教发展迅速,其典籍也越来越丰富。历代政府和各寺观为了更好地收藏和传播,都对佛道典籍进行集中编写,逐渐形成了"大藏经"和"道藏经"两大典籍体系,成为这一时期寺观典籍收藏的重点。南朝齐梁时期的僧人僧祐在刘勰的帮助下在定林寺收集佛经,至梁武帝时已初步建立起了定林寺的佛典收藏体系。道观中,除崇虚观外,北周时期长安的玄都观也收藏有大量典籍。这一时期,为了保存寺藏佛经,许多寺院将佛经刻于石上,如敦煌莫高窟、云冈石窟、龙门石窟等。最著名的房山石经,始刻于隋末静云寺的僧人静琬,历时千余年。唐朝的寺观收藏都有较大发展,特别是道藏藏书丰富。

宋代以后,寺观收藏体系进一步丰富和成熟。佛教典籍进一步增加,大部分有条件的寺院都编撰刻印佛藏。著名的如福州东祥寺住持冲真及善明等人依据本寺所藏编印成的大藏经《崇宁万寿藏》,成为当时寺院收藏典籍的标准。由于宋朝皇帝十分推崇道教,政府组织编纂了《大宋天宫宝藏》和《万寿道藏》,使道观的收藏也达到了一个高峰。东京的太乙宫、建隆观,西京的崇福宫等宫观都藏有政府刻印的道藏。

明清时期的寺观收藏体系在前代收藏的基础上已基本成形,虽然寺观和收藏的数量较唐宋时期有所发展,但由于政府加强了对佛道两教的控制以及佛藏和道藏都已成型,所以各寺观所藏多为官修经藏,收藏的内容也趋于统一。但其寺观的管理更加制度化了。清时杭州灵隐寺就制定了一套严密的典籍管理制度,其条例之细,甚至超过了当时公私藏书的管理条例。

二、耕读传家久,诗书继世长——耕读传家的文化传统

重农和重教(读书),可谓是中国传统文化的两大特色。如果说"重农"考虑的是当前的现实需要,那么"重读书"考虑的就是家族继承的长期发展。因此,古代社会中,无论是帝王将相还是平常人家,都把读书当作神圣的事业,不允许有人对读书行为有任何的轻视和亵渎。旧时代的广大读书人,尽管经济状况常常窘迫,被人们称为"穷秀才",但其社会地位却会受到普遍的尊敬,一旦科举高中,则飞黄腾达成为人上人。所以相比务农劝桑,读书更为受到天下人的重视,因此,诗书传家也就成为中国古代家族文化的一大特色。

中国古代社会中,大凡显赫之家,大都以诗书传家为荣。如魏晋时期的琅琊王氏、吴郡顾氏、吴郡陆氏、陈郡谢氏等家族,均相继有子弟连续几代担任要职,显赫一时。而当时豪族子弟,更是以任吏职为耻,以居清闲职位如校书郎、著作郎等职为荣,足以说明读书在其家族传承中的重要作用。北宋时期的晁氏家族、苏氏家族等等,都堪称中国古代家族文化以诗书传家的代表。在士、农、工、商"四民"等级的体制下,商人与经商活动素来不受社会重视,而以读书从政为业的士阶层,却有着崇高的地位,最受世人仰慕。如以耕读传家,则更为久长,重农劝桑可以使人安守本分,家庭团结稳固,而多播读书种子,则更易使整个家族长盛不衰。因此,中国古代判断一个家族是否兴旺,首先看其读书文化的传承是否长久。

　　在私家藏书中,明显体现了诗书传家的文化传统。藏书与家族文化的传承有着至为密切的关系,大凡有识之士,都极为重视对子弟的读书教育。宋人周密在其《齐东野语》卷二十中,曾记载过这样的事情:"裴度常训其子云:'凡吾辈但可令文种无绝。然其间有成功,能致身万乘之相,则天也。'山谷云:'四民皆坐世业,士大夫子北能知忠、信、孝、友,斯可矣,然不可令读书种子断绝。有才气者出,便当名世矣。'似祖裴语,特易文种为书种耳。"由此看来对书的重视已不是普通的家族财产那样,而是将其当作传家立业、家族兴旺发达的根本了。明代祁承㸁明确地说明了藏书的本意:"不可令读书种子断绝,有才气者出便名世矣。斯余藏书之意乎。"明代著名藏书家钱谷一的藏书印章上刻着这样的话:"卖书买书志亦迂,爱护不异隋侯珠。有假不返遭神诛,子孙鬻之何所愚。"虽然类似打油诗,但其藏书态度的严肃以及对子孙后代的规诫依然令人钦佩。

　　既然藏书如此重要,因此古人对待藏书的态度极为恭谨严肃。许多读书人认为藏书事关家族荣誉与香火传承,必须以庄重的态度对待。自宋入元的皇室后裔,著名书法家、画家赵孟頫曾在其藏书印章中写道:"吾家业儒,辛勤置书,以遗子孙,其志何如。后人不读,将至于鬻,颓其家声,不如禽犊。苟归他姓,当念斯言,取非其有,毋宁舍旃。"由此可知,古人藏书绝不只是个人的兴趣爱好,也是为了子孙后代。不仅先辈们处心积虑,多方聚书,为家族的兴旺奠定基础,就是后世子孙一般也将祖辈藏书视作珍宝,宁波范氏天一阁的藏书规定可为明证。天一阁的创始人范钦为保证图书的完整,图书轻易不借人,连亲族也不例外。他还立下"代不分书,书不出阁"的遗训,要求子孙后代不得分书。范钦死后,其次子范大冲制定了更为严格的保管措施,"凡阁厨销钥,分房掌之。禁以书下阁梯,非各房子孙齐至,不开锁。子孙无故开门入阁者,罚不与祭三次;私领亲友入阁及擅开厨者,罚不与祭一年;擅将书借出者,罚不与祭三年;因而典鬻者,永摈逐不与祭"。❶ 显而易见,对待藏书保存不当,就等于冒犯家规,最严重的处罚,就是逐出家门。藏书与传统的家族文化,已完全结合在一起。

---

　　❶　阮元:《宁波范氏天一阁书目序》。

第八章

人格养成

　　人格是指一个人所具有的稳定之心理特质的综合。完整人格指人格构成的诸要素如气质、能力、性格和理想、信念、人生观等方面,平衡完整地发展,并且其所思、所言协调一致,具有积极进取的人生观,并以此为中心把自己的需要、愿望、目标和行为统一起来。完整的人格包括:①人格的各个结构要素都不存在明显缺陷与偏差;②具有清醒的自我意识,不产生自我同一性混乱;③以积极进取的人生观作为人格的核心,并以此有效地支配自己的行为;④有相对完整统一的心理特征。

　　综观中国古代先贤的人格理论和追求,我们发现除了上述基本的人格内涵外,中国传统文化语境下的人格理论,更多地富有文化和哲学的成分。也就是说,中国传统文化里的人格或完整人格,其实是一种文化性质的人格形态,我们甚至可以将它理解为一种文化品格。因为古代先贤对人格的追求,就其内在的根本属性来说,实际上是一种对文化品位的追求,一种对高层次文化的定格努力。它最初由孔子、孟子、庄子、屈原等哲人先贤共同构建,这些先哲的人格内涵各有自己的特性,但又呈现出并济、互补的丰满和复杂。他们的人格理论和精神已经成为中国传统文化伟大精神的重要组成部分。这种精神到了魏晋时代更被高度激活,并锻铸成中国文化的品德形态——魏晋风度。几千年来这种集个体人格和文化品格为一体的文化精神一直为后世真正的文化人所继承、发扬和光大。

第一节　孔子的君子人格

　　孔子被誉为中国第一圣人,他的学生子贡把他比拟为青天和日月,认为别人之贤不过是丘陵,而孔子是无法逾越的太阳和月亮;孔子是难以企及的,好比不可能登上的青天一样,孔子就是天(《论语·子张》:"他人之贤者,丘陵也,犹可逾也;仲尼,日月也,无得而逾焉。人虽欲自绝,其何伤于日月乎?")。还说孔子的文章,或许"可得而闻也";但孔子之"言性与天道",是"不可得而闻"。"言性与天道"即其品德,也就是人格。具有深刻思想和文化内涵的是,孔子的这种崇高地位并不是来自于权势、金钱,而是来自于他自身"言性与天道"的品德,来自于他的人格力量,其核心就是"君子"魅力。

一、修身目标:做一个具有哲学智慧的君子

"君子上达"(《论语·宪问》),明确无误地宣告着孔子的人生追求。"上达"就是向上追求。向上追求什么呢?就是求仁、为仁,成为一个有能力挽救世态人心的志士仁人,这是孔子人格追求的本质所在。《论语·宪问》:"不能正其身,如正人何?"他反复倡导人格之"正","正"是君子人格的基本内涵,其基础就是"中行"或"中庸"。在孔子看来,中庸不是简单的平均主义,而是对人的道德行为及其价值的正反两端反复存疑、比较和权衡以后作出的积极判断和选择,所以它是君子至高无上的德性。《论语·泰伯》:"士不可以不弘毅,任重而道远。"因而君子立志修身,重在责己而不是怨天尤人。

孔子认为,君子人格应以仁、智、勇为根底,去追求"不忧、不惧、不惑"的智慧境界。在这种修身的智慧境界里,君子以忠恕之道待人。《论语·卫灵公》:"己所不欲,勿施于人",与人相处,奉行"温、良、恭、俭、让",视别人为兄弟。《论语·颜渊》:"四海之内,皆兄弟也。"这些就是君子人格"仁"之体现。在"智"方面,孔子的君子人格体现为一种伟大的悲壮,因为它是以"愚"的形式出现的。"知其不可为而为之。"孔子自己身体力行,周游列国,虽然四处受挫,甚至处境危难,仍然不改其志,这正是君子与一般庸人有天壤之别的地方。君子人格还有"勇"的内涵。《论语·卫灵公》:"志士仁人,无求生以害仁,有杀身以成仁。"表明的是宁可夺身而不能夺志的大无畏气概。这种以"仁"和"智"为核心的人格追求,向外展开为"忠恕"的人格立场和不惜杀身成仁的人格态度,使孔子成为中华文化里的第一位真正的君子。他所倡导的君子人格,从此也成为中国知识分子人格发展史上一条极为重要的修身标准。

二、君子人格培养的三个步骤

君子人格是一种后天的品德,它是需要精心培养的。作为一个伟大的教育家,孔子将知识传授与对学生的人格培养紧密结合在一起。《论语·宪问》:"下学而上达。"这就是孔子把普通学子培养成一个德性高尚的君子的基本原则。意思就是要从最一般的知识、技艺的学习操练起步，逐步上升到最高的德性自由境界。只要按照这个原则去做，任何人都可以成为一个君子，都可以拥有君子人格。他以自己为例子，《论语·子罕》说："吾少也贱，故多能鄙事。"意思是说自己其实也很普通，是一个平民，经过长期而刻苦的学习"六艺"，最终成为一个自身成仁、对人宽恕的正人君子。

这种从"下学"到"上达"的君子人格培养过程，具体来说，可以分成三个过程，就是《论语·泰伯》所说的"兴于诗，立于礼，成于乐"。孔子也是按照这三步去培养他的学生的。

首先是学"诗"。"兴于诗"就是要求他的学生通过学诗（即孔子编定的《诗三百》）培养起一种特殊的联想方式，以达到对"仁"和"礼"这样抽象的高级德性的情感体会。"兴"的意思就是"启发"，人在学习诗的过程中受到启发熏陶，其人格的君子因素开始萌发。也就是说，君子人格的培养是从文学（诗）教育开始的。这样我们就可以明白为什么孔子要在百忙、百忧当中去编《诗三百》。人只有学诗以后才能懂得君子的最基本的情感品德。

其次是立"礼"。学诗以后必须跟着习礼。如果说学诗后才懂情感，那么只有习礼之后的人才能为自己的人格培养打下基础。君子人格的基础需要通过习礼来奠定，人只有知礼以后才能自立。礼本来是对祭祀神时的器物和仪式程序的规定，到了周代形成了一个比较完备的礼的制度。礼的内在品德是忠、孝、信、义等准则，目的是为了建立人与人之间的贵贱和长幼等人伦秩序。孔子提倡"礼"，注重人际交往的基本准则，希望礼产生于人自发的倾向、自发的情感、自发的习惯，表现出人与人之间的感情，人与人之间的相亲相爱，这些人间的相亲相爱是出自人的内心的。正因为出自内心，所以它是人的品德体现，也就是人格的体现。

再次是"成于乐"。在孔子看来，君子人格最完美、最高同时也是最后的境界是音乐境界。在孔子时代，诗与乐都与礼有关。《礼记·仲尼燕居》记载，子曰："礼也者，理也；乐也者，节也。君子无礼不动，无节不作。不能诗，于礼缪；不能乐，于礼素；薄于德，于礼虚。"所以孔子认为君子的修养境界的具体体现就是音乐，君子人格的最后完成也是通过乐来体现的，这就叫做"成于乐"。他自己就是这样身体力行的。据《史记·孔子世家》记载，孔子曾"击磬于卫"、"取瑟而歌"，曾"访乐于苌弘"、"学鼓琴于师襄子"，说孔子向师襄子学弹琴，在未"得其曲"、"得其数"、"得其意"、"得其为人"之前，一而再、再而三地婉言谢绝师襄子关于更换新曲目的建议，刻苦专一地练习，直到对乐曲的内容、乐曲的规律和形象都有深刻的理解为止，令师襄子大为叹服。孔子经过这样长时间地刻苦专一地学琴、练习，在不断加深理解音乐作品的基础上，终于"有所穆然深思"、"怡然高望而远志"，最终悟出"非文王其谁能为此也"。因此他"在齐闻韶三月不知肉味"，就算是"困于陈蔡"时，还"七日弦歌不衰"。孔子以自己的实践向人们表明，音乐的境界就是君子完整人格培养成功的标志。

三、君子人格的两个侧面：中庸和狂狷

孔子为君子人格制定的核心内容是"中庸"。中庸是孔子品评人物、选才交友的标准，也是自我修养的行为准则。《论语·先进》："子贡问：'师与商也孰贤？'子曰：'师也过，商也不及。'曰：'然则师愈与？'子曰：'过犹不及。'"师，颛孙师，即子张。商，卜商，即子夏。两人均为孔子弟子。子贡问孔子，子张和子夏谁更强一些，孔子评价说，子张有些过分，子夏有些赶不上。子贡以为，子张"有些过分"，自然要比"有些赶不上"的子夏强些，孰料孔子的回答则是，过分和赶不上同样不好。在这里，孔子衡量弟子孰优孰劣的标准是"中"，即"无过无不及"。对一个人而言，美好的素质和合理的行为都是不可偏废的。以"中"为标准，孔子常常告诫人们思想行为要合乎中道。《论语·泰伯》："好勇疾贫，乱也。人而不仁，疾之已甚，乱也。"朱熹解释说："好勇而不安分，则必作乱。恶不仁之人而使之无所容，则必致乱。二者之心，善恶虽殊，然其生乱则一也。""好勇而不安分"就是孔子所谓的"勇而无礼"；"恶不仁之人而使之无所容"，则有类于孔子所谓的"直而无礼"（泰伯）。两者的行为方式虽有不同，但思想根源却是一个：即"一意孤行"，而不能中道行之。有鉴于此，孔子十分推崇"中庸"之德："子曰：'中庸之为德也，其至矣乎，民鲜久矣。'"（《雍也》）。从孔子的赞扬（"其至矣乎"）和惋惜（"民鲜久矣"）中不难看出，在孔子的心目中，中庸之德是何其完美。这种完美也就是现代意义上的人格完整。

因此说"中庸"是君子人格的完美形态，但是能做到这一点的人是不多的，只有圣人能做到。对于圣人之下的普通君子来说，人格的完美可以稍微降低要求，那便是"狂狷"了。《论语·子路》："子曰：'不得中行而与之，必也狂狷乎！狂者进取，狷者有所不为也。'""中行"，即中道之人。孔子认为，得不到合乎中道之人和他交往，不得已而求其次，也一定要交到激进的人或狷介的人。因为激进的人一意向前，狷介的人也不肯做坏事。可见，孔子选才或交友的理想标准一直是"中"，只是"中"实难求，不得已才求其次：狂狷。

狂狷人格由狂和狷两方面组成。"狂者人格的本质是道德的进取心非

常强烈,盼望着能为世所用,能对世有所贡献,即使自己的主张、思想实际上不为世所理解和重视,也不能气馁。"❶《论语·微子》:"君子之仕也,行其义也。道之不行,已知之矣。"在这里,"道"和"义"是作为两个不同的德性范畴而使用的。"道"包含的是理想社会、人生的根本主张,它是观念化的形态;而"义"则既有一般道理的含义又更偏重于个人意志的自主选择及其行为实施,呈现的是"行动"的形态,所谓"仗义"、"行义"就是这种意思。《孟子·离娄上》:"义,人之正路也。"指的也是行动。因此说狂者人格的内在品德是进取心,这种进取心不但表现在理念上,更多的是付诸行动。而在行动的实施中,狂者人格的行事风格体现为特别的品德,那就是"弘毅",也就是坚忍不拔。《论语·阳货》:"古之狂也肆。……今之狂也荡。……好刚不好学,其蔽也狂。"可见在孔子的人格话语体系里,狂者人格在行动中体现为两个特点:一方面是仗义执言,另一方面就是不顾一切的投入,义无反顾,甚至不惜杀身成仁。其最大的品德就是进取,正由于此,孔子虽然认为狂者不像"中"者人格那么完美,但仍然是值得肯定的。所以孔子仍然愿意"与之",也就是和狂者做朋友,引以为同道。原因很简单,就是因为孔子的心态在进取心这一点上,与狂者人格是相通的。

狷者人格是与狂者并举的,但是其内涵有很大的区别,那就是"狂者进取,狷者有所不为"。狷者因种种原因不思进取,但也绝不做与自己理想相违背的事情。孔子在《子路》里说是"有耻且格",意思是有所耻,因而也有所格(自我克制),这就是"有所不为"。所以狷者是狂者的更进一步,离"中庸"也就更远一层了。但由于狷者有"所耻"和"所格"的意识,因而其品德仍然属于君子品德,孔子也愿意"与之",即与他们交往。

孔子不愿意交往的类型是"乡愿"。

四、君子人格的反面:乡愿

孔子交友处世奉行"不得中行,必也狂狷"的原则。但是有一种人他是坚决不交往的,那是与君子人格有天差地别的"乡愿"。《论语·阳货》:"乡愿,德之贼也。"因为乡愿人格表里不一,心口相悖,孔子痛恨乡愿,所以称它为德之贼。《孟子·尽心下》中对乡愿作了具体描述:"言不顾行,行不顾言,……阉然媚于世也者,是乡愿也","非之无举也,刺之无刺也。同乎流

---

❶ 张节末:《狂与逸:中国古代知识分子的两种人格特征》,东方出版社 1995 年版,第 8 页。

俗,合乎污也。居之似忠信,行之似廉洁。众皆悦之,自以为是,而不可与入尧舜之道,故曰:德之贼也。"可见乡愿人格的卑污之处就是媚世,表面上看很忠信、很廉洁,实际上完全不是这样,言不顾行,行不顾言,虚伪趋利。因此乡愿是一种特别丑恶的庸俗人格,是君子人格的反面。

中庸是君子人格修炼的最高境界,达到了圣人的层次,而现实生活则是世俗的。孔子清楚地看到了这一点,因此在阐述中庸之道时,立了一个重要参照,这就是"乡愿"。乡愿表面上似乎也是讲究中庸的,不特别倾向于某一方面,不偏不倚,在两端甚至是数端之间圆滑地左右逢源,其表现形式与所谓的中庸几无不同,只是没有狂狷作精神支撑,也不是由狂狷修炼而来。这种人为官则是干禄之徒,为学则是阿世之徒,毒社会于无形,亡天下之缘起,声及身而止,名与身俱亡。孔子为了谨防中庸沦为乡愿,特别强调指出,"乡愿,德之贼"。

孔子主张,为人要坚持道德原则。《论语·子路》中子贡问曰:"乡人皆好之,何如?"子曰:"未可也。""乡人皆恶之,何如?"子曰:"未可也。不如乡人之善者好之,其不善者恶之。"

朱熹也继承了孔孟的思想,在《朱子语类》六十一卷中直斥"乡愿是个无骨肋的人,东倒西擂,东边去取奉人,西边去周全人,看人眉头眼尾,周遮掩蔽,唯恐伤触了人。"

但是在乡愿问题上,我们也应该警惕将乡愿扩大化的倾向。谭嗣同在其《仁学·二十九》中说:"二千年来之政,秦政也,皆大盗也;二千年来之学,荀学也,皆乡愿也。惟大盗利用乡愿,惟乡愿工媚大盗。"这就是将乡愿范围扩大化了。因此在乡愿问题上,我们要注意辨别真小人(乡愿)与君子式乡愿(荀学)这两类不同的乡愿。事实上,两千年来的儒家信徒崇尚"学而优则仕",以辅佐帝王"治国平天下"为最终的政治理想和人生理想,即走上谭嗣同所说的"荀学"之路。虽然其中不乏以道德面纱获取实际政治资本的蝇营狗苟之徒,但毕竟不能否认有心地赤诚的道德真君子,他们以自己"杀身成仁、舍生取义"的实际行动证实了自己内心的清白和崇高(如谭嗣同),这是永远值得我们肯定和效法的。

五、君子人格的余流:逸者

逸者人格的内核是君子人格,因为他们都追求道德的高尚。在道德完美的层次上,逸是在中庸、狂、狷之下的,属于君子人格的余流。但是对于文化的审美品格而言,逸者人格却有着特别的魅力。它产生并且盛行于乱世,实质上是中国古代知识分子的一种生存策略,后来升华为一种独特的文化审美品格。这种文化审美品格虽然成熟于后来的魏晋,但是孔子却是它的发轫者,既有论述,又身体力行。

在《论语》的话语体系里,逸的涉及范围很广。既指心态,《论语·微子》评伯夷、叔齐时说:"不降其志,不辱其身。"坚持自己的操守而隐世,这样就不会被辱,逸者的心态就是被世人所遗忘,只要被人遗忘了,自己的"志"也就保持了,"身"也安全了。也指行为,《论语·泰伯》:"天下有道则见,无道则隐。"面对动荡、污浊的社会环境,君子们被迫作出进一步的选择——避世,做"辟人之士"或"辟世之士"。在这一点上,逸者与狷者显示出了差别。狷者也看到了动荡和污浊,甚至看到了自己的宏图伟业已经无法实现,所以他"无所为"。但是他并没有放弃信心,仍然还在等待开明之君出现,自己可以一展身手;但是逸者却是彻底对时世绝望而又不肯同流合污,因此洁身远去,隐于纯洁之乡。因此狷者"无所为",虽然也是隐,但是这种隐是迫不得已,是一种暂时的处世策略;而逸者却是以隐为大归,以与鸟兽同群为乐。因此从实质来说,逸者与孔子倡导的入世的儒家学说是不合拍的,《论语·微子》还保留了子路指责它的话:"欲洁其身而乱大伦。"

因此"逸"之品德在《论语》中虽然几次提到,却并没有展开,但是孔子以自己的选择为它注入了诠释。《论语·先进》记载了一次师生座谈,子路他们分别谈了自己的抱负,轮到曾皙的时候,曾皙以下面的话以言志:"莫春者,春服既成,冠者五六人,童子六七人,浴乎沂,风乎舞雩,咏而归。"曾皙在这里明确地表露了对生活的诗性追求:不求名求利,惟求生活的逍遥和文化品位,这显然是一种逸者人格的追求。可是孔子听了以后却说:"吾与点也。"另外,诸如"智者乐水,仁者乐山"(《雍也》),"岁寒,然后知松柏之后凋也"(《子路》),"君子之德风,小人之德草"(《颜渊》)等比喻,固然与仁、智的人格相联系,但也不乏飘逸。终于,一个带有悲壮色彩的孔子的逸者形象出现在我们的面前:"道不行,乘桴浮于海。"(《公冶长》)。因此可以肯定地说,孔子的人格体系中潜藏着逸者的因子,这既反映了他人格之复杂,也反映了他君子人格理论的广泛性。

第二节　孟子的大丈夫人格

孟子是继孔子之后的第二位大儒,他的许多思想都来自于孔子,因此历史上都是孔孟合称。但是在人格理念上,两人之间其实是有很大差别的。

在孔子的人格话语体系里,中心词是君子,君子的最高境界是中庸,其次是狂狷和逸品。但是在孟子的人格话语体系里,中庸退到比较次要的地位,取而代之的是另外一个中心词:大丈夫。孟子的理想人格是大丈夫人格。大丈夫虽然也属于君子,但孟子赋予它特别的含义。

一、大丈夫人格的基本内涵

大丈夫人格的基本内涵是不行中庸,而趋狂狷。但是这种狂狷又完全不同于一般意义上的狂妄,而是包含有远大的理想和坚定的信念。也就是说,大丈夫人格具有奇异的优秀品质。《孟子·滕文公下》记载,景春对孟子说,公孙衍、张仪能够做到"一怒而诸侯惧,安居而天下熄",真是大丈夫啊。这两个人物是战国时代游说诸侯、合纵连横的风云人物,在别人看来,当然是大丈夫了。可是孟子却是不屑一顾,认为他们行的只不过是"以顺为正者"的"妾妇之道",这种人其实也是奸巧之徒,逞的是溜须奉承之能,怎么能称得上是大丈夫。他心目中的大丈夫是这样的:

"居天下之广居,立天下之正位,行天下之大道。得志与民由之,不得志独行其道。富贵不能淫,贫贱不能移,威武不能屈。"

从上述孟子对大丈夫形象的描述中,我们可以知道大丈夫人格具有以下的基本内涵。

(一)堂堂正正,立于天地之间

"居天地之广居",指的是大丈夫胸怀天下,站得高,看得深远,不以一己得失来考虑问题,也不以追求局部利益和眼前利益来行事处世。"立天下之正位",指的是大丈夫行事堂堂正正,名正言顺,不为私欲,不泄私愤,不求私利,他站的是国家利益、君王利益和民之利益的正位,可以坦率而无畏地面对天地。"行天下之道",这里的"道"就是孔孟的君子之道、圣人之道、儒家之道。这三句话分别指大丈夫的博大胸怀、正直立场和崇高追求,它们共同构成了大丈夫人格话语最根本最核心的元素。

(二)坚定的信念,不懈的追求

大丈夫不售私欲,惟天下为怀。问天下事,忧天下势,虑天下之得失,求天下之大道(王道),这就是大丈夫的"志"。"得志与民由之",这种"志"如果有机会"得"了,那么就"与民由之",也就是说顺着民心民意去进一步落实,将"志"转化为实际的成效。可见在孟子的心目中,大丈夫人格是由信念和行动两方面组成的。仅有信念而不努力去实行,就不是大丈夫;仅知道实行而没有崇高的信念和理想,也不是大丈夫。但是这种"得志"对于大丈夫而言,许多时候只不过是美好的愿望,更多的时候是"不得志"。孔子就是"不得志",孟子也是"不得志"。君子大丈夫人格的优秀品质恰恰就是在这种"不得志"的时候显示出来了,那就是"独行其道"。"独行其道"意味着:①绝不放弃,就算社会不具备"行大道"的条件,具有大丈夫人格的君子也不会停止自己的追求,"明知不可为而为"式的执著形象,正是这种永不放弃精神的生动写照。②孤独战斗也无所惜。"独行"是大丈夫的常态性人格形象,它是一种孤独,更是一种坚毅。

(三)富贵、贫贱、威武面前的君子品质

富贵、贫贱和威武,常常是用来衡量人之气质、品位高下的三面镜子。因为这三者是人生的三种典型的形态。富贵和贫贱是人生物的形态,威武是人生势的形态。君子并不回避对富贵、威武的追求和对贫贱的厌恶。孔子就说过"富与贵,是人之所欲也。……贫与贱,是人之所恶也",因为这是人之常情,君子也不例外。但是孔子接下去的意思却是,虽然君子也喜富贵、厌贫贱,然而君子人格却能在取得富贵、摆脱贫贱的过程中遵守"取之有道"、"去之有道"的道德准则。孟子在论述大丈夫人格时将这种道德准则更加人格化,重点放在面对富贵、贫贱、威武时表现出来的崇高的君子品德,也就是大丈夫品德。"富贵不能淫"是一种使动表示法,意思就是"富贵不能使大丈夫淫",这里的关键词是"淫"。"淫"有多义,这里当作"惑乱"解。也就是说,大丈夫取得富贵后,自己的本性并不会因此而惑乱,如果本性惑乱了,品德变迁了,那就说明他本身根本就不是大丈夫。"贫贱不能移",也是一种使动用法,意为"贫贱不能使君子之志移"。君子无论在富贵还是贫贱前面,都能保持清醒的品德意识,这种品德意识是君子的亘德,什么也不会让它发生变化。"威武不能屈",即"威武不能使之屈"的意思,大丈夫人格一个非常重要的品德元素就是在强权尤其是无道寡德的强权面前,那种轩昂而立的伟岸特质。孟子概括、提炼出来的这种大丈夫气质,深深地影响了后世数千年的知识分子人格的道德构建。

二、"不召之臣"的人格狂质

"不召之臣"是孟子赋予大丈夫人格构建的重要品德元素。词出《孟子·公孙丑下》:有一天孟子正准备去见齐王,恰巧齐王也派了一个使者来对他说:"寡人如就见者也,有寒疾,不可以风……不识可使寡人得见乎?"意思是自己本来应该当面来向孟子请教的,但是不幸得了不能见风的寒疾,只好让使者代表我齐王来请孟子了。从现今的观点来看,齐王对孟子已经是非常客气和尊敬了。可是孟子却认为是齐王没有诚意,他的生病肯定是假的,所以对使者说:"不幸而有疾,不能造朝。"用自己也生病做托词,拒绝去朝廷见齐王,反而于第二天去拜访普通人。齐王不知道孟子是否真的生病,就派了人来问候送医。孟子不肯见,只好避到景丑氏家里去。就在景丑氏家,展开了一场大讨论,于是便有了孟子"不召之臣"之说。

先是景丑氏表示不解:"内则父子,外则君臣,人之大伦也。父子主恩,君臣主敬。丑见王之敬子也,未见所以敬王也。"君主臣敬,是人之大伦,而眼下却是王来请你敬你,未见你敬王啊?孟子反诘:"恶!是何言也!齐人无以仁义与王言者,岂以仁义为不美也?其心曰'是何足与言仁义也'云尔,则不敬莫大乎是。我非尧舜之道,不敢以陈于王前,故齐人莫如我敬王也。"意思是我孟子之所以不去见王,是因为我还没有精通尧舜之道,无法将它们陈述于王之前面,我这才是最大的敬王呢,比你们齐国人自己要礼敬多了。景丑氏不理他的强词夺理,继续说:"礼曰:'君命召,不俟驾。'固将朝也,闻王命而遂不果,宜与夫礼若不相似然。"依礼,君命召,要马上去,不要等候车子的到来,这才是符合礼。而你孟子,本来就准备去见王的,却因为王来请你去(王命),你就不去了,这是不符合礼的。于是孟子发表了如下的看法:

曾子曰:"晋楚之富,不可及也。彼以其富,我以吾仁;彼以其爵,我以吾义,吾何慊乎哉?"夫岂不义而曾子言之?是或一道也。天下有达尊三:爵一,齿一,德一。朝廷莫如爵,乡党莫如齿,辅世长民莫如德。恶得有其一,以慢其二哉?故将大有为之君,必有所不召之臣。欲有谋焉,则就之。……故汤之于伊尹,学焉而后臣之,故不劳而王;桓公之于管仲,学焉而后臣之,故不劳而霸……汤之于伊尹,桓公之于管仲,则不敢召。管仲且犹不可召,而况不为管仲者乎?

意思是,你有爵位,我有仁义,我缺什么呀?天底下有三种最高的尊贵:其一爵位,其二年齿,其三德行。朝廷看重的是爵位这样的政治地位,乡间看重的是长幼辈分,而要辅世和做民之长,非德行不可!怎么可以眼中只有爵位而怠慢另外两个尊贵(齿、德)呢?所以如果是将有大作为的君王,肯定有不能召唤而来的臣子。君王对于那些有德行的臣子,应该像汤王之于伊尹、桓公之于管仲一样,先从之学,以师事之,后再隆礼聘之,任其为臣,不如此,就不是有所作为的君王。要知道伊尹、管仲是不可召的,更何况连这两个人都不放在眼里的孟子我呢。

这个"不召"(不肯服从命令召唤)的自尊取向生动地体现了孟子人格话语里的狂傲色彩。但是仅仅狂傲一词还不足以描述其全部的内涵。有必要再联系孟子的如下论述："民为贵，社稷次之，君为轻。"(《尽心下》)"待文王而后兴者，凡民也。若夫豪杰之士，虽无文王犹兴。"(《尽心上》)"五百年必有王者兴，其间必有名世者……如若平治天下，当今之世，舍我其谁也?"(《公孙丑下》)这些都清楚地表明，孟子的"不召"之狂是他整个大丈夫人格的有机组成，是他以天下为己任的经世抱负的体现。狂的背后，是他对德行的追求。

三、大丈夫人格的浩然内质

孟子追求顶天立地、满怀豪情的人生形态。他认为大丈夫不仅需要具备善良、真诚、自尊这些基本的优秀品格，还需要具有一种别人没有也无法具有的气概，这种气概他概括为"浩然之气"。浩然之气就是大丈夫人格的内质体现。

浩然之气是一种心理状态，是需要用心培养的，孟子称为"养"。他曾经表示过"吾善养吾浩然之气"，说明他言行一致，对大丈夫人格有着诚挚的向往和追求。孟子与孔子一样，常言"志"。"志"是由人的意志力所推动的，基本是属于伦理学的范畴。可是孟子在这个问题上又比孔子进了一步，他通过"志"来谈"气"。"气"是精神力量，运行于体内，贯彻在人的行动之中。所以"气"反而比"志"更具体一点。但是"气"虽具体，却须让"志"来统帅，"志"到哪里，"气"也就跟到哪里。不过孟子更了不起的地方还在于，他不但看到了"志"对"气"的统帅作用，他同时也看到了，"气"一旦凝聚专一，又能反过来推动"志"和"心"。

这种"气"对"志"的反作用，正是孟子所谓"善养"的独到之处，因为这反作用乃是人精心培养的结果。《孟子·公孙丑上》："敢问何谓浩然之气?"曰："难言也。其为气也，至大至刚，以直养而无害，则塞于天地之间。其为气也，配义与道；无是，馁也。是集义所生者，非义袭而取之也。行有不慊于心，则馁矣。我故曰，告子未尝知义，以其外之也。必有事焉而勿正，心勿忘，勿助长也。无若宋人然：宋人有悯其苗之不长而揠之者，芒芒然归。谓其人曰：'今日病矣，予助苗长矣。'其子趋而往视之，苗则槁矣。天下之不助苗长者寡矣。以为无益而舍之者，不耘苗者也；助之长者，揠苗者也。非徒无益，而又害之。"从这段话我们可以知道，孟子话语里的浩然之气，是一种宏大、刚健、充满天地之间的正气。这种浩然之气的运行，一方面必须时时处在"志"的理性的指引下，同时又必须日积月累，长期坚持，不然就会气馁，出现松懈。另一方面，浩然之气运行的动力来自内心，来自主体的主观，它不能依赖外力。如果寄希望于外力的助动,而这些外力又不可能经常性地、时时地倾注,所以同样也会气馁。这两方面的结合,就是孟子浩然之气话语里的"养"的意思了。这就说明,浩然之气的培养是内在的,其过程是自然的,不是拔苗助长式的蠢干。浩然之气是大丈夫人格的自然体现,而不是刻意、做作的形式追求。正如《孟子·离娄》所形容的源头活水:"原(源)泉混混,不舍昼夜,盈科而后进,放乎四海。"浩然之气的培养犹如泉水涌流的行程,非常有内在的充实感(混混)和坚定的节奏感(盈科而后进),最终汇入大海,那一个"放"字,表明了汇入时所具有的那种释放式的盈满感。从这个比喻中我们可以看到,孟子所谓的"善养"之主要核心即是对浩然之气的自然性培养,这种自然性培养是主体本质上的大丈夫气质与后天努力的完美结合。《孟子·离娄》继续说:"君子深造之以道,欲其自得之也。自得之,则居之安;居之安,则资之深;资之深,则取之左右逢其源。"这种"左右逢源"的"自得",即就是浩然之气的自由流转,犹如混混源泉的自由流动。《孟子·尽心上》还有一句话:"上下与天地同流。"进一步表面,孟子所"养"的浩然之气的最高境界,也就是自由性和天然性。

四、大丈夫人格的"大勇"外质

浩然之气荡漾于心的大丈夫,其外在化的品德,许多情况下都体现为"大勇"。"大勇者"可以看做是大丈夫的同位语。这种宏大的气魄,我们可以从孟子关于"勇"的论述中管窥之。他鄙视那种"匹夫之勇",而崇尚"大勇"。《孟子·梁惠王章句下》:"王曰:'大哉言矣!寡人有疾,寡人好勇。'对曰:'王请无好小勇。夫抚剑疾视曰,'彼恶敢当我哉'!此匹夫之勇,敌一人者也。王请大之!'"在孟子的人格体系里,是没有这种"小勇"的位置的。"《诗》云:'王赫斯怒,爰整其旅,以遏徂莒,以笃周祜,以对于天下。'此文王之勇也。文王一怒而安天下之民。"文王式的"大勇"可以说是孟子大丈夫气概形成的基础。正是在这样的'大勇'基础上,孟子明确地提出了何为大丈夫:"居天下之广居,立天下之正位,行天下之大道。得志,与民由之;不得志,独行其道。富贵不能淫,贫贱不能移,威武不能屈,此之谓大丈夫。"

孟子大丈夫人格"大勇"外质的具体表现之一,就是非常自信。他说:"人人有贵于己者。"即每个人自己身上都有尊贵的东西,不要把自己看低了。他还借用颜渊的话说:"舜,何人也?予,何人也?有为者亦若是。"即我只要努力去做也可以成为尧舜一样的人。这种自信还表现在他游说诸侯时。他说:"说大人,则藐之,勿视其巍巍然。"他还借用成覸的话说:"彼(指齐景公),丈夫也;我,丈夫也;吾何畏彼哉?""我"所做的一切都是符合君子的道德准则的,即使"你"权势再大,"我"有什么好自卑的呢?

孟子大丈夫人格"大勇"外质的具体表现之二,就是以天下为己任。他是一个富有使命感的人。他说:"穷则独善其身,达则兼济天下。"处身于战国乱世,他希望用自己的一套仁政理想辅佐诸侯统一天下。当他游说齐王未果,却不甘心马上离开,每一刻都希望齐王能回心转意,任用他,因为他有以齐国为基础,安定天下的抱负。"正人心,息邪说,距诐行,放淫辞,以承三圣",即他仍要把他的思想学说宣布于天下,以此来影响并匡正世风世俗。

孟子大丈夫人格"大勇"外质的具体表现之三,就是为理想而奋斗的坚忍不拔的精神。他说:"我四十不动心。"即不会因困难挫折而动摇自己的意志。终孟子一生,他为自己的政治理想做出了坚持不懈的努力。他多次游说魏惠王、齐宣王,虽然一次次碰壁,但他始终不渝地坚持自己的理想。他为自己的理想去做官,绝不是为了求取富贵,因此他谢绝了齐王给他的俸禄;在齐王不能任用他的情况下,他不收齐王的赠金。即使贫困也消磨不掉他坚忍不拔的意志。

孟子大丈夫人格"大勇"外质的具体表现之四,就是刚直。当齐王任孟子为卿,却不采用他的政治主张时,孟子就"退而有去志"。孟子认为你任用我就应用我的政治主张,若我的主张不能推行,你虽给我官做,我也不会感激你。当齐王问孟子"贵戚之卿"的职责时,孟子答道:"君有大过则谏,反复之而不听,则易位(即换个国君)。"齐王听后变了脸色。但孟子毫不畏惧,他说:就应该如此。另一个例子是,众官员到公行子家吊丧,人人都给齐王的宠臣右师王驩说话,孟子却不。右师很不高兴,但孟子说:我这样做是符合礼的。孟子就是这样的刚直。

孟子一生倡导大丈夫人格,他自己就是一个身怀浩然之气、顶天立地、大智大勇的大丈夫式人物。

第三节　庄子的自由人格和屈原的狂者人格

庄子对于中国传统文化品德的构建具有深远的意义,这种意义就体现在他为后人贡献了一种文化和人格上的逸品(自由)境界。我们知道,中国传统文化美学有两种倾向:一种是自然主义,一种是人格化。庄子就是一种人格化的文化符号,他体现为人格的逸质。屈原也是一种人格化的文化符号,只是屈原的文化和人格品德与庄子的刚好成为两极。屈原是一种继承了孟子精神的狂者人格,体现为人格的狂质。

一、庄子的自由人格

自由是庄子一生的追求,也是他人格理论的核心。在很多情况下,我们可以将庄子等同于自由精神,或将自由精神等同于庄子。但是关于自由本身,庄子并没有展开系统和完整的论述。他是通过一系列的比喻性意象,为我们勾勒出自由的内涵的。

(一)庄子自由人格的意象

1. 蝴蝶。《庄子·齐物论》:"昔者庄周梦为胡蝶,栩栩然胡蝶也。自喻适志与! 不知周也。俄然觉,则蘧蘧然周也,不知周之梦为胡蝶与? 胡蝶之梦为周与?"庄生梦蝶已经成为中国影响千古的文化命题之一,人们对它的解读越来越多,有些已经非常想象化甚至是臆想化了。但是其最原初的旨意,当是表达对自由的向往和对自由的理解。这个梦由前后两部分组成,后半部分以相对主义哲学的眼光看待自己和世界,分不清彼此的界限,也不想分清是与非、对与错、物与我。正是这一点,引发了众多的理解和广泛的讨论。但是对于前半部分,即那个蝴蝶意象,意见则基本是一致的,那就是蝴蝶是自由的象征。"栩栩然"正是这种象征的具体形象化。

2. 神人。《庄子·逍遥游》:"藐姑射之山,有神人居焉。肌肤若冰雪,绰约若处子。不食五谷,吸风饮露。乘云气,御飞龙,而游乎四海之外。"如此纯洁、美丽、高贵,这样的神人,完全不同于一般神魔话语里的神仙,表达的并非俗世人对心目中的幸福、神奇力量的向往和对未知世界的理解和想象,而是对某种抽象的高贵精神的寓言化和形象化。结合庄子的哲学思想和人生追求,我们可以毫不武断地说,这个高贵的抽象精神,乃是自由。

3. 神龟。《庄子·秋水》:"庄子钓于濮水。楚王使大夫二人往先焉,曰:'愿以境内累矣!'庄子持竿不顾,曰:'吾闻楚有神龟,死已三千岁矣。王巾笥而藏之庙堂之上。此龟者,宁其死为留骨而贵乎? 宁其生而曳尾于涂中乎?'二大夫曰:'宁生而曳尾涂中。'庄子曰:'往矣! 吾将曳尾于涂中。'"这里的神龟意象,显然是自由人格的象征。它宁生而曳尾于涂中,而不愿死后被巾笥而藏于庙堂之上,正是一个自由人格者的人生价值选择。

4. 鲲鹏。《庄子·逍遥游》:"北冥有鱼,其名为鲲。鲲之大,不知其几千里也。化而为鸟,其名为鹏,鹏之背,不知其几千里也。怒而飞,其翼若垂天之云……水击三千里,抟扶摇而上者九万里。"逍遥是自由的别名,鲲鹏是逍遥和自由的形象诠释,而"游"的形态正是自由实施的一种生动的态势。它无拘无束,气派宏大,远离尘世俗物,追求一种精神境界的极致。

（二）庄子自由人格的逸质

庄子的自由人格,在文化上呈现为一种逸质。自由飘逸的蝴蝶、纯洁高贵的神人、御风而行的大鹏、曳尾于泥的神龟,它们来自于自然,潇洒于自然,甚至等同于自然,这种与大自然血肉相连的人格有着难以名状的美丽。这种人格,就是文化品德格局中的逸品。

逸品和狂品两者相辅相成,许多时候还可以相互转化,共同构建着中华文化的品德。但是仔细辨别,两者其实也有着很大的不同。"逸质似乎要比狂者的品德来得单纯,其实却要远比狂者来得复杂"。❶ 因为逸质品格包含着一个永恒的悖论:它的正面是"无为",反面则是"有为"。"无为"消极,"有为"积极。庄子留给人们强烈印象的是他"无为"的消极面,人们往往忽视了他"有为"的积极面。

庄子留给人们的表面印象或者说是更多的印象,的确是"无为"。在他语言勾勒的世界里,"无为"是备受赞赏的意境。他塑造的大鹏鸟从北溟迁南溟,看不出有什么积极的社会价值;至于那个神人,一生的事业似乎也只是"乘云气,御飞龙,而游乎四海之外",除了自己逍遥快乐,也没有给社会增加了什么。庄子自己的实践也体现为不思进取,他宁可整天在濮水钓鱼,也不愿意做楚相为国事操劳;他向往的事业是"乘天地之正,而御六气之辨,以游无穷"。自由飞翔的蝴蝶,御风而行的大鹏,就是他这种向往的形象写照。他认为,只有对这个世界无所求,无所待,才能达到"至人无己,神人无功,圣人无名"的"逍遥"境界。而为自己、为功名、为富贵,正是人类追求的幸福目标,现在庄子却要将它们统统地"无"掉,的确是地地道道的"无为"了。

因此从人生利益的角度来说,庄子的逸质人格是消极的,是有悖于人的本性的。但是如果仅仅是这样的话,庄子也就不可能成为中国历史上对后世影响最大的智者之一了。因此必须要从积极的意义上来看庄子的另一面,即他"有为"的一面。

1.庄子思想的"有为"体现在"无为",实际上一种自我保护的策略。逸者无己、无功、无名,并非他没有能力求不到功名富贵,而是他不去求,不想为社会做事。这种"不欲"的人生选择固然体现了它的自私性和消极性,但从另外一方面来看,却不失为一种乱世时候保护自己的切实可靠的方法。

---

❶ 张节末:《狂与逸:中国古代知识分子的两种人格特征》,东方出版社1995年版,第16页。

《庄子·山木》中,庄子说了这样一个寓言故事:庄子行于山中,见大木,枝叶盛茂,伐木者止其旁而不取也。问其故,曰:"无所可用。"庄子曰:"此木以不材得终其天年。"这棵树因为无所用却保护了自己,人也如此。人"无为",就不会暴露自己的能力,就成了一个无能之人,所以别人也就不会注意他了,他也就没有了"木秀于林,风必摧之"的危险。

2."无为"世界里的"畸人之为"。《庄子》一书里出现了许多畸形人,他们的身形是不完整的,但内涵却不仅完整,而且还非常深刻。《庄子·大宗师》:"畸于人而侔于天。"这"侔于天"即是顺应自然、与天地(自然)相等列的意思。畸形人由于残疾,无法"有为"了(国家征兵不要他,征徭役也不要他),所以可以专心于自己的经营,这种经营就是自由自在地"与物为春"。结果这种与大自然的亲和,竟然成就了畸人独特的脱离文明、回归自然的人生境界,并深深地吸引了无数的追随者。显然这畸人是一个哲学寓像,庄子以此来表明"无为"者的"有为"形态。

3."无为"中的立场坚持。表面上看,逸者一切都无所谓,一切都不放在心上。实际上,他有着自己人格立场的追求和坚持,在这方面,他是非常"有为"的。《庄子·列御寇》:"宋人有曹商者,为宋王使秦。其往也,得车数乘;王悦之,益车百乘。反于宋,见庄子,曰:'夫处穷闾厄巷,困窘织屦,槁项黄馘者,商之短也;一悟万乘之主而从车百乘者,商之所长也。'庄子曰:'秦王有病召医,破痈溃痤者得车一乘,舐痔者得车五乘,所治愈下,得车愈多。子岂治其痔邪? 何得车之多也? 子去矣!'"这简直就是孟子不食嗟来之食的大丈夫伟岸品德的又一个版本。庄子家贫,经常借米过日,的确是"处穷闾厄巷,困窘织屦,槁项黄馘者",但是这是他对人格立场的坚持,并非由于其本人的无能。那个曹商,根本不了解庄子的品德和立场,以世俗的物质条件来嘲笑庄子,结果受到庄子的辛辣讽刺,当然是自讨苦吃了。

(三)庄子自由人格的哲学解读

庄子向往自由人生,在他的心目中,精神境界是第一位的,物质条件、功名富贵则简直不足挂齿。因此他提倡"无为"的生活方式,他认为这种生活方式是高尚的。为了表示可以比较,他根据对自由精神和物质世界不同的态度,将士人分成六等。《庄子·刻意》:"可意尚行,离世异俗,高论怨诽,为亢而已矣。此山谷之士,非世之人,枯槁赴渊者之所好也。"第一类是山谷之士。他们喜发高论,抨击社会负面,怀才不遇,心里充满了不平,因而在行为上也刻意与世人不同,离开热闹的人世,处山谷水边。"语仁义忠信,恭俭推让,为修而已矣。此平世之士,教诲之人,游居学者之所好也。"第二类是平世之士、教诲之人。从庄子的描述来看,显然是儒家人物了。"语大功,立大名,礼君臣,正上下,为治而已矣。此朝廷之士,尊主强国之人,致功并兼者之所好也。"第三类是朝廷之士、尊主强国之人。他们掌握权力,治理国家,建功立业,是典型的"有为"者。"就薮泽,处闲旷,钓鱼闲处,无为而已矣。此江海之士,避世之人,闲暇者所好也。"第四类是江海之士、避世之人。他们与第一类人一样都身处山水草木之中,但并非刻意如此,也不愤世嫉俗,而是逍遥的闲暇无为。"吹呴呼吸,吐故纳新,熊经鸟申,为寿而已矣。此道引之士,养形之人,彭祖寿考者之所好也。"第五类是道引之士、养形之人。他们的注意力都集中于自身的养生之道,以求长生。在庄子看来,这五类人虽然价值取向不同,但都是有意识地将自己定位于社会的某一层次,并赋予自身以某些特定的、区别于他人的品格和徽记,因此这五类人的所作所为,只强调自己所属的那一个人格纬度。这些都不是庄子心目中的自由人格,尽管其中一些人的生活态度和生活方式似乎与自由很相似了,但那是表面上的相似,本质上是不同的。

庄子的理想人格存在于第六类之中:"若夫不刻意而高,无仁义而修,无功名而治,无江海而闲,不道引而寿,无不忘也,无不有也,淡然无极而众美从之。此天地之道,圣人之德也。"这就是第六类人,也就是庄子语境里的圣人。他并不是有意识地将自己贴上标签,定位于社会的某一层次。在这样的圣人看来,品德之高洁,修养之深厚,国家之安定,心态之悠闲,生命之绵长,这些东西,都是不需要也不应该去刻意追求的。穷究仁义,隐身江湖,呼吸导引等有目的的行为,也不应该强调。这些东西和目的,应该是自然而然地获得,应该是首先无为,才能有为,只有这样,表面上淡然而处,事实上却能使众美从之。❶

由此可见,庄子的自由人格和"无为"的生活方式,并非是什么都不做,什么都不追求,而是自然而然地为之。这是圣人的境界。其核心就是将人为的因素抽去,简化行为过程,使得行为本身就体现为境界、表现出品德,并在自然而然的不经意之中达到目的。这是庄子告诉我们的人生智慧,具有这样智慧的人,才是真正意义上的而不是做作的飘逸之士。

庄子这种坚持和追求心灵和精神的自在、自由、自然的境界,而不屑名、利、寿等物质化的、非精神层次的东西的智慧,来自于他独特的生命哲学和

---

❶ 张节末:《狂与逸:中国古代知识分子的两种人格特征》,东方出版社 1995 年版,第 21—22 页。

对自然宇宙的深刻认识。我们来看他的《秋水》：

……尔将可与语大理矣。天下之水，莫大于海，万川归之，不知何时止而不盈；尾闾泄之，不知何时已而不虚；春秋不变，水旱不知。此其过江河之流，不可为量数。而吾未尝以此自多者，自以比形于天地而受气于阴阳，吾在于天地之间，犹小石小木之在大山也。方存乎见少，又奚以自多！计四海之在天地之间也，不似礨空之在大泽乎？计中国之在海内，不似稊米之在大仓乎？号物之数谓之万，人处一焉；人卒九州，谷食之所生，舟车之所通，人处一焉；此其比万物也，不似豪末之在于马体乎？五帝之所连，三王之所争，仁人之所忧，任士之所劳，尽此矣！

庄子是一个伟大的洞察家，他以天才的慧眼，透彻地看清了人类个体在"中国"中的"号物之数谓之万，人处一焉"的地位、"中国"在"海内"（地球）中的"似稊米之在大仓"的地位、"海内"在"天地之间"（宇宙）中的"似礨空之在大泽"的地位。既然海内在天地中是如小洞穴一样的渺小、中国在海内中又是像一粒米那么渺小、人类在中国的万物中又只有"一"的地位，那么何况是人身外的功名富贵、成就事业等虚的东西呢？这些"虚"的东西又有什么值得关注重视的呢？所以是无须去"为"的，三皇五帝、仁人志士"为"个不休，是可笑的。可见庄子的"无为"是一种哲学思考后的产物，是一种智性的人生观。在这种哲学和人生观基础上产生的自由追求和自由人格的形成，乃是一种生活的智慧。这表明了庄子是一个伟大、睿智的哲学家，他对宇宙的认识是极其正确和超前的。但因此而产生的对人生意义的绝望和无聊感，却又是过于消极，也给后人带来了某种负面的影响。

二、屈原的狂者人格

屈原属于狂者的观点，来自于汉代大史学家班固。他在《离骚序》中说："今若屈原，露才扬己，竞乎危国群小之间，以离谗贼。"班固的本意是批评屈原，因为在他看来，屈原这种"露才扬己"的狂狷有悖于汉儒的正统。"君子道穷，命矣。……故大雅曰：'既明且哲，以保其身。'斯为贵矣。"班固认为屈原的前途既然已经是"穷"了，那么就应该明哲保身才是。可是班固这种对屈原的批评，却无意间指出了屈原的人格特质，那就是狂狷。但是这是属于屈原式的狂，与孟子的大丈夫式狂狷有着很大的不同。

（一）屈原狂狷的基点是忠君爱国

屈原是一个个性独特的狂人，这种独特主要体现在他有一种恋国恋君的不解情结。中华民族性格中作为基石的积极的爱国主义和值得分析的愚忠,正是自他开始凝结为一种品德,体现为一种形象。

屈原非常热爱自己的祖国。楚国在当时是一个足以与秦国相抗衡的大国,屈原一心希望楚国能够完成统一大业,而他也一度甚得楚王的器重。《史记·屈原传》:"入则与王图议国事,以出号令;出则接遇宾客,应对诸侯。"所以对楚国而言,有打败秦国、完成统一的大好条件;对于自己而言,又正是建功立业的绝佳机会。但是这一切竟然旦夕之间毁于"好蔽美而嫉妒"的小人之手。屈原首先担忧的是楚国的前途,他担心朝廷小人当道:"众皆竞进以贪婪兮,凭不厌乎求索;羌内恕己以量人兮,各兴心而嫉妒。"他担心国乱民贫:"长太息以掩涕兮,哀民生之多艰。"他更担忧国家的前程:"岂余身之惮殃兮,恐皇舆之败绩。"凡这些都可以证明,屈原的"宁赴湘流",也不肯与丑恶势力同流合污的狂狷的外表下面,隐藏着对祖国前途深深的担忧,所以这是一种具有爱国主义精神内核的狂狷。

楚王是楚国的象征,所以屈原的爱国又与忠君紧密结合在一起。在《离骚》等作品中屈原都反复地表述自己对楚王的感情和忠诚。这一方面固然反映了屈原的愚忠,但另一方面,如果联系当时君国一体的政治制度和政治现实,那么我们就可以理解屈原的这种愚忠,并非应该全部否定的政治品德。

(二)屈原狂狷与孟子狂狷的不同

屈原如果采取明哲保身的策略,或者如果能屈能伸,与丑恶势力稍微妥协一下,那么他是用不着自沉湘流的,可是他没有。《渔父》:"举世皆浊我独清,众人皆醉我独醒。……安能以身之察察,受物之汶汶者乎?宁赴湘流,葬于江鱼之腹中。安能以皓皓之白,而蒙世俗之尘埃乎?"这里我们看到的是一个顶天立地的英雄,杀身成仁的志士,的确充满了狂狷之美,使我们很自然地联想到孟子的大丈夫形象。但是他们之间实际上有很大的不同,尤其是屈原身上的忠君思想,孟子、孔子,都是没有的。虽然孔、孟也讲忠,但这是另外一个概念的忠。鲁国出身的孔子周游列国,他谋求发展但并不只限于鲁国。他也讲"君君、臣臣",也讲"忠"、"信"等,可是这种君和忠并不限于某一个国、某一个君。孟子也是如此,他在向齐、梁等国君宣传自己的政治主张的时候,并不被所谓的"忠"所限制。而屈原却是一再表明自己"事君而不贰","所作忠而言之兮,指苍天以为证"。

另外一个方面的不同体现在狂之质地上。如果说孟子的大丈夫人格是刚性之狂,那么屈原的狂者人格则具有柔和之质。屈原人格的象征是兰花。《离骚》:"余既滋兰之九畹兮,又树蕙之百亩。……纫秋兰以为佩。"从屈原开始,兰花就成了君子品德的象征。而兰花,我们知道,它最大的特色是柔和。而同时兰花又是孤傲的花,它不屑与萧艾贱草为伍。"有兰生幽谷,遗世而独立。"这种遗世而立、不与群芳为伍的姿势,就是一种有道者的狂傲。

第四节　魏晋时代的名士人格

汉魏六朝是中国历史上政治最混乱、百姓最痛苦的时代之一,也是文化史上精神最自由、最解放、最富有智慧和热情的时代之一。这个被宗白华先生称之为"《世说新语》时代"的时代,对于中国文化格局的建设却有着极其重大的意义。正是在这个时代里,中国文化中的君子和乡愿开始彻底的分化,以"魏晋风度"(或叫建安风骨)为代表的文化品格成为中国知识分子共同的人格特征。从此以后,中国文化拥有了比较明确和稳定的诗魂。

一、悲壮而伟大的名士人格

魏晋南北朝时代包含着一个很大的时间跨度。早期的汉魏,是一个群雄争霸的时代。这个时候涌现出了一批杰出的政治和文化人物,如曹氏父子、建安七子等。这群人雄心蓬勃,志在一统神州,重温大帝国之梦。另一方面却"对酒当歌,人生几何",他们的心灵又深深浸染着汉代以来极为流行的生命短暂、年华易逝的悲观情绪。加之几十年来战乱频仍、生灵涂炭的记忆刺激,所以他们的心态是既慷慨又悲凉,两者不可分割地交织在一起,形成了汉魏时期文化人极为复杂的人格。

但是这种人格的复杂性到了魏晋时期,却又变得简单而截然不同起来。魏晋是一个极权人物铁腕统治、血腥杀戮的时代。知识分子的生存环境异常恶劣。早期以建安七子为代表的知识分子奋发向上的精神气象消失了,他们的后代竹林七贤,虽然也以狂狷作为自己的团体人格特征,但是他们面对的却是不容许狂者进取的生存困境。因此一方面他们要坚持自己的人格尊严和品行操守,不肯屈从于司马氏政治集团的镇压和收买;另一方面,固有的知识分子人格元素又使他们不愿意成为普通沉默者,总是以自己特有的方式表示着他们的反抗,显示着知识分子的文化话语力量。这种反抗和显示集中地反映在阮籍和稽康这两个代表性人物身上。

作为魏晋时代知识分子群体的领袖人物,阮籍和稽康本来就是司马父子重点注意的对象,而他们本身的特殊身份,更使得这种注意带上了许多危险的因素。因为阮籍忠诚于曹氏集团的建安七子之一阮瑀的儿子,而稽康的政治色彩更加浓厚了,他是曹操儿子沛王曹林的女婿。以这样的社会和个人身份,在司马氏父子血腥消灭曹氏一脉的大背景下,要全身而退,本来就已经是难上加难。可是他们不仅没有如一些乡愿人物摇身一变投靠司马集团,也没有像一般人所想象的那样夹起尾巴苟且偷生,反而一如既往地坚持着自己的名士风度。虽然他们清楚地知道,这种坚持是需要时刻准备以付出生命为代价的。正因为这是一种以生命为代价而换取的人生选择,才闪耀着伟大的人格的壮美。

（一）名士人格的真诚性

《晋书·阮籍传》说"籍本有济世志",但"属魏晋之际,天下多故,名士少有全者",因此阮籍不得不放弃他这一"济世"的狂者抱负,从英雄转向隐遁。嵇康《与山巨源绝交书》也说到"荣进之心日颓,任逸之情转笃"的相似过程,说明当时知识分子有普遍的失落感和绝望感。但是这种隐遁、失望之后的生活态度和生活方式,与一般的所谓礼法之士是完全不同的。阮籍在《咏怀诗》第五十五首中对这种礼法之士有过辛辣的讽刺和批判:"……外厉贞素谈,户内灭芬芳。放口从衷出,复说道义方。委屈周旋仪,姿态愁我肠。"他之所以如此鄙视他们,是因为在他看来,这些礼法之士的人格是虚伪人格。当然这是当时严酷的政治体制与个人私利相调和折中的结果,但是正因为是出于个人私利而调整着与政治势力的关系,这些人就被阮籍他们排除在"名士人格"这样的知识分子人格范畴之外而进入了乡愿的行列。

而嵇康对虚伪之士的批判则更为猛烈,他的锋芒直指汤武、周孔这些圣人。在嵇康看来,这些所谓圣人其实也虚伪得很。他在《答难养生论》中说:

且凡圣人,有损己为世,表行显功,使天下慕之,三徙成都者。或菲食勤躬,经营四方,心劳形困,趣步失节。或奇谋潜称,爰及干戈,威武杀伐,功利争奋。或修身以明污,显智以惊愚,藉名高于一世,取准的于天下;又勤诲善诱,聚徒三千,口倦谈议,身疲磬折,形若求孺子,视若营四海。神驰于厉害之端,心鹜于荣辱之涂,俯仰之间,已再抚宇宙之外者。

嵇康在这里之所以对武、德、圣等各方面的楷模人物进行了如此辛辣的讽刺,就在于嵇康认为这些人言不由衷、行不由诚,是一种虚伪人格。由此看来,阮籍、嵇康他们所追求的人格首先是真诚、不虚伪,这就构成了魏晋名士人格非常重要的元素。

（二）名士人格的狂逸结合

血腥黑暗的政治高压,对恶浊世俗的深深厌恶和对乡愿人物的极端蔑视,已经使得阮籍、嵇康们不得不改变自己原先的入世之狂,因此他们的狂更多地体现为骨子里面的清高、狂傲,而在外表上,则渐渐地显示出一种庄子式的飘逸来。于是一种非常具有魏晋时代的特殊的新人格特征就出现了,那就是名士人格中的狂逸结合。

这种新的人格特色,在阮籍体现为"痴",在嵇康体现为"峻"。

先说阮籍之痴。《晋书·阮籍传》说阮籍容貌非凡,志气宏放,任性不羁,这本来应该是狂狷者的气度了,可是又记了一句:"喜怒不形于色。"这就可以证明阮籍的狂是一种内向性的狂,与孟子他们咄咄逼人式的狂是不同的。在日常的行动中,阮籍也表现出一种逸士般的选择:"或闭门视书,累月不出;或登临山水,经日忘归。……嗜酒能啸,善弹琴,当其得意,忽忘形骸。"由于阮籍既狂又逸,言行举止别人多不能解,自然要说他痴了。

而嵇康的狂逸结合又体现为另一种风格,那就是"峻"。"峻"的意思是严厉苛刻,不留情面。所以如果说阮籍的狂逸结合更多地体现为逸的话,那么嵇康的狂逸则更多地体现为狂。尽管嵇康也喜山水、崇旷达,生活上不遵俗礼,体现出许多逸士的风貌,但是在原则性问题上,嵇康不但不飘逸,反而非常认真,坚持原则毫不妥协。他"非汤武而薄周孔",意见不合,辄与人绝交(《与山巨源绝交书》);对司马氏集团的拉拢严词拒绝,毫不留情。这些都表明了嵇康"峻"的一面。

(三)名士人格的生命哲学

被后世赞美为魏晋风度的名士人格,包含着非常可贵的文化品质,那就是在强权面前不阿谀、不弯腰,坚持自身品德操守,捍卫文化人的人格尊严。但是这种坚持和捍卫,往往是需要以生命为代价的。因此面对原则和生命的或一性选择,君子和乡愿、大丈夫和小人就必然的会作出各自的选择。

阮籍和嵇康选择了前者,因此他们便作为一种文化品格的代表人物而被聚焦。

阮籍虽然具有许多逸士的气质,但骨子里是个狂者。他曾经专门去看刘邦项羽决战的地方,留下了"时无英雄,使竖子成名"的惊天狂语。在蔑视礼教方面,他表现得也是惊世孩俗。"礼岂为我辈设邪?"所以他与嫂子同行,去邻家请少妇同饮,为早夭的陌生少女痛哭。阮籍是有名的孝子,可是母丧期间,阮籍却照样吃肉喝酒。阮籍以这种种"痴"相掩护自己,以求得乱世中的生存,但是大考验却是接踵而来。先是司马昭为他的儿子司马炎向阮籍求娶其女。阮籍大醉六十天才得以免。接着钟会又一次次地试探他对司马氏集团的政治态度,也被他以醉酒躲过去了。可是对方仍然不肯放过他,一张张罗网向他撒来。先由傀儡皇帝曹芳下诏加封司马昭为晋公,位居相国,赐九锡。又经司马昭再三"固辞",前后拖了三四年,最后司马昭认为条件成熟了,暗地里布置公卿大臣们进行"劝进",其"劝进文"就阴险地"内定"为由大名士阮籍来执笔。阮籍听到消息,就躲到朋友家去喝酒,并且喝得大醉。可是这次醉酒失灵了,他被人扶着写下了"劝进文"! 阮籍就这样被剥夺了"不写"的自由,他的"不合作"最终被强迫为"合作",这是另外一种意义上的生命代价。

而嵇康却是地地道道地付出生命代价了。

嵇康具有清醒的人格意识。一般而言,人有两种人格:一种是虚伪人格,这种人格讲究形式,仅仅从外表上追求行为规范,隐藏自己的内心,体现为外表上的道貌岸然("作矜伪之容")和言论上的言不由衷("发矫饰之言"),以博取名誉。另一种是自然人格,这种人格讨厌虚伪,不愿意隐匿自己的内心,行为光明磊落,也不会因个人的好恶而扭曲是非,他们无所畏惧,由里到外都是坦坦荡荡。

嵇康是完全倾向于自然人格的,他的名士人格的核心就是真诚而自然。可是他生活的政治环境却不是这样。司马氏集团要篡魏改代,必然的要进行虚伪行动。因此从根本上来说,嵇康生活在一个与自己水火不容的时代里。在这样的背景下,聪明的人纷纷改变自己的志向,以求得与政治势力的一致,可是嵇康却不,他采取的是"绝交"的方式。《与山巨源绝交书》表面上是与一个朋友的绝交,实际上表明的是对一种邪恶的政治势力的态度。因为这封信主要由两层意思组成:一层是表明绝不做官,另一层则是期望对方能够尊重自己的选择:"夫人之相知,贵识其天性,因而济之。禹不逼伯成子高,全其节也。仲尼不假盖于子夏,护其短也。近诸葛孔明不逼元直以入蜀,华子鱼不强幼安以卿相。此可谓能相始终,真相知也。足下见直木必不可为轮,曲者不可为桷,盖不欲以枉其天才,令得其所也。故四民有业,各以得志为乐,唯达者为能通之,此足下度内耳。"可是司马氏不是"达者",他们是不会放过嵇康的。因为由山涛推举,本来就是司马昭的精心安排。早一年他杀了魏帝曹髦,正惴惴不安,迫切需要有大声望的名士来支持他,未料嵇康毫不留情地拒绝了。嵇康当然知道这种拒绝的结果是什么,可是他无法隐匿自己内心的真实,他无法虚伪,也不屑虚伪。最终以自己的生命为代价,捍卫了自己的立场和人格尊严。

二、陶渊明的人格意义

东汉末年以来,中国知识分子人格中典型地体现出狂逸结合的双重性。

但是这种双重性并不是一成不变的,而是一种变化的过程。这个过程就是狂刺激着逸,逸又消融了狂。而这个发展过程的个案代表,就是陶渊明。

"读过《阮步兵集》和《嵇康集》,再去读《陶渊明集》,那种心怀汤火、如履薄冰的震颤感没有了。阮籍的任诞,嵇康的峻傲,陶渊明其实也是具有的,只不过不再体现在外部,而是深入骨髓里面去了。"[1]也就是说陶渊明几乎是以一个逸者的形象出现的,但是这种逸的内部,仍然是一种与现实格格不入、保持距离的狂狷。正是在这样的意义上,陶渊明继承了阮籍、嵇康的人格精神,但是又有所发展变化。

(一)陶渊明的桃花源世界

陶渊明生活的时代,与阮籍、嵇康生活的时代一样,充满了篡夺、出卖和血腥,时代政治异常的丑恶。因此很自然地陶渊明对这种丑恶的政治毫无好感,并且一心想离开。于是在陶渊明诗文的意象中,出现了一个寓意深刻、对后世影响极大的桃花源世界,这是他理想中的世界。这个世界最根本的特性就是自然。它的环境是自然的:有自然形成的良田、池塘、桑树和竹林;人际关系是自然的:没有王权,无须纳税,小孩子唱着歌,老人们互相问候;时间的流逝是自然的:不知朝代的更迭,也不需要知道晋代魏、魏代汉。生活在这里的人,知足常乐,不争不竞。各得其所,他们是自然人,或者是陶渊明所说的"素心人"。《移居二首》:"昔欲居南村,非为卜其宅。闻多素心人,乐与数晨夕。"在陶渊明看来,这才是真正的社会和生活。

以现今的视野去看桃花源,一般的结论都认为它是反历史的。它固然富有自由、平等和友爱,使人感到温馨、安宁和满足,但是它的无争和弃知却又消去了人类追求发展的原动力:欲望和恶。而这"消去"显然是违背人性的,所以也是不可能的,因此桃花源只能是一种乌托邦。但是这种乌托邦却是一种理想和崇高的象征,它始终以温馨的形象,浮现在那个和后来的时代的士大夫的幻想之中,成为乱世社会黑暗现实的对立面,成为他们永恒的光明崇拜和自由情结的聚焦点。因此陶渊明的桃花源境界是一种理想,一种圣洁的目标。而理想和目标必然地来自于一个人的人格立场和人格构成。

(二)陶渊明的"不为五斗米折腰"精神

南朝梁文学家沈约《宋史·陶潜传》:"亲老家贫,起为州祭酒,不堪吏职,少日自解归。州召主簿,不就。躬耕自资,遂抱赢疾。复为镇军、建威参

---

[1]　张节末:《狂与逸:中国古代知识分子的两种人格特征》,东方出版社1995年版,第54页。

军。谓亲朋曰:'聊欲弦歌以为三径之资,可乎?'执事者闻之,以为彭泽令。公田悉令吏种秫稻,妻子固请种粳,乃使二顷五十亩种秫,五十亩种粳。郡遣督邮至县,吏白应束带见之。潜叹曰:'我不能为五斗米,折腰向乡里小儿!'即日解印绶去职,赋《归去来》。"短短一节文字记载了陶渊明人生选择的全过程,同时也记载了中国传统文化某种精神诞生的全过程。

古人讲究"达则兼济天下,穷则独善其身"的处世观。陶渊明起初是想有所"达"的,也想"兼善天下",可在他的仕途一直不顺,39 岁时终于吐出了"先师有遗训,忧道不忧贫。瞻望邈难逮,转欲志长勤"的心声。这里的先师是指孔子。《论语·卫灵公》:"子曰:'君子谋道不谋食。耕也,馁在其中矣;学也,禄在其中矣。君子忧道不忧贫。'"孔子的遗训里指明着两条路:忧道和忧贫。陶渊明忧道不成,只好作出了"躬耕自给"的抉择,以达到独善其身的目的。但处在"余家贫,耕植不足以自给。幼稚盈室,瓶无储粟。生生所资,未见其术(《〈归去来兮〉序》)"的窘迫境地,所以他"躬耕自给"之后,接下来的事情就是"忧贫"了。从生活的角度来说,其实他以前也一直在忧贫:因"亲老家贫"出任江州祭酒,又因"躬耕自资,遂抱羸疾。复为镇军、建威参军",最后因可得二顷五十亩公田种秫,五十亩种粳而出任彭泽令。但是最终他还是唱起了《归去来》,弃官归田,选择了"贫"。

但是这种选择却是一种伟大精神的写照。因为陶渊明的归田表面上来看,是为了谋取生活的必需品,实际上展开的却是一种人生境界。也可以说,他的归田实际上是一种走进桃花源的选择。"我不能为五斗米,折腰向乡里小儿!"并即日解印绶去职这一情节的出现,是迟早都会发生的,是其思想发展、人格追求的必然结果。诗人这种拂袖而去的举动至少可以说明他人格上的三点精神:一是表现了正直的读书人那种清高孤傲,"不善交结俗人"的美德;二是体现了"富贵不能淫,贫贱不能移,威武不能屈"的大丈夫气概;三是不与污浊官场中人同流合污、蝇营狗苟的高尚节操。因此从这个意义上来说,他的归田不是忧贫,而是忧道,他以自己的实践证明着"道"的本质和形态。

(三)陶渊明对名士人格发展的推动意义

陶渊明人格的文化意义,与阮籍、嵇康多有相近之处。对阮、嵇的名士人格精神有所继承,又有所发展。

陶渊明将归田理解为一种人生境界,这是继承了嵇康的思想。《晋书·嵇康传》:"初,康居贫,尝与向秀共锻于大树之下,以自赡给。"陶渊明种田,嵇康打铁,虽然形式不同,本质却是一致的,都是用劳动养活自己。但是嵇康并不将打铁仅仅视为谋食的手段,而是视为一种诗性化的生活。他选择的打铁的地点是在大柳树下,四面"激水环之",嵇康在树下"傲戏",打铁就成了他"戏"的一部分,别人付给他打铁工钱,他还常常不要。因此对嵇康而言,打铁首先是一种游戏,其次才是一种自给手段。陶渊明继承了嵇康的这种精神,农耕固然是养家糊口所必需,但是更是一种自由自在的生活方式。"结庐在人境,而无车马喧。问君何能尔?心远地自偏。采菊东篱下,悠然见南山。山气日夕佳,飞鸟相与还。此中有真意,欲辩已忘言。"因此陶渊明是丰富和发展了嵇康的生活观的。

陶渊明做过几次小官,但他的仕途观念很特别。他在《饮酒》中说:"畴昔苦长饥,投耒去学仕。"明确说是为了糊口。因此从表面上看,与阮籍的视作官如游戏是不一样的,但是本质上却是完全一致,那就是都不是认真去做官,身在官场,心在山水自然。

因此可以说陶渊明的人格追求与阮籍、嵇康们是同一个角度的,但是对阮、嵇又有很大的超越。如果说阮籍、嵇康名士人格的形成很多时候是迫于时势环境的话,那么陶渊明的追求则更多的是来自于主观上的自觉。也就是说,他已经将与政治保持距离,蔑视仕途,不以生活待遇、经济地位为重,而视精神独立和心灵自由为人生最高的境界等思想,当作了自己自觉的选择。我们来看他的《五柳先生传》,这篇文章洞照出他肝胆冰雪的全部秘密:

先生不知何许人也,亦不详其姓字。宅边有五柳树,因以为号焉。闲静少言,不慕荣利。好读书,不求甚解;每有会意,便欣然忘食。性嗜酒,家贫不能常得。亲旧知其如此,或置酒而招之。造饮辄尽,期在必醉;既醉而退,曾不吝情去留。环堵萧然,不蔽风日,短褐穿结,箪瓢屡空,晏如也。常著文章自娱,颇示己志。忘怀得失,以此自终。

这种无名(不知何许人也)的荣誉观、无利(短褐穿结,箪瓢屡空)的物质观、以诗文自娱(好读书、常著文章自娱)的生活理念,构成了陶渊明圣洁、高尚、典雅和悠闲的人格境界。这种境界是君子的,是大道的,因此几乎成了后世读书人努力追求、修炼的生活形态。它融合了屈原、孟子式的狂狷和庄子式的飘逸,在那与世无争、远离名利场的飘逸外表下,闪烁着的是知识分子清傲、自尊和对精神境界的强烈自觉,因此陶渊明成了中国传统文化精神的代表人物之一。

第五节　作为审美品格的狂、逸人格

综上所述,中国传统文化语境下的人格是一种审美性质的人格,这种性质的人格具有强烈的个体性。虽然它在形态上体现为"狂品"和"逸品"这样两种不同的属性，但是其本质却没有什么大的差别，都是以"自由人格"作为核心。也就是说，"狂"的本质是为了追求自由，逸的本质也是为了追求自由。

一、狂者人格的形成和发展

中国人格史上的一大特点是，在理论上中国古代知识分子都追求一种"醇儒"境界：雍容、温润、含蓄；可是在实际中，许多人恰恰都在"狂"中找到了自己的位置。"事实上，狂的审美品格成为儒家传统人格的某种叛逆，而审美之狂往往标志着人格所达到的至高境界，这是中国人格史的一大特点。"❶

孟子是狂者人格的奠基者。他的养气说中的"气"实际上就是"狂气"。在孟子看来，一个有德行的人，必然具备至大至刚的浩然之气。气之弥漫，充塞于天地之间，气之游动，犹如滚滚大河，直奔大海而去。这种充满蓬勃生机的道德人格就是"美"和"大"。有了这种大气，什么都勿须放在眼里，也可以什么都不放在心上，更不需要去"怨"了。孟子认为，只有小人物才会"怨"，"怨"就是小人。显然，孟子的"气"具有一种扩张性的逼人气势，所以审美上就体现为"狂"。

屈原继承了孟子的狂者人格精神，并赋予其更复杂的内涵。屈原虽然在政治上严重受挫，却又因为忧国爱君，时时流露出返回权力中心的强烈欲望，但是这种返回却又不是以转变自己的立场、放弃自己的原则为代价。另外，他在行吟江畔中又越来越深刻地体会到了山水之美和民间文化的强大魅力，因此屈原的内心充满了矛盾和斗争。他的赋骚形象地体现了他的复杂的品格。里面有怨愤，有情怀的激荡，更有内心的矛盾，也有大量的对山水自然意象和民间文化的描述。因此从人格因素方面来考察，屈原不肯与邪恶势力同流合污呈现的是狂质，而对于山水自然的徜徉显示的却又是一种逸质性的东西。因此屈原给了我们一个惊奇，那就是他的这种狂、逸融合为浪漫主义的抒情性文化品格树立了第一个典范。

到了魏晋时代，狂者人格通过名士人格得到了进一步的继承和发扬。尤其是嵇康的"峻"质，更是直接根植于孟子的大丈夫人格的。嵇康的最基

---

❶ 张节末：《狂与逸：中国古代知识分子的两种人格特征》，东方出版社 1995 年版，第 80 页。

本的形象就是"不臣"、"不媚"和对乡愿人物骨子里的轻视,虽然因此招致杀身却丝毫不后悔。一曲《广陵散》让世间从此有了狂之顶天立地最悲壮化的形象定格。

二、人格化品质的逸

狂者树立起个体高大的形象,可往往要付出惨重的代价,因此在"忍"性哲学越来越发挥影响力的文化背景下,狂者显得凤毛麟角般可贵和罕见。相反,逸的形态似乎更适合狂狷者的生存。因此中国文化普遍存在着一种由狂到逸的转化现象。

逸,实质上是一种文化意义上的生存策略,也是自我拯救和自我保护的心理力量。"当古代知识分子遭受黑暗势力的挤压,人性中软弱的根性向他们频频招手致意,极其可能倒向恶与俗的时候,往往是逸的品格及其追求稳定了他们的人格,并赋予他们超凡脱俗的勇气和独标一格的意志力,并为自己选择的社会文化角色而自豪。"❶

在逸的审美品格的历史上,庄子具有开创性的意义。他的"逍遥游"就是最典型的最具有文化含量的逸。庄子之逸的核心是他的自然主义哲学,也就是"道"。"道"虽然来自于老子,但是庄子的"道"却有着自己的哲学内涵。在庄子自然主义哲学的语境里,"道"存在于万物本身,它否定任何外在的推动、约束、限制,它是自然的,更是自由的。在庄子看来,人就是最自然和最自由的,这个自然和自由就是他所倡导的逸。这种逸与后世隐居之逸的最根本差别在于,它是超越功利的,因此它是一种最直接意义上的狂,这种狂的形态就是清高。

庄子以他的自然和自由原则导引了中国古典文化美学中的自然主义品格,同时由于他十分强调这种自然主义是以人为主体的,因此这种自然主义的文化品格又对人的生活态度造成了极其深刻的影响,最终完成了中国古典一种伟大的人格构建。到了魏晋时代,自然和自由原则首先在人的生活中得到了推进,进而又在文学等各门文化艺术中得到了渗透,终于完成了由人之逸到文化之逸的延伸和发展。

---

❶　张节末:《狂与逸:中国古代知识分子的两种人格特征》,东方出版社 1995 年版,第 61 页。

第九章

文化交流

中国文化在几千年的发展中，不仅内部各民族文化之间相互融汇、相互渗透，而且在与外部世界的接触中，先后与中亚游牧文化、波斯文化、印度佛教文化、阿拉伯文化、欧洲文化相互碰撞交融。

中外文化交流的发生，是中国文化与外国文化相互作用的结果。中外文化大交汇有两次：一次是汉唐时期，一次是明清以后。从汉代开始，中国文化进入本土文化与外来文化的交汇期。当时的外来文化，先是西域文化，后是南亚次大陆文化，尤其是佛教对中国文化的影响尤深。明清以后，随着西学东渐，欧美文化与中国传统文化发生了猛烈的碰撞。

在中外文化交流史上，古老的丝绸之路是中外文化交流的通道，张骞、郑和等为开辟陆上、海上丝绸之路，立下不朽的功绩。西学东渐，开阔了中国人的视野，使得中国逐渐走上现代化发展道路。

第一节　文化交流通道——丝绸之路

一、丝绸之路概述

中国文明与欧、亚、非三大洲的古代文明很早就开始接触，相互交流，相互影响。这些古代文明的交往路线就是广义的丝绸之路。不过，"Seidenstrassen"（丝绸之路）这一称呼，直到1877年，才由德国地理学家费迪南·冯·李希霍芬（Ferdinand von Richthofen）在他的名著《中国》中提出。他下的经典定义是："从公元前114年到公元127年间，连接中国与河中（指中亚阿姆河与锡尔河之间）以及中国与印度，以丝绸之路贸易为媒介的西域交通

路线。"❶

李希霍芬把丝绸之路的开通定在西汉使者张骞两次出使西域之后。

随着丝绸之路研究的深入,尤其是考古的发现开阔了人们的视野。考古新发现把东西方丝绸贸易的开端追溯到公元前 4 世纪甚至更早。从空间上,文献记载和考古发现相印证,张骞通西域后不久,罗马帝国首都罗马城就出现了中国丝绸。因此,研究者一般把罗马视为丝绸之路的终点,并把汉唐中国古都长安和洛阳视为丝绸之路的起点。

广义的丝绸之路指从上古开始陆续形成的,遍及欧亚大陆甚至包括北非和东非在内的长途商业贸易和文化交流线路的总称。包括西北丝绸之路、海上丝绸之路的南方丝绸之路等。

西北丝绸之路是一条横贯亚洲、连接欧亚大陆的著名古代陆上商贸通道。丝绸之路东起长安(今西安),经陕西、甘肃、宁夏、青海、新疆,跨越葱岭(今帕米尔高原),经中亚、阿富汗、伊朗、伊拉克、叙利亚而达地中海东岸,全长 7000 多公里,中国境内的丝绸之路总长 4000 多公里。

海上丝绸之路主要以南海为中心,起点主要是广州,通往印度、南洋、阿拉伯海,甚至远达非洲东海岸。海上丝绸之路形成于秦汉时期,发展于三国隋朝时期,繁荣于唐宋时期,转变于明清时期,是已知的最古老的海上航线。海上通道在隋唐时运送的大宗货物主要是丝绸,因此称作"海上丝绸之路"。到了宋元时期,瓷器渐渐成为主要货物,因此,又称作"海上陶瓷之路"。由于历来输入的主要商品是香料,因此也称作"海上香料之路"。

南方丝绸之路就是由蜀道进云南,经印度再到波斯。这是一条民间的国际通商大道,也是中国较早的对外交通线。早在战国初期即已形成,是我国西南地区最古老的对外贸易的陆路交通,对沟通古代中国与南亚、西亚及西欧各国的关系,有着重大的影响。张骞出使西域时发现了这条路,之后在中外交流中发挥了重大作用。

总之,在今天看来,丝绸之路可以定义为:"古代和中世纪从黄河流域和长江流域,经印度、中亚、西亚连接北非和欧洲,以丝绸贸易为主要媒介的文化交流之路。"❷

---

❶ Ferdinand von Richthofen. *China*,Ergebnisse eigener Reisen und darauf gegründeter Studien. Bd. 1,Berlin,1877,p. 454.

❷ 林梅村:《丝绸之路五十讲》,北京大学出版社,第 4 页。

二、丝绸之路的文化作用

（一）丰富了商品交流

正如"丝绸之路"的名称，丝绸与同样原产中国的瓷器一样，成为当时东亚强盛文明的象征。丝绸不仅是丝路上重要的奢侈消费品，也是中国历朝政府的有效的政治工具。中国的使节出使西域乃至更远的国家时，往往将丝绸作为建立两国友好关系的有效手段，丝绸的西传也改变了西方各国对中国的印象。由于西传至君士坦丁堡的丝绸和瓷器价格奇高，令相当多的人认为中国乃至东亚是一个物产丰饶的富裕地区。各国元首及贵族曾一度以穿着用腓尼基红染过的中国丝绸、家中使用中国瓷器为富有荣耀的象征。

葡萄、核桃、胡萝卜、胡椒、胡豆、菠菜（又称为波斯菜）、黄瓜（汉时称胡瓜）、石榴等的传入为东亚人的日常饮食增添了更多的选择。西域特产的葡萄酒，经过历史的发展融入中国的传统酒文化当中。一队队商人把铁器、金器、银器、镜子、丝绸和其他豪华制品从中国运出，又把鸟类、稀有动物和植物、皮货、药材、香料、珠宝首饰等运往中国。

（二）加强了文化交流

造纸术、印刷术是中国古代的重要发明，正是通过丝绸之路，向世界广泛传播。目前已知最古老的印刷品——唐代的《金刚经》就发现于敦煌。造纸术曾经为中国古代科技领先于世界作出了巨大的贡献，历史上一度只有东亚及南亚部分国家才有发达的造纸技术和造纸工业。随着丝绸之路的开辟，纸制品开始在西域以及更远的地方出现。人们已在楼兰遗迹的考古发现了 2 世纪的古纸。而中亚地区虽然也用纸，但没有发现造纸工业的证据。

在敦煌、吐鲁番等地，已经发现了用于雕版印刷的木刻板和部分纸制品。其中唐代的《金刚经》雕版残本如今仍保存于英国。这说明印刷术在唐代至少已传播至中亚。13 世纪时期，不少欧洲旅行者沿着丝绸之路来到中国，并将这种技术带回欧洲。15 世纪时，欧洲人谷腾堡利用印刷术印出了一部《圣经》。1466 年，第一个印刷厂在意大利出现，这种便于文化传播的技术很快传遍了整个欧洲。

西域地区沙漠密布，各国的繁荣与水往往是紧密联系的。天山与昆仑山溶化的雪水是西域的主要补给水源之一。然而收集这些雪水并不容易，溶化后积聚在山脚的水很短时间就会被蒸发或渗入地下。汉朝派遣军队囤积在西域发展农业时，这些驻军在西域利用坎儿井和井渠技术获取水源，从此这种取水技术逐步流传至更远的国家。西域地区坎儿井技术究竟是由中国发展还是从波斯传入一直是有争议的问题,不过井渠技术和穿井法被证实是由中国传向西方的。《史记》中记载,贰师将军李广利率兵攻打大宛,利用断绝水源的方式围困城市,然"宛城中新得秦人知穿井"❶,令大宛人坚持了很长时间。

（三）增进了宗教交流

国内外学术界普遍认为,佛教最早于公元前 2 世纪后、最晚于公元前 1 世纪末就已传入西域。据此,公元前 87 年,佛教传入西域于阗以后,公元前 60 年至公元前 10 年左右由于阗向西或北方向传播到叶城、莎车、塔什库尔干、喀什、阿克苏、库车、焉耆等西域"丝绸之路"的北路各地,而向东北方向传播到且末、若羌、米兰、楼兰等西域"丝绸之路"的南北路诸地也是理所当然之事。

除了佛教,拜火教、摩尼教和景教也随着丝绸之路传播到中国,赢得了很多人的信仰,有一定范围的传播。这些宗教以后沿着丝绸之路的分支,逐渐传播到韩国、日本及其他亚洲国家。

拜火教(一名为祆教)是中国人对波斯琐罗亚斯德教的称呼,该教于公元前 5 世纪至公元前 1 世纪沿丝绸之路向东方传播,被认为是最早传入西域的宗教。拜火教曾是波斯的国教,阿拉伯帝国兴起后被迫东移。有记载当时西域各国都信仰琐罗亚斯德教,在中国受到当时南北朝时期的北方各国皇帝的支持,唐朝时也有许多祆祠以备"胡商祈福"。地方统治者为控制拜火教的发展,设立萨薄一职,试图将宗教纳入国家管理体系中。但该教宋朝以后则基本消失。其宗教风俗则被维吾尔族、塔吉克族所保留,成为一种民族文化风俗。

景教则是叙利亚基督教聂斯脱里教派的一个分支,史料记载景教在唐代初期曾博得皇帝好感,李世民曾批准景教徒在长安兴建庙寺一所,初称"波斯寺",后更名为"罗马寺"、"大秦寺"。到唐高宗年间,阿罗本(来中国的第一个景教传教士)被奉为镇国大法主,之后教堂亦挂上历代唐朝皇帝像。

---

❶ 《史记》卷 123《大宛列传第六十三》,中华书局 1994 年版,第 3177 页。

第二节　文化交流使者——张骞与郑和

一、张骞通西域

(一)第一次出使西域

"西域"一词,最早见于《汉书·西域传》,是和张骞的名字分不开的。汉代的西域,有广狭两义。广义的西域,泛指今玉门关、阳关(皆在今甘肃西北部)以西,经过天山南北,越过葱岭,直至中亚、南亚、西亚、欧洲、非洲的广大地区。狭义的西域,主要是指我国新疆天山南北,葱岭以东,玉门关、阳关以西的地方。这一地区,小国林立,号称三十六国,后来又分为五十余国,是从汉朝通向葱岭以西诸国的交通通道。

当时汉匈交恶,汉朝正在准备进行一场抗击匈奴的战争。汉武帝偶然地从一匈奴俘虏口中了解到,西域有个大月氏国家,其王被匈奴单于杀死,还把他的头颅做成酒器。大月氏人忍受不了匈奴的奴役,便迁徙到天山北麓的伊犁河流域。后又受乌孙国的攻击,再向西南迁到妫水(今阿姆河)流域。大月氏王想报杀父之仇,但苦于无人相助。了解这些情况后,武帝想联合大月氏,以"断匈右臂",于是决定派使者出使大月氏。建元三年(公元前138年),武帝下令招募出使西域、联络大月氏的使臣,张骞便以郎官的身份应募出使西域。

建元二年(公元前139年)张骞由匈奴人甘父作向导,率领一百多人,浩浩荡荡从陇西(今甘肃一带)出发。他们朝行暮宿,风餐露宿,备尝艰辛,不料中途被匈奴所俘,并被押送至匈奴王庭。匈奴为笼络、软化张骞,为他娶了妻子,并生了儿子,这样一扣就是十年。但这些并没有动摇张骞完成通西域使命的决心,带去的旌节一直留在身边。

一个月黑之夜,张骞一行趁匈奴不备,逃离匈奴。他们取道车师国(今新疆吐鲁番盆地),进入焉耆(今新疆焉耆一带),又从焉耆溯塔里木河西行,经过龟兹(今新疆库车东)、疏勒(今新疆喀什)等地,翻越葱岭,到达大宛(今费而干纳盆地)。在大宛向导的带领下到达康居(今巴尔喀什湖和咸海之间),最后到达大月氏。

但此时大月氏的国情已发生了很大变化。他们迁到妫水流域后,征服了邻国大夏(今阿富汗北部),并在此安居乐业,不想再跟匈奴打仗。大月氏人还认为汉朝离自己太远,很难联合起来共击匈奴,因此张骞"断匈右臂"的目的没有达到。

张骞在大夏等地考察了一年有余,于元朔元年(公元前128年)启程回国。归途中,张骞为避开匈奴控制地区,改从南道,他们翻过葱岭,沿昆仑山北麓而行,经莎车(今新疆莎车)、于阗(今新疆和田)、鄯善(今新疆若羌)等地,进入羌人居住地区。但在途中又为匈奴骑兵所获,扣押一年多。

元朔三年(公元前126年),匈奴内乱,张骞带着妻子和助手甘父等三人,乘机逃回汉朝。汉武帝详细地听取了他对西域的情况汇报后,十分高兴,任命他为太中大夫,赐甘父为奉使君。张骞此番出使西域,历经艰险,前后13年,足迹遍及天山南北和中亚、西亚各地,是中原去西域诸国的第一人。

(二)第二次出使西域

张骞第二次奉命出使西域之前,汉朝已经控制了河西走廊,正在积极准备对匈奴进行最大规模的一次战役。汉武帝多次向张骞询问大夏等地情况,张骞着重介绍了乌孙(巴尔喀什湖以南和伊犁河流域)到伊犁河畔后与匈奴发生矛盾的具体情况,建议招乌孙东返敦煌一带,跟大汉共同抵抗匈奴,这就是"断匈右臂"的著名战略。同时,张骞也建议应该加强与西域各族的友好往来,这些意见得到了汉武帝的嘉许和采纳。

汉武帝元鼎元年(公元前116年),张骞第二次奉命出使西域。他率领300人组成的使团,每人备两匹马,共带牛羊上万头,金帛货物价值"数千巨万",到了乌孙,受到乌孙王的热情欢迎。但是乌孙王惧怕匈奴,不敢和汉朝结盟,只派特使几十人随张骞回长安答谢汉武帝。张骞本人第二次出使,最远只到了乌孙,但他派遣副使访问了大宛、康居、大月氏、大夏、安息(波斯)、条支(安息属国)、奄蔡(在咸海与里海间)、身毒(印度)、于阗等国。中国使者还受到安息专门组织的2万人的盛大欢迎。之后,安息等国的使者也不断来长安访问和贸易。从此,汉朝与西域的交流交通建立起来了。

元鼎二年(公元前115年),张骞回到汉朝后,拜为大行令,第二年死去。他死后,汉同西域的关系进一步发展。元封六年(公元前105年),乌孙王以良马千匹为聘礼向汉求和亲,武帝把江都公主细君嫁给乌孙王。细君死后,汉又以楚王戊孙女解忧公主嫁给乌孙王。解忧的侍者冯嫽熟知诗文事理,作为公主使者常持汉节赏赐诸国,深得尊敬和信任,被称为冯夫人。她的活动巩固和发展了汉同乌孙的关系。神爵三年(公元前60年),匈奴内部分裂,日逐王先贤掸率人降汉,匈奴对西域的控制瓦解。汉宣帝任命卫司马郑吉为西域都护,驻守于乌垒城(今新疆轮台东),这是汉朝在葱岭以东,今巴尔喀什湖以南的广大地区正式设置行政机构的开端。

（三）张骞通西域的意义

张骞第一次出使西域，未能达到同大月氏建立联盟，以夹攻匈奴的目的，但其产生的实际影响和所起的历史作用是巨大的。自春秋以来，戎狄杂居泾渭之北。至秦北却戎狄，筑长城，以护中原，但其西界不过临洮。玉门之外的广阔的西域，尚为我国政治文化势力所未及。张骞第一次出使西域，使中国的对外交流直达葱岭东西。自此，不仅现今我国新疆一带同内地的联系日益加强，而且中国同中亚、西亚，以致南欧的直接交往也建立和密切起来。后人正是沿着张骞的足迹，走出了誉满全球的"丝绸之路"。所以，司马迁评价张骞通西域为"张骞凿空"。所谓"凿空"据苏林解释，"凿空，开通也"。就是说，"西域险厄，本无道路，今凿空而通之也"。❶

张骞第一次出使西域，既是一次极为艰险的外交旅行，同时也是一次卓有成效的科学考察。张骞第一次对广阔的西域进行了实地的调查研究工作。他不仅亲自访问了位处新疆的各小国和中亚的大宛、康居、大月氏和大夏诸国，而且从这些地方又初步了解到乌孙、奄蔡、安息、条支、身毒等国的许多情况。回长安后，张骞将其见闻，向汉武帝作了详细报告，对葱岭东西、中亚、西亚，以致安息、印度诸国的位置、特产、人口、城市、兵力等，都作了说明。这个报告的基本内容为司马迁在《史记·大宛传》中保存下来。这是我国和世界上第一次对于这些地区进行翔实可靠的记载。至今仍是世界上研究上述地区和国家古地理和历史的最珍贵的资料。

张骞是中国古代乃至世界历史上杰出的探险家、旅行家和外交家。他前后两次出使西域，长达17年，行程万余里。他的出使不仅促进了内地与新疆各族的友好关系，达到了扼制匈奴的目的，而且进一步沟通了西北陆上丝绸之路，促进了东西方经济文化的交流。

张骞出使西域，首次开通了长期被匈奴阻塞的陆上东西交通，使欧、亚大陆间的经济文化大道得以畅通，从而打破了东西方文明的隔离状态，东方的大汉帝国与西方的希腊、罗马等文明古国开始全面接触和交往。张骞开辟的通往中亚、西亚的西北丝绸之路，主要有南北两路。南路从长安、金城（今兰州）出发，经敦煌、楼兰（即鄯善）、于阗、莎车，越葱岭到大月氏，往西到安息（今伊朗）、条支（今伊拉克），直到大秦（即罗马帝国）。北路从长安、金城出发，经敦煌、车师前王庭（今吐鲁番）、龟兹、疏勒，越葱岭到大宛、康居，再往西经安息，到达大秦。张骞开通的这条丝绸之路，成了沟通东西文明的

---

❶ 据裴骃《集解》所引，见《史记》卷123，《大宛列传》文中小注。

桥梁和进行东西文化交流的大通道。

张骞出使西域获取的信息,改变了汉朝政府原先对西域状况模糊不清的认识,掌握了丝绸之路各国的民族和国家的真实情况,并初步与他们建立了友好关系,开创了中国与西域各国睦邻友好、和平发展的格局。

张骞出使西域促进了中外经济文化交流。随着这条西北陆上丝绸之路的开辟,一队队响着驼铃的中外商队东来西往,中华文化广泛传播到西域。中国的丝绸、漆器、铜镜等物品和冶铁、凿井、造纸等生产技术传至西域。西域的物品,如葡萄、苜蓿、黄瓜、胡桃、胡豆(蚕豆)、石榴、橄榄等输入中国。西域的音乐舞蹈、波斯的美术、印度的佛教传入中国,大大丰富了中国和西域各国的物质文化和精神文化。

二、郑和下西洋

(一)郑和其人

郑和(1371—1433)原姓马,名和,字三宝,出生在云南省昆阳州(今晋宁县宝山乡和代村)一个世代信奉伊斯兰教的回族家庭。郑和的父亲和他的爷爷曾到伊斯兰教的圣地麦加朝觐。郑和母亲姓温,非常贤良。有一个哥哥,两个姐姐,哥哥叫马文铭。郑家在当地很受人们的尊敬。

1381 年,朱元璋为了消灭盘踞云南的元朝残余势力,派手下大将傅友德、蓝玉等率 30 万大军,发起统一云南的战争。在战乱中,年仅 11 岁的郑和被明军俘房,被阉割,在军中做秀童。云南平定之后,1385 年,郑和又随军调往北方,先后转战于蒙古沙漠和辽东等地。19 岁时,被挑选送到北京的燕王府服役,从此追随雄心勃勃的燕王朱棣,鞍前马后,逐渐得到朱棣的信任。尤其是 1399—1402 年,朱棣与侄子建文帝争夺皇位,进行了"靖难之役",郑和帮助朱棣登上皇位,立下汗马功劳,被提升为内宫监太监。1404 年,永乐二年正月初一,朱棣为表彰郑和的功绩,亲笔赐姓"郑",从此马三宝更名郑和,史称"三宝太监"。

郑和是中国历史上对外交往的一位杰出人物。郑和下西洋,历时 28 年,航程万余里,堪称世界航海史的一大奇迹。郑和下西洋是中国也是世界航海史上一个重要事件,被国际上公认为世界历史文化名人。

(二)郑和下西洋的时代背景

郑和下西洋的时间是 1405—1433 年,正处在 15 世纪。15 世纪最初的 30 年里,在亚欧大陆两端的东方和西方,几乎同时向海洋进军。东方以中国郑和下西洋为代表,西方以葡萄牙亨利王子沿非洲西岸探索为代表,东西方的航海在很大意义标志着人类的活动舞台开始由大陆转向海洋。

推动西方大航海的动力虽然有部分宗教因素,但主要是经济因素。这种经济动因来源于欧洲当时社会商品经济的发展,14—15 世纪欧洲贸易中心由地中海扩展到大西洋沿岸,当时西欧各国商品经济迅速发展,社会对商品货币的需求激增,尤其是黄金、白银,各国都鼓励和支持航海探险,寻找黄金,开拓海外殖民地。

中国当时已进入封建社会后期,由唐中叶的发展高峰向前缓慢的发展,但明初仍是世界上一个强大的国家,在许多方面仍居于世界领先地位。尤其是郑和下西洋的 15 世纪初,中国正处于明初"永乐盛世",这是中国古代历史上最辉煌的一个时期。

朱棣是一位"雄才大略"的皇帝,在中国历史上做了一系列重大的历史事件。除了郑和下西洋,还有浚通大运河、编撰《永乐大典》、建立奴儿干都司、迁都北京等。朱棣在朱元璋恢复经济和生产的基础上,使明朝经济得到进一步发展。松江成为全国的纺织中心,景德镇成为全国制瓷业中心,明朝是中国"瓷器的黄金时代"。矿业、冶炼业、造船业等行业兴旺发达,出现了繁荣景象。

永乐皇帝根据形势的变化,调整了国家对外政策,采取对外开放,稳定周边,把中国的稳定和发展与世界、尤其是周边的环境结合起来,想争取一个长治久安的和平局面。郑和下西洋就是其对外政策的一个重大举措。所以郑和下西洋是符合明初政治经济形势发展的要求,就其动因而言,主要是出于政治上考虑,经济因素也有。

15 世纪初郑和下西洋的时代,是人类活动由陆地向海洋进军的时代。在没有机械动力,世界的海洋绝大部分还是未知海域,阻隔着世界的时候,郑和七次下西洋是一个伟大的壮举。

(三)郑和下西洋的船队及航程

郑和下西洋的船队是一支规模庞大的船队,完全是按照海上航行和军事组织进行编制的,在当时世界上堪称一支实力雄厚的海上机动编队。很多外国学者称郑和船队是特混舰队,郑和是海军司令或海军统帅。著名的国际学者、英国的李约瑟博士在全面分析了这一时期的世界历史之后,得出了这样的结论:"明代海军在历史上可能比任何亚洲国家都出色,甚至同时代的任何欧洲国家,以致所有欧洲国家联合起来,可以说都无法与明代海军

匹敌。"❶

　　首先,人数众多,组织严密。郑和下西洋船队,是根据海上航行和担负的任务,采用军事组织形式组建的。郑和七次下西洋的人数,史料上有明确记载的有4次。第一次27800人,第二次27000人,第四次27670人,第七次27550人。郑和船队由舟师、两栖部队、仪仗队三个序列编成,编制严密。

　　其次,船舶种类齐全,装备先进。郑和下西洋的船最少有7种,包括宝船、马船、战船、座船(战座船)、粮船、水船等。船队配备了当时最先进的武器装备。

　　郑和下西洋的船队是一个庞大的船队,船与船、分船队与分船队之间需要联络,因此船队配有交通艇、音响信号、旗帜等装备。史书记载,船队"昼行认旗帜,夜行认灯笼,务在前后相继,左右相挽,不致疏虞"。白天以约定方式悬挂和挥舞各色旗带,组成相应旗语。夜晚以灯笼反映航行时情况,遇到能见度差的雾天下雨,配有铜锣、喇叭和螺号等用于通讯联系。

　　郑和下西洋是历史性的突破,他的航线从西太平洋穿越印度洋,直达西亚和非洲东岸,到达南端的好望角,也就是说到达了大西洋,涉及三大洋,为此前的中国航海史上所没有,在世界航海史上也居于领先地位。比达伽马绕过好望角到达印度、麦哲伦完成环球航行还要早83年和107年。在当时靠木船凭借自然的风力航行,克服海上种种困难是非常了不起的,不仅要有丰富的航海技术、造船技术、航海经验,而且也需要非凡的勇气和探险精神。

　　据《汉书·地理志》记载,在中国历史上,公元前2世纪,即汉武帝时期就开辟了西航的海上丝绸之路,从两广地区,最远到达今天的斯里兰卡。唐宋时期,中国的远洋船舶抵达过波斯湾,到了红海和东非海岸。但郑和下西洋,使中国的远洋航行出现了实质性的突破,开辟了一些新航线,形成了多点交叉的海上交通网络。

　　郑和下西洋,从南京出发,在江苏太仓刘家港集结,沿海南下,在福建长乐太平港停泊,等候太平洋西北季风。11～12月,季风来了,便穿过台湾海峡和南海,第一站到达占城,再到东南亚各国,进入印度洋。前三次主要在印度以东,最远到达古里(印度西海岸的一个城市),它是古代东西方海上贸易的重要港口。第四次开始到达西亚、东非地区。有学者对航线进行了认真的研究并得出,郑和下西洋重要航线有56条,航线总长15000英里。

　　(四)郑和下西洋的航海技术

　　在人类步入航空和航天时代之前,航海是人类科技成就的集纳点。航

---

❶　李约瑟:《中国科学技术史》,科学出版社1990年版。

海科技的水平反映出一个民族科技发展水平的高低。郑和下西洋的辉煌，就反映了我们民族在世界文明史上独领风骚的科技成就。最能代表和体现郑和下西洋航海技术的，主要有三个方面：

1. 天文航海技术。中国很早就可以通过观测日月星辰测定方位和船舶航行的位置。郑和船队已经把航海天文定位与导航罗盘的应用结合起来，提高了船位和航向测定的精确度，称为"牵星术"。用"牵星板"观测定位的方法，通过测定天的高度，来判断船舶位置、方向，确定航线，这项技术代表了那个时代的天文导航水平。

2. 地文航海技术。郑和下西洋的地文航海技术，是以海洋科学知识和航海图为依据，运用航海罗盘、计程仪、测深仪等航海仪器，按照海图、针路簿记载来保证船舶的航行。航行时确定航行的线路，叫做针路。罗盘的误差，不超过 2.5 度。

3. 《郑和航海图》。《郑和航海图》得以传世，多亏明代晚期作者茅元仪收录在《武备志》中。原图呈一字形长卷，收入《武备志》时改为书本式，自右而左，有图 20 页，共 40 幅，最后附"过洋牵星图"2 幅。海图中记载了 530 多个地名，其中外域地名有 300 个，最远的东非海岸有 16 个，标出了城市、岛屿、航海标志、滩、礁、山脉和航路等，其中明确标明南沙群岛（万生石塘屿）、西沙群岛（石塘）、中沙群岛（石星石塘）。1947 年，当时的民国政府内政部以郑和等命名南海诸岛礁，纪念这位伟大的航海家。

《郑和航海图》是世界上现存最早的航海图集。与同时期西方最有代表性的波特兰海图相比，《郑和航海图》制图的范围广、内容丰富。虽然数学精度较其低，但实用性胜过波特兰海图。

（五）郑和下西洋的使命与功绩

郑和下西洋是一种国家行为，郑和船队是一支强大的战略力量。明政府派遣郑和船队下西洋显然是从当时国家利益（包括皇帝的意志）和国家需要出发的。郑和下西洋的使命和功绩概括起来，主要包括四个方面：

1. 维护和平，稳定东南亚国际秩序。郑和下西洋前，中国周边的国际环境动荡，主要表现在东南亚地区各国相互猜疑，互相争夺。当时东南亚两个最大的国家爪哇、暹罗对外扩张，欺压周边一些国家，威胁满剌加、苏门答腊、占城、真腊。甚至在三佛齐，还有杀害明朝使臣的行为，并拦截向中国朝贡的使团。再一个就是海盗猖獗，横行东南亚、南亚海上，十分嚣张，海上交通线得不到安全保障。在这种形势下，明朝皇帝采取了"内安华夏，外抚四夷，一视同仁，共享太平"的和平外交政策，派遣郑和率领船队下西洋。通过各种手段,调解和缓和各国之间矛盾,维护海上交通安全,从而把中国的稳定与发展同周边联系起来,试图建立一个长期稳定的国际环境,提高明王朝的国际威望。

李约瑟评价,东方的航海家中国人从容温顺,不记前仇,慷慨大方,从不威胁他人的生存;虽然他们全副武装,却从不征服异族,也不建立要塞。

2.震慑倭寇,维护国家安全。当时,威胁明朝安全的主要来自两个地方:东部海上的倭寇,北方的蒙元残余势力和西北的帖木儿帝国。中国倭寇最早出现在元朝末年,日本国内发生内战,部分武士和浪人为了生存,便流窜到中国沿海抢劫,到明初朱元璋时期,非常猖獗。当时明朝刚刚建立,国内还不稳定,国防上采取被动的防御战略,在沿海省份设立卫所,在北方修长城和派兵屯边。郑和的舟师,震慑和打击了倭寇和反明势力,并从海上实施战略包抄,对西北方向进行战略上的牵制,从而减轻明朝北部的压力。

3.发展贸易,传播中华文明。郑和下西洋的使命主要是政治目的,同时也带有一定的经济目的,国家实施这么大的战略行动,它是多方面考虑的。郑和船队下西洋过程中展开了许多贸易活动,主要有三种形式:

第一种朝贡贸易。这种贸易是郑和下西洋贸易活动的基本形式,带有封建宗主国的性质。通过这种形式获得这些小国对明朝宗主地位的认可,当时各国都积极到中国来朝贡,一方面得到明朝的庇护,一方面得到的丰厚赏赐。据统计,永乐皇帝在位22年间,与郑和下西洋有关的亚非国家使节来华共318次,平均每年15次,盛况空前。更有文莱、满剌加、苏禄、古麻剌朗国4个国家先后7位国王亲自率团前来,最多一次有18个国家朝贡使团同时来华。还有3位国王在访问期间在中国病逝,他们遗嘱要托葬中华,明朝都按照王的待遇厚葬。

第二种官方贸易。这是郑和下西洋的重要内容,它是在双方官方主持下与当地商人进行交易,是明朝扩大海外贸易的重要途径。郑和船队除了装载赏赐用的礼品外,还有中国的货物,如铜钱、丝绸、瓷器、铁器等。这种贸易可以用明代铜钱买卖,多数是以货易货。最有影响的是击掌定价法。在印度古里国,中国船队到达后,由当地的代理人负责交易事宜,将货物带到交易场所,双方在官员主持下当面议价定价,一旦定下,决不反悔,双方互相击掌表示成交。郑和下西洋期间,尤其是后几次下西洋贸易规模扩大,遵循的是平等自愿、等价交换,具备了国际贸易的一些基本原则。

第三种民间贸易。这种贸易一定程度上是在郑和下西洋贸易活动的带动下出现的,它不是通过官方,而是由商人或民间自发展开的。当时中国主要输出的有瓷器、丝绸、茶叶、漆器、金属制品、铜钱等,换回的主要是珠宝、香料、药材、珍奇动物等。当时中国从海外进口 100 斤胡椒,当地价值 1 两,回到国内可售 20 两,利润丰厚。

郑和下西洋,不仅进行海外贸易,而且还传播先进的中国的文化。当时东南亚、南亚、非洲一些国家和地区社会发展比较落后,非常向往中华文明。朱棣派遣郑和下西洋还肩负了"宣教化于海外诸番国,导以礼仪,变其夷习"的使命。郑和下西洋传播中华文明的内容主要包括中华礼仪和儒家思想、历法和度量衡制度、农业技术、制造技术、建筑雕刻技术、医术、航海造船技术等。郑和出色地将中华文明远播到海外,在中外文化交流史上写下了辉煌的篇章。

4. 开拓航路,铺平亚非交流通道。海洋是生命的摇篮,拥有着丰富的资源。15 世纪初,郑和大规模远航活动,把中国古代的海洋事业推向发展高峰,为人类的海洋文明作出了重要贡献。

郑和开辟了亚非的洲际航线,为西方人的大航海铺平了亚非航路。当葡萄牙的航海家达伽马沿非洲西海岸绕过好望角,抵达东非海岸时,当地人就讲几十年前中国人曾几次来到这里。他们在阿拉伯领航员的帮助下,沿着郑和船队开辟的航线顺利到达了印度。

郑和对西太平洋和印度洋进行了一些海洋考察,搜集和掌握了许多海洋科学数据,《郑和航海图》就是通过大量海洋调查绘制的。这一海洋考察活动比世界记载最早的 1872—1876 年英国的"挑战者"号进行海洋调查早了 400 多年。

郑和根据其使命和掌握的海洋知识,对航海区域进行了战略布局。在辽阔的海外选择了占城、满剌加、旧港、古里、忽鲁莫斯等地作为海洋发展的重点区域,有利于扩大海外交通和贸易范围。

第三节　西学东渐

一、西学东渐的历史进程

西学东渐是指近代西方学术思想向中国传播的历史过程,笼统地说可以泛指自上古直到当代的各种西方事物传入中国,但通常是指明末清初以及晚清民初两个时期,欧洲及美国等地学术思想的传入。

在这个过程中,中国人对西方事物的态度由最初的排斥,到逐渐接受、主动学习甚至要求"全盘西化"。在西学东渐的过程中,藉由来华西人、出洋华人、各种书刊以及学校教育等作为媒介,以澳门、香港、其他通商口岸以及日本等作为重要窗口,西方的哲学、天文、物理、化学、医学、生物学、地理、政治学、社会学、经济学、法学、应用科技、史学、文学、艺术等大量传入中国,对中国的学术、思想、政治和社会经济等产生了全面而巨大的影响。

（一）明末清初西方传教士的"弘教"

明万历年间,随着耶稣会传教士的到来,对中国的学术思想有所触动。当时西方科学技术开始迅速发展,而此时中国的科学技术发展已经非常缓慢,大大落后于同时期的欧洲。传教士在传播基督教教义的同时,也大量宣讲科学技术知识。当时中国一些士大夫及皇帝接受了科学技术上的知识,但是在思想上基本没有受到影响。这一阶段的西学东渐,由于雍正的禁教,加上罗马教廷对来华传教政策的改变而中断,但较小规模的西学传入并未完全中止。

这一时期的西学传入,主要以传教士和一些中国人对西方科学著作的翻译为主。1605 年利玛窦辑著《乾坤体义》,被《四库全书》编纂者称为"西学传入中国之始"。当时西方对中国的影响主要在天文学、数学和地图学方面,由于只在少数的士大夫阶层中流传,而且大部分深藏皇宫,所以没有能够很好的普及。

（二）鸦片战争之后中国人的"师夷"

19 世纪中叶开始,由于鸦片战争的失败,西方传教士"名正言顺"地再度进入中国传教,并借助各种媒介大力宣传西方的新知识。清朝政府在 1860 年始,推行了洋务运动,于是,西方的科学技术大量传入中国。当时的洋务派人士,主要采取"中学为体,西学为用"的态度学习西学。他们主要关注的是西方的先进武器制造以及相关的器械运输技术等,希望通过学习西方的技术,"师夷长技以制夷",而未试图对西方的学术思想加以学习。因此在这期间学术思想方面的传入主要是通过西方传教士创办的媒体,以及洋务机构中为军事目的译介的书籍。

甲午战争以后,中国面临着国家破亡的命运,许多有识之士开始更积极全面地向西方学习,出现了梁启超、康有为、谭嗣同等一批思想家。他们从西方学习大量的自然科学和社会科学的知识,政治上要求改革维新。这一时期大量的西方知识传入中国,影响非常广泛。许多人以转译日本人所著的西学书籍来接受西学。

民国时期,由于对政治的不满,一些知识分子又提出全盘西化的主张,在新文化运动及五四时期这种思想造成了很大的影响。特别是"五四运动"提出的"科学"、"民主"两面大旗,西学东渐的影响深入人心,一直持续到当代而未止。

二、各学科的西学东渐

(一)哲学

中国传统思想中并无西方严格定义的哲学的概念,而哲学的基础逻辑学也仅存在于少数人的古代思想中。

来华传教士在传播西方哲学思想方面的成绩是巨大的。利玛窦的《天主实义》虽然是谈宗教的,但是涉及很多西方哲学问题,可以称之为中西文化交流史上第一部比较哲学的著作。

葡萄牙传教士高因勃耳撰写了大量对亚里士多德哲学的相关介绍,内容包括知识论、理则学、形上学等方面。此外中古神哲学家阿奎那的著作,也在清初节译至中国。

但西方哲学真正大量输入中国则要到晚清时期。早期尚未用"哲学"一词,到20世纪初,此名词由日本传入被广为使用,哲学才从儒学、经学等学科分离出来,成为一门新的学科。当时的各种期刊大量介绍古希腊哲学,许多新观念如物质、精神、唯心论、唯物论等重要哲学概念也被引入中国,进化观念的传入更是对中国哲学思想产生了重大影响。

(二)数学

中国传统数学侧重于实用数学与商业计算,关注点集中在计算工具的改革与珠算的普及方面,而对纯数学和数学理论没有予以足够的重视。明末利玛窦等传教士发现了这一缺陷,竭力把西方数学推介给中国。利玛窦所译的数学书籍有《几何原本》、《同文算指》。《几何原本》是古希腊欧几里得的著作,著作中严密的逻辑推理方法对明末清初中国学者的影响不仅仅局限在数学领域,还带来了崭新的科学思维方法。徐光启曾评价说"能精此书者无一书不可精,好学此书者无一事不可学"❶,推崇的正是该书的科学思想方法。

几何、测量方面的书籍尚有《测量全义》、《测量法义》等。割圆数的传入方面,有明末的《割圜八线表》及《大测》;康熙时期官方编订的《数理精蕴》则集明末清初西方数学传入的大成。

---

❶ 王重民辑:《徐光启集》,中华书局1963年版,第76页。

　　19 世纪中叶以后,译介西方数学的重要人物为数学家李善兰,他与英国人伟烈亚力(Alexander Wylie)、麦都斯(Walter Henry Medhwest)、艾约瑟(Joseph Edkin)等人合译了包括《几何原本》后 9 卷、《代数术》、《代微积拾级》等著作,使符号代数及微积分首次传入中国。另一位数学家华蘅芳则在 1860 年代以后与傅兰雅合作译了不少著作,介绍了数表、概率等新的数学概念。

　　(三)天文学、地理学

　　西方天文学是明末清初西方传教士传入中国的最重要的一个科学分支。利玛窦所写的《乾坤体义》一书 1606 年在北京刊行,被认为是当时欧洲著名数天科学家克拉维斯(Christopher Clavius)的著作《萨克罗博斯科天球论注释》(1561)的译编本。在西方天文学的指导与传教士的宣传下,明清两朝都注意到中国传统历法的不精确,从而组织传教士进行了天象实测和历书的修订工作。从《崇祯历书》到《康熙永年历》,都引进了当时欧洲先进的天文学知识成果。参加修历的有龙华民、邓玉函、罗雅谷、汤若望、南怀仁等,并把第谷、哥白尼、开普勒、伽利略等人的学说介绍到了中国。

　　明末许多地理学知识及技术随传教士传入中国。利玛窦用西式投影法及经纬度测量法亲手绘制中文世界地图,中国人第一次知道了大地球形说、经纬度说与五大洲说。他所翻译的地理名词“亚细亚”、“欧巴罗”、“地中海”、“大西洋”等也第一次出现在汉语词汇中,并一直沿用至今。艾儒略、毕方济、南怀仁、蒋有仁等都绘有中国或世界地图。在他们的影响下,康熙皇帝也组织众多传教士自 1707 年到 1718 年间,在全国范围内进行测量,最后绘制了《皇舆全览图》28 帧,并标示各地的经纬度。这是当时世界上工程最大的制图工作,奠定了中国地图用三角测量的基础。

　　意大利人艾儒略的《职方外纪》是外国人在中国出版的第一部介绍世界地理的中文专著,对五大洲各国的风土、民俗、气候、名胜、物产等都作了详细介绍。《职方外纪》不仅第一次向中国人介绍了哥伦布发现亚美利坚和麦哲伦的航海事迹,而且第一次全面系统地介绍了中国以外的世界各国的真实情形以及那一时代西方国家所具有的海洋与航海知识,“中国独居天下之中,东西南北皆夷狄”的旧观念被无情地打破了。

　　(四)生物学、医药学

　　明末清初传入的有关西洋生物学知识的书籍有罗明坚所著的《天主实录》,艾儒略的《职方外纪》也有对西方各种生物的介绍。康熙年间的传教士利类思所译的《狮子说》、《进呈鹰说》,译自亚特洛望地(1522—1607,Aldrovandi)所著的《生物学》中的部分段落。

近代西方生物知识对中国影响最大的是达尔文的进化论,由严复翻译赫胥黎(Thomas Henry Huxley)所著《天演论》而被引介到中国,不仅在生物学上具有重大意义,而且对当时社会、哲学、历史思想都产生了重大影响。

明末清初,医学方面的著作有利玛窦的《西国记法》,内有西方的神经医学及心理学等方面的内容。艾儒略的《性学粗述》,除对神经学的描写很深入外,对人体各部位的功能也有详细叙述。邓玉涵《泰西人身说概》介绍了西方的解剖学。石铎碌的《本草补》介绍了西方的各种药物。清初的西士洪若翰等,则以用金鸡纳霜治疗康熙皇帝的疟疾闻名。

19 世纪开始西方医学再次大量传入。西方医学最早从香港、澳门及各通商口岸的西医院(以教会创办为主)开始影响中国各地,包括其附设的医学校也成为传播西医的重要场所。中国自办的西医学校则始自 1865 年同文馆附设的医学科,其后又有北洋医学堂、北洋军医学堂等专门的医学学校。

(五)物理学

在明末清初,西方物理学随着传教士所译介的机械的相关知识传入。其后,物理学家方以智所著的《物理小识》一书,也多吸收西方物理学知识。

1840 年以后,西方近代物理开始较有系统地传入,大量物理学译作出现。如英国人胡威立著《重学》介绍西方力学一般知识和牛顿力学三大定律,《光论》介绍了光学知识,《声学》介绍了声学的原理。1899 年王季烈译《通物电光》一书,是介绍 X 光的专著,距离伦琴 1895 年发现 X 光仅 4 年。1900 年王季烈又与藤田丰八合译日本《物理学》一书,是中国第一部系统介绍物理学的专著。

(六)政治学、社会学

西方政治学及政治思想的传入始自清代后期。1840 年代魏源的《海国图志》以及徐继畬《瀛环志略》中,都对西方的政治制度加以介绍,尤其对其民主制度加以称道。其后在 1870 年代王韬、郑观应等籍由译介相关书籍,主张学习西方议会民主制度。甲午战争以前,对西方政治学理论的介绍,只有如丁韪良译的《万国公法》以及李提摩太译的《泰西新史揽要》中对卢梭、孟德斯鸠等人学说有零星的介绍。

甲午战争以后,知识分子们对西方政治思想理论兴趣大增。在民主思想方面,如卢梭《民约论》的第一章,在 1898 年由日译本翻译出版,至 1902 年出版全本。孟德斯鸠《论法的精神》则于 1903 年译出,密尔的《自由论》由严复和马君武分别译出。在国家思想方面,有伯伦知理的《国家学纲领》被译出。在无政府主义学说方面,包括克鲁泡特金、巴枯宁的著作和思想被大量译介。社会主义学说方面,包括《新民丛报》、《浙江潮》、《民报》等刊物都曾刊载过相关介绍文章。这些学说的传入,改变了当时一整代知识分子的思想,使他们各自拥抱不同的西方政治思想,对于中国政治的发展造成了重大的影响。

社会学是在西方 19 世纪中叶新兴起的学科。约 1880 年代,《申报》、《万国公报》等媒体开始有介绍社会学及思想的文章,早期被称为“群学”。甲午战争以后,严复译介最多,尤以斯宾塞的著作译介最多,影响最大,其《群学肄言》一书即译自斯宾塞《社会学原理》的绪论。章太炎翻译日本岸本能武太的《社会学》一书,为最早的完整社会学著作。晚清社会学因被认为是应付中国社会种种弊端的重要学科而风行,而斯宾塞的社会进化优胜劣汰的观念,更刺激了当时许多知识分子的亡国灭种之忧。

(七)历史学

近代的西学东渐,也造成了中国人的历史认知的重大改变。中国传统历史观是一元的、以古代为尊的、以中国为中心的、静态的历史观。由于受到西方新的历史知识的影响,不得不承认西方也有自成系统的文明,甚至承认古埃及历史更早于中国。进化论观念的传入,从根本上改变历史时间的静态观念,改变了视古代文明为最理想的社会,接受了人类文明逐渐进步的想法。

早期西方历史著作有马礼逊的《外国史略》、莫维廉的《大英国志》。鸦片战争以后,受到西方的影响,中国人开始对西方的历史产生兴趣。西方的史学译著影响了中国人对西方历史著作的翻译或写作,如魏源的《海国图志》、《瀛环志略》,王韬的《法国志略》,黄遵宪的《日本国志》等都深受西方史学观念的影响。

(八)文学、艺术

西方文学的东传,始于晚清时期,尤以西方小说的译介最多,包括林纾、包天笑、周瘦鹃、曾朴等人翻译的大量西方小说名著,其中林纾的影响最大。其所译的《茶花女》、《堂吉珂德传》、莎士比亚故事等等,在晚清拥有大量的读者,对于中国小说的发展有所影响。

西方乐器的传入最早在澳门地区,尤其在教堂之中。其后利玛窦自澳门带西琴进呈朝廷,万历皇帝命乐工学习。至清初,康熙特别喜好西乐,很喜欢擅长音乐的传教士徐日升,命其带领演奏,并希望以西方律学来改进中国音乐,编成《律吕正义》一书。

西洋绘画最初以宗教作品影响中国画界,后来又有许多耶稣会籍西洋画家服务于清初宫廷。西方透视画法在中国逐渐被认可,形成了明清画派中的一个流派"海西派"。受耶稣会画家的影响,一些中国画家开始改用或参用西洋画法作画。

三、西学东渐对中国的影响

伴随西学东渐,中国文化经历了物质、制度、社会心理及思想观念三大层面的转型,西学东渐对中国社会各个方面都产生了极大的影响。

(一)学术、思想的影响

西学东渐将西方近代各种学术上的新成果带入了中国,深深影响到各种学术的发展,许多在传统中国不被重视甚至不存在的学科也在此影响下得到发展。中国传统学术的基本框架"经、史、子、集"完全被打破,传统学术受到西学的冲击,有的逐渐没落,有的吸收西方学术而加以改进。到民国时期,中国整个西方式的学术体系架构大致成型。

西学东渐所造成的中国思想文化的影响和变化之大,在中国历史上只有春秋战国时期的"百家争鸣"可以与之相比。中国人经过西学的洗礼,对于世界、历史发展、政治、经济、社会、自然界万物的看法,都有了巨大的改变。而中国传统的思想文化中的许多成分,则被以西方的标准重新估定其价值,部分诸子百家思想获得重新重视,而儒家思想及一些民间的风俗信仰文化,则受到强烈的批判。

(二)政治、社会的影响

西方政治思想的传入,议会制、民主制度、新的国家概念、无政府主义、社会主义思想等,对晚清中国的政治发展产生了重大影响。包括戊戌变法的发起、晚清新政的推介、立宪运动的尝试、辛亥革命的爆发,民国初议会制的推行、五四运动、联省自治运动、北伐统一,一直到后来的共产主义运动等,都受到西方民主思想的深刻影响。

晚清西学逐渐超越中学,西学对社会方面的最大影响是使清政府废除了八股文和科举制度,这使得传统四民社会中最顶层的士阶层,失去了其"学而优则仕"的通道,其所掌握的传统知识的作用也在下降,甚至有被边缘化的危险。而同时晚清西方商战思想的传入,提高了商人在社会上的地位,促成传统四民社会秩序的瓦解。

此外,西方个人主义及社会主义等思想的传入,使得中国传统社会中以家庭、家族、地域社会为中心的社会基层开始逐渐瓦解。

（三）经济、生活的影响

西学对中国经济、生活的影响与对社会的影响类似，在经济方面的影响也是逐渐发生的。新的经济思想的传入，使得一批知识分子愿意投入实业，而民族主义思想则有助于民族工业的发展壮大。新的科学、管理、金融等知识和技术的传入及应用，逐渐从整体改变了中国的交通运输、生产方式、商业交易等基本经济形式。

在日常生活方面，西方新的科学技术如电、自来水、电影、广播等逐渐改变了城市居民的生活。另一方面，新的思想改变了许多传统日常生活中的习俗，一些被视为迷信的民间风俗如缠足、传统包办婚姻等都逐渐被废除。

主要参考书目

1. 钱穆.中国文化史导论.北京:商务印书馆,1994

2. 王力.中国古代文化史讲座.桂林:广西师范大学出版社,2007

3. 张岱年,方克立.中国文化概论.北京:高等教育出版社,2004

4. 张岂之.中国传统文化.北京:高等教育出版社,2007

5. 冯天瑜,何晓明,周积明.中华文华史.上海:上海人民出版社,2006

6. 阴法鲁,许树安.中国古代文化史.北京:北京大学出版社,1989

7. 顾伟列.中国文化通论.上海:华东师范大学出版社,2005

8. 田广林.中国传统文化概论.北京:高等教育出版社,2005

9. 薛明扬.中国传统文化概论.上海:复旦大学出版社,2003

10. 陈江风.中国文化概论.南京:南京大学出版社,2003

11. 彭付芝.中国传统文化概论.北京:北京航空航天大学出版社,2007

12. 张应杭.中国传统文化概论.杭州:浙江大学出版社,2005

13. 李宗桂.中国文化概论.广州:中山大学出版社,1988

14. 李平.中国文化概论.合肥:安徽大学出版社,2002

15. 程裕祯.中国文化要略.北京:外语教学与研究出版社,2003

16. 罗国杰.中国传统道德.北京:中国人民大学出版社,1995

17. 张创新.中国政治制度史.北京:清华大学出版社,2005

18. 陈茂同.中国历代选官制度.上海:华东师范大学出版社,1994

19. 臧云浦,朱崇业,王云度.历代官制、兵制、科举制表释.南京:江苏古籍出版社,1997

20. 毛礼锐,瞿菊家,邵鹤亭.中国古代教育史.北京:人民教育出版社,2001

21. 李约瑟.中国科学技术史.北京:科学出版社,1990

22. 路甬祥.中国古代科学技术史纲.北京:科学出版社,1983

23. 黄明卓.诸子学.北京:北京大学出版社,2000

24. 高正.诸子百家研究.北京:中国社会科学出版社,1997

25. 任继愈. 中国佛教史. 北京:中国社会科学出版社,1997

26. 任继愈. 中国道教史. 北京:中国社会科学出版社,2001

27. 刘克苏. 中国佛教史话. 石家庄:河北大学出版社,1999

28. 蒋维乔. 中国佛教史. 北京:团结出版社,2005

29. 傅勤家. 中国道教史. 北京:团结出版社,2005

30. 李振纲,孔令宏. 中国道教史话. 石家庄:河北大学出版社,1999

31. 王小盾. 原始信仰和中国古神. 上海:上海古籍出版社,1989

32. 张文勋. 儒道佛美学思想源流. 昆明:云南人民出版社,2004

33. 余英时. 中国思想传统的现代诠释. 南京:江苏人民出版社,1992

34. 张庚. 戏曲美学论. 上海:上海书画出版社,2002

35. 张国庆. 中和之美——普遍艺术和谐观与特定艺术风格论. 成都:巴蜀书社,1995

36. 蔡邕,陈云君. 中国书法史论. 北京:人民日报出版社,1987

37. 陈廷祐. 中国书法. 北京:五洲传播出版社,2003

38. 黄简. 历代书法论文选. 上海:上海书画出版社,1979

39. 刘万鸣. 中国画论. 石家庄:河北美术出版社,2006

40. 陈振濂. 中国画形式美探究. 上海:上海书画出版社,1991

41. 潘运告. 汉魏六朝书画论. 长沙:湖南美术出版社,1997

42. 邵宏. 衍义的"气韵"——中国画论的观念史研究. 南京:江苏教育出版社,2005

43. 俞剑华. 中国画论选读. 南京:江苏美术出版社,2007

44. 王学仲. 中国画学谱. 北京:新世界出版社,2006

45. 张彦远. 历代名画记. 沈阳:辽宁教育出版社,2001

46. 褚泓阳,屈永建. 园林艺术. 西安:西北工业大学出版社,2002

47. 梁思成,刘致平. 中国建筑艺术图集. 广州:百花文艺出版社,2007

48. 萧默. 建筑意(第四辑). 合肥:安徽教育出版社,2005

49. 蔡燕歆,路秉杰. 中国建筑艺术. 北京:五洲传播出版社,2006

50. 张宏. 中国古代住居与住居文化. 武汉:湖北教育出版社,2006

51. 席跃良. 环境艺术设计概论. 北京:清华大学出版社,2006

52. 沈旋,夏楠. 古典音乐欣赏50讲. 上海:上海音乐出版社,1999

53. 王耀华,杜亚雄. 中国传统音乐概论. 福州:福建教育出版社,1999

54. 王国维. 宋元戏曲史. 上海:东方出版社,1996

55. 欧阳予倩. 话剧、新歌剧与中国戏剧艺术传统. 上海:上海文艺出版

社,1959

56.路应昆.戏曲艺术论.北京:北京广播学院出版社,2002

57.邹红.焦菊隐戏剧理论研究.北京:北京师范大学出版社,1999

58.胡芝风.戏曲舞台艺术创作规律.北京:文化艺术出版社,2005

59.高新.京剧欣赏.北京:学林出版社,2006

60.庞彦.声飞色舞——京剧密码解读.北京:译林出版社,2006

61.吴同宾.京剧知识手册.天津:天津教育出版社,1995

62.梅绍武,屠珍.梅兰芳全集.石家庄:河北教育出版社,2000

63.赵荣光.中国饮食文化史.上海:上海人民出版社,2006

64.徐文苑.中国饮食文化概论.北京:清华大学出版社,2005

65.袁枚.随园食单.南京:江苏古籍出版社,2000

66.陆羽.茶经.北京:中国纺织出版社,2006

67.余悦.茶间况味/茶事小说辑录.北京:光明日报出版社,2002

68.赵超.霓裳羽衣.南京:江苏古籍出版社,2002

69.卞利.徽州民俗.合肥:安徽人民出版社,2005

70.范凤书.中国私家藏书史.郑州:大象出版社,2001

71.徐陵志.中国历代藏书史.南昌:江西人民出版社,2004

72.郑如斯,肖东发.中国书史.北京:北京图书馆出版社,1987

73.曹之.中国古籍编撰史.武汉:武汉大学出版社,1999

74.李佐贤.古今中外名人读书法.北京:中国国际广播出版社,1989

75.李致忠,周少川,张木早.中国典籍史.上海:上海人民出版社,2004

76.陈延斌.中国家训史.西安:陕西人民出版社,2003

77.徐扬杰.中国家族制度史.北京:人民出版社,1992

78.李安辉.中国民俗史丛书.郑州:河南大学出版社,2005

79.张建国.中国法系的形成与发达.北京:北京大学出版社,1997

80.王立民.古代东方法研究.北京:北京大学出版社,2006

81.陈支平,曾荣华.儒家文化现代透视.厦门:厦门大学出版社,2002

82.吴河清,李永贤.诗说中国五千年.郑州:河南大学出版社,2006

83.蒋凡,郁源.中国古代文论教程.北京:中华书局,2005

84.张毅.宋代文学思想史.北京:中华书局,1995

85.张节末.狂与逸:中国古代知识分子的两种人格特征.上海:东方出版
社,1995

86.吴兴明.谋智、圣智、知智——谋略与中国观念文化形态.上海:三联书

店,1995

87. 张大可,何乃光. 中华文化与智慧谋略. 北京:华文出版社,1996

88. 袁北星. 战国韬略. 上海:长江文艺出版社,1999

89. 刘达临. 云雨阴阳:中国性文化象征. 成都:四川人民出版社,2005

90. 汪学群. 清初易学. 上海:商务印书馆,2004

91. 洪治纲. 王国维经典文存. 上海:上海大学出版社,2003

92. 姜东赋,刘顺利. 王国维文选. 广州:百花文艺出版社,2006

93. 李昉. 太平广记. 上海:上海古籍出版社,1990

94. 孟元老. 东京梦华录笺注. 北京:中华书局,2006

95. 常璩,任乃强. 华阳国志校补图注. 上海:上海古籍出版社,1987

96. 刘坤,赵宗乙. 梦梁录. 哈尔滨:黑龙江人民出版社,2003

97. 刘歆. 西京杂记. 上海:上海古籍出版社,1991

98. 李昉. 太平御览. 上海:上海古籍出版社,1994

99. 缪启愉,缪桂龙. 齐民要术译注. 上海:上海古籍出版社,2006 年

100. 钱宗武,杜纯梓. 尚书新笺与上古文明. 北京:北京大学出版社,2004

101. 刘侗. 帝京景物略(明清小品丛刊). 上海:上海古籍出版社,2001

102. 陆深等. 明太祖平胡录. 北京:北京古籍出版社,2002

103. 徐珂. 清稗类钞. 北京:中华书局,1986

104. 沈德潜. 西湖文献集成. 杭州:杭州出版社,2004

105. 苗隶,张晶. 探赜与发现. 北京:文化艺术出版社,2004

106. 王介南. 中外文化交流史. 北京:书海出版社,2004

107. 张国刚,吴莉苇. 中外文化关系史. 北京:高等教育出版社,2006

108. 林梅村. 丝绸之路五十讲. 北京:北京大学出版社,2006

109. 张海林. 近代中外文化交流史. 南京:南京大学出版社,2003

110. 李喜所. 五千年中外文化交流史(1—3 卷),北京:世界知识出版社,2002